信用数据要素×青海实践行动研究

青海省公共信用信息中心　编著

青海人民出版社

图书在版编目（CIP）数据

信用数据要素×青海实践行动研究 / 青海省公共信
用信息中心编著. -- 西宁：青海人民出版社，2024.
11. -- ISBN 978-7-225-06757-5

Ⅰ. F832.4

中国国家版本馆 CIP 数据核字第 2024PP1686 号

信用数据要素×青海实践行动研究

青海省公共信用信息中心　编著

出 版 人　樊原成

出版发行　青海人民出版社有限责任公司
　　　　　西宁市五四西路71号　邮政编码:810023　电话:(0971)6143426(总编室)

发行热线　（0971）6143516/6137730

网　　址　http://www.qhrmcbs.com

印　　刷　青海新华民族印务有限公司

经　　销　新华书店

开　　本　720mm×1020mm　1/16

印　　张　19

字　　数　280 千

版　　次　2024年11月第 1 版　2024年11月第 1 次印刷

书　　号　ISBN 978-7-225-06757-5

定　　价　58.00 元

《信用数据要素×青海实践行动研究》
编　委　会

主　任：张纳军

副主任：吴密森　崔　智

主　编：庞　泰

编　委：刘　梅　翁　巍　孟　灿　何广宇

　　　　赵　蕾　刘泽楷　刘　甜

前　言

　　进入新时代，数字中国、数字政府、数字经济、网络强国等数字化发展思想作为国家战略相继提出，并在全国上下深入贯彻实施，极大地推动了传统产业数字化转型发展和新型数字产业的健康发展，数据已在提升国家治理体系和治理能力现代化方面发挥着越来越重要的作用。党的二十大报告指出："必须坚持科技是第一生产力、人才是第一资源、创新是第一动力，深入实施科教兴国战略、人才强国战略、创新驱动发展战略，开辟发展新领域新赛道，不断塑造发展新动能新优势。"随着新一轮科技革命和产业变革的快速推进，数据逐渐成为发展"新质生产力"的核心要素，大数据已然成为国家重要的战略资源。

　　生产力是马克思主义政治经济学的重要概念，新质生产力是我国立足于经济发展时代特征提出的新经济理念。生产要素通常是指劳动、土地、资本等有形要素，新质生产力是指在已有要素之外出现的数据等新类型要素，党的十九届四中全会通过的《中共中央关于坚持和完善中国特色社会主义制度推进国家治理体系和治理能力现代化若干重大问题的决定》将数据列为生产要素，明确提出"健全劳动、资本、土地、知识、技术、管理、数据等生产要素由市场评价贡献、按贡献决定报酬的机制"，标志着数据被纳入我国现阶段经济发展的要素范畴，这是我国在深刻把握发展趋势的基础上对生产要素进行与时俱进拓展的重要体现。

　　习近平总书记高度重视网络强国建设，主持中央政治局集体学习大数据、区块链等数字技术，听取数字经济专题讲座，围绕网络强国建设提出了一系列新思想、新观点、新论断，形成了网络强国战略思想。2021年9月，国家主席习近平向世界互联网大会乌镇峰会致贺信时强调："中国愿同世界各国一道，共同担起为人类谋进步的历史责任，激发数字经济活力，增强数字政府效能，优化数字社会环境，构建数字合作格局，筑牢数字安全屏障，让数字文明造福各国人民，推动构建人类命运共同体。"2023年9月，习近平总书记在主持召开新时代推动东北全面振兴座谈会时，强调要"积极培育新能源、新材料、先进制造、电子信息等战略性新兴产业，积极培育未来产业，加快形成新质生产力，增强发展新动能"。这是立足于我国经济发展实践基础、时代特征和目标任务，针对加快构建新发展格局和着力推动高质量发展提出的重大命题，加快形成新质生产力成为我国全面建设社会主义现代化国家的战略取向。

青海雄踞世界屋脊青藏高原的东北部，是长江、黄河、澜沧江的发源地，素有"中华水塔"之美誉，是重要的国家生态安全屏障。从行政区划看，青海省总面积达到72.23万平方公里，占全国总面积的十三分之一，位列各省、市、自治区第四位。从发展现状看，青海是经济小省、人口小省，却又是生态大省、民族团结进步大省。2016年8月，习近平总书记视察青海时强调"生态环境保护和生态文明建设，是我国持续发展最为重要的基础。青海最大的价值在生态、最大的责任在生态、最大的潜力也在生态，必须把生态文明建设放在突出位置来抓，尊重自然、顺应自然、保护自然，筑牢国家生态安全屏障，实现经济效益、社会效益、生态效益相统一"。当前，全省上下立足"三个最大"省情定位和"三个更加重要"战略地位，顺应经济社会数字化转型趋势，充分释放数字化发展红利，大力发展新质生产力，聚力打造生态文明高地、建设产业"四地"、发展绿色算力，加快"六个现代化新青海"建设，推动生态保护和高质量发展不断取得新成就。

数字经济建设方面，青海省依托资源禀赋、产业基础、比较优势，抢抓数字经济快速发展机遇期，以数据为关键要素，以数字技术与实体经济深度融合为主线，聚焦壮大数字经济核心产业规模，激活数据要素潜能，聚力推动数字产业化和产业数字化协同发展，不断做强做优做大数字经济，增强经济发展新动能，提升民生保障、生态文明等关键领域数字化治理能力，奋力谱写全面建设社会主义现代化国家的青海篇章。

数字政府建设方面，青海省逐步将数字技术应用于政府科学决策和管理，构建数字化、智能化的政府运行新形态，以数字政府建设引领数字青海高质量发展。贯通省、市、县、乡四级的电子政务内外网络、电子政务云平台、覆盖各级党政机关的政务数据共享交换平台、全省一体化政务服务体系等数字政府建设的基础设施初步形成，"最多跑一次""一网通办""一网统管""一网协同""跨省通办"等创新实践不断涌现，有力支撑了全省"放管服"等重点改革任务，数字技术赋能政府治理体系和治理能力现代化取得阶段性成果，为迈入数字政府建设新阶段打下了坚实基础。

青海山川壮美、历史悠久、民族众多，诚信之风质朴醇厚，近年来全省上下在加快推进数字经济、数字政府建设，凝心聚力发展新质生产力的同时，持续推进"诚信青海"建设，不断优化完善营商环境，营造诚实守信的良好社会氛围。通过颁布实施《青海省公共信用信息条例》，依法依规加快社会信用体系建设，一体化建设覆盖省市县三级的"信用青海"平台网站群，以信用数据资源为底座，不断创新信用应用，构建以信用为基础的新型监管机制。聚焦融资难题，打造"青信融"平台，搭起政银企互信互认的信用金桥。充分发挥数据要素价值，迅速将"信用信康码"系统转型为助企暖企"春风行动"服务平台，信用惠企直达基层，信用数据要素对经济社会发展的乘数效应不断凸显，已经成为激发市场主体活力的关键动力。

数据作为新型生产要素，是数字化、网络化、智能化的基础，已快速融入生产、分配、流通、消费和社会服务管理等各环节，深刻改变着生产方式、生活方式和社会治理方式。当前，青海省正在以产业"四地"为牵引，围绕"东数西算""东数西储""数据援青"，落实"数据要素×"三年行动计划，推动传统产业转型升级，打造数字经济发展新引擎，加快形成新质生产力。编著《信用数据要素×青海实践行动研究》一书，旨在通过梳理总结青海省社会信用体系建设的实践经验，探索信用数据要素对新产业、新模式、新动能的客观规律，提出信用数据要素赋能高质量发展的逻辑架构和理论体系，更好地服务于现代化新青海建设。

庞　泰

2024年7月14日

目　录

第一章　信用数据要素构成

当今世界，信息技术日新月异，信息化、网络化、数字化、智能化催生了新一轮的科技革命和产业革命，数据作为新型生产要素，正推动人们的生产方式、生活方式和社会治理方式发生深刻变革。信用，是市场经济的基石，随着我国社会信用体系建设的不断深入，信用数据要素对经济社会发展的乘数效应不断凸显，已经成为激发市场主体活力的关键动力。

第一节　信用数据要素基本概念

社会信用体系是社会主义市场经济体制和社会治理体制的重要组成部分。它以法律、法规、标准和契约为依据，以健全覆盖社会成员的信用记录和信用基础设施网络为基础，以信用信息合规应用和信用服务体系为支撑，以树立诚信文化理念、弘扬诚信美德为内在要求，以守信激励和失信约束为奖惩机制，目的是提高全社会的诚信意识和信用水平。随着社会信用体系建设工作的深入推进，人们将分散的碎片化信用信息逐步汇聚形成海量的高可用性的信用大数据资源，进而将信用数据资源作为生产要素，通过在金融服务、文化旅游、城市治理、绿色低碳等领域的多场景流通复用，充分释放信用数据要素价值，培育和发展新质生产力。

一、国内外数据要素现状分析

数据被比喻为数字经济时代的新石油，蕴含着丰富的价值。当今数字要素已经成为全球产业变革和经济增长的重要引擎。经济社会的数字化发展不仅推动了生产方式、生活方式和治理方式的深刻变革，还成为重组全球要素资源、重塑全球经济结构、改变全球竞争格局的关键力量。例如，德国"工业4.0"概念提出后，为处于瓶颈状态下的工业制造业指出了一个方向：结合数字化、人工智能、物联网等新技术，向智能制造发展。在此大浪潮下，数字经济最先突显。通过调动数据要素市场中各个主体参与的积极性，提升数据要素市场的自我监督和分配效率，建立可信任性的数据生态环境，实现数据要素市场主体多元化。

美国制定了《联邦大数据研发战略计划》《联邦数据战略2020年行动计划》，发布了《开放政府指令》《开放政府数据法案》等政策，将数据作为战略资源开发，建立重视数据并促进数据共享、保护数据完整性、真实性、探索数据有效使用机制。聚焦数据资产有效利用，建立数据公开审查、数据清单定期更新、设立首席数据官及其委员会、开放政府数据报告及评估等制度。

欧盟委员会发布了包括《欧洲数据战略》在内的一系列关于"塑造欧洲数字化未来"的战略规划，指出包括商业数据和工业数据在内的数据是助力数字化社会转型，推动数字经济发展的关键要素，致力于将自身打造成全球数据赋能社会的典范和领导者。

我国紧跟时代发展潮流，将数字经济发展作为国家重要战略，使之成为构建现代化经济体系的重要引擎和提升国家综合实力的新动能。《中华人民共和国国民经济和社会发展第十四个五年规划和2035年远景目标纲要》提出"加快数字化发展，建设数字中国"的远景目标，明确迎接数字时代，激活数据要素潜能，推进网络强国建设，加快数字经济、数字政府、数字社会建设，以数字化转型整体驱动生产方式、生活方式和治理方式变革。旨在通过数字技术迭代创新和与经济社会各领域的深度融合，推动新技术、新业态和新模式的发展，进而衍生新服务、新市场，促进数字中国建设向纵深发展。党的二十大报告指出，要"推动战略性新兴产业融合集群发展，构建新一代信息技术、人工智能、生物技术、新能源、新材料、高端装备、绿色环保等一批新的增长引擎"，就是从产业变迁视角出发对经济高质量发展的重大部署。中共中央、国务院出台的《关于构建更加完善的要素市场化配置体制机制的意见》，将数据作为新型生产要素正式写入我国要素市场化配置的文件中，这标志着数据已和其他要素一起，融入了我国经济价值创造体系，成为数字经济时代的基础性资源、战略性资源和重要生产力。"有效市场、有为政府"对新质生产力的形成至关重要，我国将数据作为一种新型生产要素纳入顶层设计并和其他要素并列，反映了生产力发展的内在要求，意味着我国生产要素市场化改革进入到一个新阶段，将有望充分释放强劲的动能推动数字经济蓬勃发展，打造新的经济增长点。

新形势下，以数据采集、数据清洗、数据存储、数据确权、数据交易等核心数据要素环节构成的中国数据要素市场快速增长，以联邦学习、隐私计算、数据沙箱为主的创新技术不断助力我国数据要素市场健康发展。从国内外数据要素发展现状和积累的经验看，充分发挥数据要素的基础性资源作用和创新引擎功能，更好发展以数据驱动和创新引领的数字经济，对推动我国经济高质量发展具有重要意义。

透过现象看本质，数字经济的本质是信用经济，完善的社会信用体系是社会主义市场经济体制和国家治理体系的根基。长期以来，在我国经济社会发展中，"老赖""合同欺诈""电信诈骗""虚假广告""数据造假"等失信行为屡禁不止，诚信缺失现象普遍存在、滋生蔓延、危害严重。党中央、国务院作出加快我国社会信用体系建设的重大战略部署，旨在建立覆盖全体人民群众和全部市场主体信用记录，健全从中央到地方的信用基础设施网络，依法依规采集共享、开发利用信用信息，充分发挥信用数据要素价值作用，树立诚信文化理念、弘扬诚信传统美德，构建以信用为基础的新型监管机制，提高全社会的诚信意识和信用水平。

二、社会信用是市场经济的基础制度

诚实守信是人类社会最基本的道德规范之一，也是中国传统伦理道德中最重要的规范之一。人无信不立，业无信不兴。孔子说："人而无信，不知其可也",把诚信看成是个人立身处世之本,是人人都应遵循的行为准则。随着社会的发展,信用被赋予了更为丰富的时代内涵,在市场经济和构建社会主义核心价值体系中诚信同样具有极其重要的作用,既是公民基本道德规范,也是社会主义市场经济的基础。

信用在现代社会中的突出作用,表现为社会生活契约的普遍化,在现代契约社会的诸多伦理道德观念中,诚实守信处于契约社会的基础性地位,是其内在的道德要求和法律要求。党的十八大报告提出,倡导富强、民主、文明、和谐,倡导自由、平等、公正、法治,倡导爱国、敬业、诚信、友善,积极培育和践行社会主义核心价值观。党的十九大报告再次强调,要推进诚信建设和志愿服务制度化,强化社会责任意识、规则意识、奉献意识。党的二十大报告把社会信用同完善产权保护、市场准入、公平竞争等一并纳入市场经济基础制度建设范畴。

伴随着市场经济的迅速发展,我国已进入社会转型期,社会经济结构、文化形态、价值观念等都在发生深刻变化,人与人之间的交往更加频繁紧密,社会组织蓬勃发展,以企业为中心的市场更加活跃,政府职能转变不断引向新的深度和广度,各类社会主体之间的关系前所未有地递进和发展。诚实守信,作为人类最基本最核心的价值观念之一,已不仅局限于商业文化的延伸和人格品行的升华,更重要的是它已经成为一种经济社会发展的宝贵资源和核心理念,涉及自然人、市场主体、团体、行业乃至整个国家之间的关系协调,关系到经济社会的繁荣发展与和谐进步,可以说在现代经济社会发展各个方面都承担和发挥着不可或缺的关键性作用,是保障社会和谐有序运转的"润滑剂"。

市场经济是信用经济、契约经济,也是法律经济。信用是市场经济的基础,企业的存在与发展靠的是实力与信用,市场经济的高效性源自对价值规律、竞争规律、供求规律的遵循,将公平竞争、等价交换、诚实守信作为市场经济活动的基本原则。一个社会只有拥有良好的诚信环境和丰富的诚信资源，才能形成正常的市场经济秩序，促使市场主体以信用作为守约条件，进行等价交换和公平买卖，构成互相信任的经济关系，保障经济健康运行。市场经济越发达就越要求诚实守信，就越需要构建起彼此相连、互为制约的信用关系，来维系日益复杂的交换关系和市场秩序。习近平总书记指出，良好的社会信用环境是建立社会主义市场经济的基本前提，是有效防范金融风险的重要条件，是经济和金融正常运行的根基。社会信用体系建设越来越成为社会主义市场经济秩序的"稳定器"。

三、信用信息是数据要素的基本元素

狭义上讲，信用信息是社会信用体系建设过程中产生并形成的数据资产，主要包括识别信用主体身份的名称、统一社会信用代码、身份证号码等基本信息，和反映信用主体经济状况、履约能力、商业信誉等信用状况的信息，以及对判断信用主体信用价值和水平可能有影响的其他信息，是信用数据要素的基本构成元素。中华人民共和国国家标准《信用基本术语》（GB/T 22117–2018）规定，信用信息是指反映或描述信用主体状况的相关数据和资料等。

信用信息按照主体可划分为自然人信用信息、法人信用信息、非法人组织信用信息；按照性质可划分为正面信用信息和负面信用信息；按照产生渠道可划分为公共信用信息和市场信用信息。《青海省公共信用信息条例》规定，公共信用信息是指国家机关、法律法规授权的具有管理公共事务职能的组织等，在依法履行职责、提供服务过程中产生和获取的反映具有完全民事行为能力的自然人、法人和非法人组织信用状况的信息。

信用在现实经济社会活动中，与每个自然人和市场主体的生产生活息息相关，这也决定了信用信息的产生渠道众多、来源广泛，其中，公共信用信息主要是政府部门、公共事业单位在开展注册、登记、备案、许可、处罚、检查、监督、确认、征收等依法履职、提供服务活动过程中，通过一定的技术手段和方式方法获得的信息，如企业登记注册、纳税、社会保障、行政许可、行政处罚、司法判决、失信被执行人、重大税收违法案件、荣誉表彰及供水、供电、供油、供气等信息；市场信用信息主要是信用主体在参与社会活动、生产经营过程中产生的与信用状况相关的信息，如合同履约信息、融资信贷信息、消费信息、红黑榜信息、互联网信息、媒体曝光信息、信用评价信息、信用承诺信息等。

随着我国经济迈入高质量发展阶段，加快社会信用体系建设，构建以信用为基础的新型监管机制，已成为整顿和规范市场秩序、降低交易成本、提升市场竞争力的重要举措。信用信息是构成信用数据的基本元素，蕴含着巨大的数字价值，充分发挥信用数据要素价值，是优化资源配置、促进产业结构优化升级的重要前提，也是完善社会主义市场经济体制及科学发展机制、构建社会主义和谐社会的迫切要求。

四、数据要素是高质量发展的新动能

当今世界，信息化正在以不可逆转的历史潮流推动人类社会滚滚向前。在此大背景下，党中央、国务院审时度势、谋篇布局，紧紧抓住历史发展机遇期擘画全国信息化发展蓝图，在大数据、云计算、移动互联网、物联网、人工智能等新一代信息技术的加持下，信息化如涓涓细流推动千行百业快速融入数字化历史大潮，产业数字化、数字产业化带动数字经济蓬勃发展，数字政府建设以可感知的速度在不断提升公共服务、社会治理的智能化水平和效能。时至今日，数据早已成为国家基础战略性资源和重要生产要素，从方方面面推动着生产生活、经济发展和社会治理方式发生深刻变革。

2022年12月，中共中央、国务院印发《关于构建数据基础制度更好发挥数据要素作用的意见》指出，数据作为新型生产要素，是数字化、网络化、智能化的基础，构建数据基础制度、充分实现数据要素价值，为包括信用信息在内的数据要素价值发挥提供了顶层设计方案。

2023年10月，国家数据局挂牌成立，年底国家数据局联合16部门印发了《"数据要素×"三年行动计划（2024—2026年）》，指出发挥数据要素的放大、叠加、倍增作用，构建以数据为关键要素的数字经济，是推动高质量发展的必然要求。这是将数据与土地、劳动力、资本、技术等传统生产要素并列之后，国家层面进行的又一次重要顶层设计。

2024年初，习近平总书记在中共中央政治局第十一次集体学习时，对新质生产力进行了系统论述，强调必须"推动新质生产力加快发展"，指出"新质生产力已经在实践中形成并展示出对高质量发展的强劲推动力、支撑力，需要我们从理论上进行总结、概括，用以指导新的发展实践"。

不积小流无以成江海，数字经济、数字政府的快速发展，有力推动了社会信用体系建设的高质量发展，各类分散在不同地区、不同政府部门、不同企事业单位的各行业领域信用信息，正在源源不断地汇集到全国信用信息共享平台，建立了从中央到地方自上而下、自下而上双向互联共享的社会信用基础数据库，积累形成了类型丰富、数量巨大的信用大数据资源。在此基础上，充分运用大数据挖掘分析技术，以统一社会信用代码为标识，将碎片化的信用信息串成线、连成面、织成网，从小到马路边的违停罚单、大到失信被执行人信息都被载入信用档案，多维度为主体进行精准信用画像，动态综合评判信用状况。

随着信息网络技术的迅猛发展，当涓涓细流般的信用信息汇聚成信用大数据江海后，便具备了数据要素的放大、叠加、倍增特性，此时必将突破土地、劳动力、资本等传统要素约束，以数据流引领技术流、人才流、物资流，赋能政务诚信、商务诚信、社会诚信和司法公信等重点领域社会信用体系加速前进，提高全要素生产率和经济社会运行效率，进而推动新质生产力发展。从国内外实践经验来看，信用数据要素具有多场景应用和复用能力，已成为优化营商环境、发展信用经济、实施信用联合奖惩、揭示和防范信用风险、实现社会治理现代化的核心数据资源，成为推动经济社会高质量发展的新动能。

第二节 信用数据要素分类

信用数据浩若繁星，其中所包含的信息也是错综复杂，从数据量来看，截至2023年底，全国信用信息共享平台归集各类信用信息超过780亿条，其中包括企业登记注册、变更注销、年报、纳税、水电气费、社会保险费和住房公积金缴纳等覆盖市场主体全生命周期的各类信息。信用数据要素化，首先需要从不同维度对数据进行分类，采取一定的标准规范对数据打标签做分类，让庞杂的信用数据分门别类、颗粒归仓。

一、数据类型分类

数据类型的演变与计算机的发展息息相关，它们共同构成了信息技术领域的历史脉络。从数据类型演变来看，它经历了从无数据类型到基本数据类型、自定义数据类型、抽象数据类型的演变过程。但就实际应用而言，数据治理和数据归集中常见的数据类型主要集中在基本数据类型。基本数据类型涵盖了我们日常生活中常见的文字、数字等基本信息。同时，通过软件程序的支持，声音、图片等非结构化的数据形式也可以被转换成基本数据类型，从而实现它们的结构化存储的需求。这种转换过程使得各种形式的数据都能够被系统识别和处理，为数据治理和数据归集提供了更加灵活和有效的解决方案。随着技术的不断发展，未来可能会出现更多类型的数据，也会涌现出更多数据处理的挑战。在数据演变过程中，逐步形成了以数字为代表的数值型数据，以文字为代表的字符型数据，以及以时间为代表的日期型数据。数值型数据、字符型数据、日期型数据作为数据类型演变过程中产生的基础数据类型，将继续在信息技术领域中扮演重要角色，为数据的有效利用和价值发挥提供支持。

（一）数值型数据

人类最早有意识地记录的数据可以追溯到数值型数据的产生。原始人类将每日的狩猎和采摘活动所带来的食物存储量进行记录，以便长期统计食物的数量。这种记录行为在人类历史上具有重要意义，它反映了人类对生存环境的认知和对资源管理的需求。一个具有历史意义的例子是在非洲发现的一根记数刻骨，它被认为是距今一万年前伊尚戈人新石器时代早期的作品，也是人类最早的刻符记数实物之一。这种刻骨上的凹痕记录着人类日常的交易活动、物资储备以及其他重要信息，人们通过这些凹痕进行基本的算术计算，这就是最简单的数值型数据的产生。远古部落的人们通过这种记录方式，不仅能够更好地了解自己的资源状况，还可以进行资源的分配和交换。这种基于数值型数据的记录和计算行为，踏出了人类社会发展的重要一步，促进了人类对数学和统计学的探索与发展。

数值型数据在日常生活中是最常见的数据类型之一，它以数字尺度测量观察值，并以具体的数值形式呈现。在社会活动、信用评价、经济活动等方面，数值型数据都是最常见的结果数据之一。根据国家统计局的解释，"数值型数据以数字为主要特征，这些数字具有明确的数值含义，能够进行运算并且能够测量出具体大小和差异"。这意味着数值型数据不仅可以用来描述事物的数量或大小，还可以进行各种数学运算，例如加减乘除等，以及用来衡量不同数据之间的大小或差异。

在社会信用体系建设的过程中，数值型数据同样具有重要的作用，它能够直观地反映个人、企业或者其他实体的信用状况。信用评分的概念最早始于20世纪40年代末期至50年代初期，从最初的信贷企业的信用评分，到政府机关对企业信用的评级评价，再到国家社会信用体系建设中城市信用监测排名等，都需要采用评分的形式来得出结果。数值型数据的一个重要功能是能够将海量的数据统合起来，并将统合后的数据作为数据要素进行进一步处理。通过大数据模型等技术手段，可以对这些数据要素进行综合计算，最终得出对个人、法人或个体工商户信用状况的评分。这种评分不仅能够为信用评价提供客观依据，还可以为社会信用体系建设和风险管理提供重要参考。

不同于政务数据会大量产生字符型数据，市场数据会海量产生如经济活动、出行记录、日期变化的数值型数据，相较于字符型数据在进行整理、统计、计算时需要进行类型转变，可能会导致时间上出现延误的问题，数值型数据可以不做转换直接计算或统计，高效快捷地进行复杂的数据集分析处理，在市场经济分秒必争的大环境中，数值型数据可以通过操作数据库直接计算，从程序的底层为用户产出精确的数据，省略数据调入程序，汇集流转的步骤，数值型数据在运算时的效率是字符型数据难以企及的。

（二）字符型数据

二进制是计算技术中广泛采用的一种数制，是现代电子和计算技术的基石，它提供了一种高效、简洁的方式来存储、传输和处理数据。现代的计算机和所有依赖计算机的设备内部都使用二进制来处理和存储数据。为了将英文等字母转化为计算机可识别的二进制数据，美国有关标准化组织研究出台了ASCII编码，是计算机中常用的一种字符编码标准，它将字符转换为计算机可识别的数字，并以二进制的形式在计算机内部存储和传输。ASCII即美国信息交换标准码，是字符型数据最早的定义，随着使用计算机的国家越来越多，128位到255位的编码位也在被各个不同文字使用，直到中国开始使用计算机，符合ASCII码的编码位已经全部被占据了，可以说，在20世纪中期，美国对字符型数据的定义和使用处于垄断地位。

中华文明源远流长，具有5000多年的文明史，是世界上唯一未曾中断、延续至今的古老文明。中华文明以其独特的魅力，深刻影响了东亚和世界其他地区，成为人类文明的重要组成部分。中文作为承载和传承中华文明的表意文字，其数字化编码的需求催生了中国数学家和工程师们的一项创新：他们巧妙地利用了ASCII码中未使用的数值范围，通过将小于127的字符保留其原始意义，并规定两个大于127的字符组合来表示一个汉字，成功编码了7000多个简体汉字。这一编码策略不仅解决了中文信息处理的难题，也为后续的政务信息化奠定了基础。

政务活动产生的政务信息有大量使用文字的特性，比如政务信息产生的"双公示"数据是信用数据的基本构成要素，所以社会信用体系建设工作与政务活动关系非常密切。因此，信用信息数据的常用基础数据类型是以字符型数据为主。字符性数据具有非数值性，字符型数据主要用于表示文本信息，在处理字符型数据时，需要将其转换为相应的数值型数据类型进行计算。在字符型数据中，每个字符都使用固定的编码表示，修改了某个字符的编码，就相当于创建了一个新的字符型数据，会留下修改记录。由此，字符性数据具有的特点契合了信用数据长期保留，变更留痕的需求。不论是从数据特质的角度还是实际工作的必要，字符型数据的重要性都是不言而喻的。

同时，在产生数据，归集数据，上报数据时采用字符型数据类型可以让数值错误的情况易于检测。政务信用数据来源于各类政府机关，而其使用的不同政务系统对数值数据的规定要求可能存在差异。从数据传输的角度上来说，数值传输会存在误差及精度变化的问题，并且人工对数值变化导致的误差较难检测，但字符性数据由于编码修改导致乱码的特性，让数据报送人员可以快速发现数据传输后出现的误差，从技术特性的层面上保障了各单位数据的兼容性和数据准确性；从实用性上来说，各单位报送的行政许可、行政处罚等文书内容，都会大量采用字符型数据，字符型数据的通用能力，使得目前的信用数据字段设计大量使用字符型数据。

（三）日期型数据

子在川上曰："逝者如斯夫，不舍昼夜。"时间无处不在但又弥足珍贵。古往今来，人类对于时间的记录从未停歇，这一行为可以追溯到非常古老的时代。最原始的时间记录是观察自然现象，如日出日落、月圆月缺以及季节的变化等，这些观察帮助人类形成了对时间流逝的基本感知，并逐渐发展出了更为复杂的时间度量方法。

考古学家在河南濮阳西水坡发现距今约有6500年的墓葬中，出土了一个由蚌壳和人的胫骨组成的北斗图，这表明了当时人类已经开始利用天文知识来记录时间。人类对时间的记录是一个逐步发展的过程，从最初的自然观察到后来的日晷、漏刻，再到机械钟表，直至现代精度极高的原子钟，每一次技术革新都极大地提高了我们对时间测量的精确度。

日期型数据在现代数据处理和信息系统中扮演着至关重要的角色。首先，日期型数据为信息记录提供了时间序列，这对于跟踪历史事件、分析趋势，以及理解数据变化至关重要。例如，在金融领域，日期型数据帮助记录交易时间，确保合规性并辅助审计过程。其次，日期型数据在日程管理、事件规划和提醒系统中发挥核心作用，确保用户能够及时接收到重要事件的消息通知。此外，它在数据分析和报告中也非常重要，因为日期型数据可以帮助人们识别周期性规律或异常情况，从而为决策提供支持。在医疗领域，日期型数据用于记录病人的病历和治疗计划，对病情的跟踪和治疗效果的评估至关重要。同时，日期型数据还与法律和合同相关的截止日期紧密相关，确保法律义务和协议条款得以妥善遵守执行。因此，无论是在商业智能、个人生活管理，还是在法律和医疗等专业领域，日期型数据都是不可或缺的，它确保了信息的准确性和可追溯性，对于维护数据完整性和支持关键决策具有决定性的作用。

有一个关于日期性数据的经典事例——"千年虫"事件，又称Y2K问题，是20世纪末全球面临的一次重大技术挑战，它凸显了日期数据的安全性和重要性。这一问题源于早期计算机系统中对日期的存储方式，当时为了节省存储空间，年份常被简化为两位数，如将1999年表示为99。这导致了跨世纪时的年份识别错误，即当时间从1999年12月31日跳转到2000年1月1日时，系统可能会将简化存储的"00"误解为1900年，而非2000年。

"千年虫"问题的潜在后果非常严重。首先，大量依赖日期的软件和硬件可能会因日期识别错误而无法正常工作，导致系统崩溃。其次，错误的日期可能导致数据被错误地记录、处理或丢失，影响数据完整性。此外，金融系统、交易记录、合同履行等都与日期紧密相关，日期错误可能导致经济交易混乱，进而对经济产生重大影响。同时，基础设施如电力供应、交通系统、医疗设备等都可能受到影响，对社会运行造成干扰。安全系统可能因日期错误而失效，进一步增加安全风险。该事件证明了日期数据的安全性和准确性对于现代社会的稳定运行至关重要。它也提醒我们，随着技术的发展，对数据的管理和保护需要不断更新和完善，以应对不断变化的挑战。

日期型数据与社会信用体系建设工作也紧密相关，日期型数据在评估和管理信用风险中起着至关重要的作用。信用档案是以时序为主线建设，并贯穿自然人和法人单位全生命周期，因此每个主体的信用状况都是随时间动态变化的。这些以日期型为标记的信息记录，可以帮助人们追踪主体的信用历史，评估现在的信用状态，预判未来的信用行为。此外，行政许可和行政处罚期限的公示、撤销也要依赖于准确的日期性数据，确保主体在履行完法定义务且达到最短公示日期后及时申请修复其信用状况。

人们在设计信用评分模型和实施信用评估时，会综合考虑多种因素，其中包括纳税、社保缴纳时间等与日期相关的因素，这对客观评估主体的信用状况至关重要。银行业金融机构在开展贷前调查时，会特别关注并利用日期性数据进行授信评估，分析信用主体贷后还贷能力和意愿。当然，各类监管机构同样会要求金融机构如实记录和报告与信用活动相关的日期性数据，方便开展合规性审查，防止欺诈和不当行为的发生。此外，数据的完整性和安全性对于维护信用信息系统的可靠性至关重要，任何日期性数据的错误都可能导致信用决策失误或合规问题。

信用相关的报告和分析依赖于日期性数据来提供时间序列，帮助人们理解判断信用模式和趋势。总而言之，信用数据要素的有效性在很大程度上要依赖于对日期性数据的精确管理和利用，信用数据源头单位必须要确保数据的准确性、完整性和安全性，以支持信用数据的合规性要求。

二、数据来源分类

精准的数据分类要从源头抓起，并贯穿于元数据的产生采集、清洗治理、存储共享、开发利用的全过程，科学的数据分类不仅能满足数据的规范化和标准化要求，也会有效提升数据的可用性和安全性。据不完全统计，"十四五"以来，我国数字政府业务场景建设项目呈现出蓬勃发展态势，已达到2.8万个。承建数字政府项目的企业数量也超过了24万家，数字政府建设正不断向更深层次、更广领域拓展。同时，数字中国建设持续推动数字经济保持高速增长态势，2022年我国数字经济规模首次突破50万亿元大关，实现50.2万亿元，总量稳居世界第二，占GDP比重提升至41.5%。

数字政府、数字经济的快速发展必将产生海量数据，且随着数字化进程的加快，数据量会呈现出几何增长态势。我们将这些数据进行有效地归集共享、治理加工、分类存储和循环利用，便能像积小流成江海一样汇聚成巨大而强劲的数据流，持续推动经济社会快速发展，这就是数据要素价值之所在。

（一）自有数据和市场数据

从数据产生的渠道看，大数据分类广泛且多样，一个中等规模的大数据中心往往由数以万计的数据源持续生成各种形式的数据流。比如来自互联网端的微信、QQ、微博、博客、新闻网站、朋友圈等社交媒体数据；来自物联网端的感应装置、量表仪器连续监测分析、自动控制和跟踪定位等机器传感数据；来自移动或Web应用程序生成的日志文件、网购数据、网络游戏、金融交易、地理空间服务等人为活动数据；来自数据中心内部连接设备或仪器的遥测、监听、访问、会话、交换等设备运行数据，以及来自企业的生产经营数据和政府机构的监管服务数据等。

随着全球信息化进程的加快，社会公众在学习、工作、生活过程中会产生海量的行为轨迹、兴趣爱好、购买商品和支付账单等个人信息，企业等市场主体在生产经营过程中同样也会产生大量的采购生产、仓储物流、交易记录、负债利润、人力资源等市场活动信息，这些信息我们可以归类为自有数据和市场数据。

（二）政府数据和公用数据

社会信用体系建设范畴的广泛性决定了信用数据来源的多样性。国务院关于印发的《社会信用体系建设规划纲要（2014—2020）》强调，社会信用体系建设要按照"政府推动，社会共建；健全法制，规范发展；统筹规划，分步实施；重点突破，强化应用"的原则有序推进，要求各地区探索建立综合性信用信息共享平台，促进本地区各部门、各单位的信用信息整合应用，建立以信用信息资源共享为基础的覆盖全社会的征信系统，促进信用信息互联互通、协同共享。

近年来，在党中央、国务院的坚强领导和国家社会信用体系建设部级联席会议的大力推动下，国家发展和改革委员会会同中国人民银行、国家金融监管总局、国家市场监督管理总局、国家税务总局等部委，以《社会信用体系建设规划纲要（2014—2020）》为指引，聚力打造形成了以"信用中国"为"总窗口"，以全国信用信息共享平台为"总枢纽"，各省、市、区信用平台网站为节点的全国一体化平台网络体系，为从中央到地方广泛归集共享各类公共信用信息提供了强大的网络支撑。

实际工作推进中发现，社会信用体系建设与全国各地的每个党政机关、企事业单位具体业务工作密切相关，他们在工作过程中产生和获取的信息便是公共信用信息归集共享的源头。因此，从数据产生的源头上讲，公共信用信息主要来源于各级行政主管部门，或者水电燃气等行业领域公共服务单位。这类数据大都是各单位在依法履责、提供服务过程中，产生和获取的反映自然人、法人和非法人组织信用状况的信息。当然，从数据来源分类上也可以将公共信用信息分为政府数据和公用数据。

三、数据内容分类

信息分类是把具有某种共同属性或特征的信息归并在一起，把具有不同属性或特征的信息区别开来的过程。信用数据在不同的基础环境中，所采用的分类标准界定不尽相同，以适应多样化信用数据应用场景。随着信用工作的持续深入开展，从源头产生和积累的信用数据将不断汇集，而这些原始数据的不断汇集，将推动信用数据的分类细则不断增长，不同分类界定下的信用应用场景也会不断产生，实现循环的正反馈，直到信用数据实现社会全覆盖。

征集覆盖社会成员、市场主体的信用记录是社会信用体系建设的基础，《全国信用信息共享平台工程标准》系列之《公共信用信息分类与编码规范》对公共信用信息分类进行了明确界定。例如，按照信用主体，可分为自然人和法人（包括其他组织）两个大类，这与社会公众和法人单位作为社会信用体系建设两大主体的实际相适应；按照信息性质，可分为正面、负面、中性三个类别，这与信息本身对信用主体产生的影响相匹配；按照信息内容，可分为基本信息、业务信息、司法信息、行政执法信息、公共事业信息、信用评价信息和其他信息等；按照信息有效性，分为有固定期限和无固定期限信息；按照信息存储方式，分为数据库、电子表格、流媒体等电子化信息，以及文本资源、图形图像等非电子化信息。

这些从不同维度进行分类的公共信用信息，还可以根据其承载的具体内容进一步细分。比如，基本信息可以分为，由国家机关赋予的统一社会信用代码、居民身份证号码等主体识别信息，以及登记、注册、备案和变更等信息。司法信息可分为，司法机关对审理结束的案件做出裁决的包括判决文书、失信被执行人等司法判决信息，法院根据法律判决结果对被告人采取的强制执行信息，检察机关记录的有行贿犯罪记录的单位和个人的档案信息等。行政执法信息可分为，行政机关根据公民、法人或者其他组织的申请，经依法审查，准予其从事特定活动的行政许可信息；对违反行政法规尚未构成犯罪的行政相对人给予行政制裁的行政处罚信息；为制止违法行为、防止证据损毁、避免危害发生、控制危险扩大等情形，依法对公民的人身自由实施暂时性限制，或者对公民、法人或者其他组织的财物实施暂时性控制的行政强制信息；以及根据其他情形依法作出的行政征收信息、行政裁决信息、行政确认信息、行政给付信息、行政奖励信息、监督检查信息、其他行政执法信息等。

四、数据层次分类

国家公共信用信息标准体系，将信用信息分为基础类、采集类、共享类、应用类和管理类。我们从信用数据来源和内容分类中，不难发现公共信用信息包罗万象，按不同维度、不同领域对信用信息进行界定，产生的分类结果也不尽相同，若从信用信息采集、共享、应用层级进行分类，可分为原始信用数据、脱敏信用数据和模型信用数据。

（一）原始信用数据

我们把从源头部门采集而来，未经修改处理，保持最初产生状态的数据，称之为原始信用数据。原始数据具有多种形式和类型，可以是存储在数据库和电子表格中的结构化数据，也可以是视频和图像等非结构化数据。

原始信用数据往往需要经过一系列标准化治理加工，才能提炼形成高可用性的数据资源。其主要原因，首先是由于来源的多样性和复杂性，原始数据往往存在着不一致性和不完整性，需要经过清洗和处理才能被有效利用。其次，原始数据可能存在着隐私和安全方面的风险，需要进行有效的保护和管理。另外，原始数据的规模非常庞大，处理和分析起来需要大量的时间和资源。在这个过程中，加强质量控制是关键所在，必须确保数据的准确性、完整性和一致性，以便产生可靠的分析结果和决策支持。

高质量的信用大数据可以为政府决策、企业管理、社会治理等提供重要参考，对于构建统一、高效的政务数据体系具有重要意义。然而，原始信用数据的开放利用同样面临多方面的风险，需要引起足够的重视。首先，隐私安全风险是其中之一。政府数据通常具有样本量大、敏感性高、聚集性强等特点，很容易成为隐私数据泄露的高发地。个人敏感信息一旦泄露，就可能引发个人信息被滥用的风险，导致个人隐私权受到侵害。其次，经济安全风险也是不可忽视的问题。政府在采集数据的过程中可能会涉及企业的商业秘密数据，如果这些数据泄露或被滥用，将给企业带来巨大的经济损失。最后，政府数据开放还存在国家安全风险。政府数据的大规模泄露可能会对国家安全造成严重威胁，尤其是涉及国家安全的敏感数据如果被泄露或滥用，可能会被别有用心的人恶意利用，极有可能导致国家安全事件的发生，对国家安全产生严重影响。

由此可见，在原始信用数据的治理开放过程中，我们必须要加强隐私保护和安全控制意识，建立完善数据安全管理体系，提升数据安全技术水平，确保数据治理安全可靠。同时，也需要加强对信用数据开放过程中可能存在的风险和问题的监测预警，及时采取有效措施防范和化解各类安全风险，保障信用数据开放安全可控。

（二）脱敏信用数据

当前，在全国上下加强数据要素供给保障的大环境下，便利性和安全性之间的平衡仍然是一个巨大挑战。如何在确保数据便利共享的同时，保障数据的安全性和隐私性，仍需要不断探索，建立更加完善的数据治理机制和法律法规体系，为数据的合理利用和共享创造更加良好的环境势在必行。

随着信用数据的不断归集共享，个人隐私和数据安全将面临更为严峻的挑战，隐私保护已成为一个不可忽视的问题。加强对原始数据的隐私保护措施，包括数据加密、权限管理、访问控制等，对于维护信用主体的权益和保护数据安全至关重要。

数据脱敏是隐私保护的一种重要手段，可以有效防止隐私数据的滥用，避免隐私数据在未经脱敏的情况下被公示。通过对数据进行脱敏处理，一定程度上可以满足隐私数据保护和合法合规监管的要求。然而，数据脱敏也存在一些挑战和限制。脱敏处理通常会使得数据失去一些结构和关联性，从而降低了数据的分析和挖掘能力。此外，部分脱敏方法会生成一种不可逆的转换结果，导致部分数据特征丢失，进而影响数据处理和应用的可行性。因此，在进行数据脱敏时，需要在保护隐私数据的同时，尽量减少对数据本身结构和信息价值的影响，以确保数据的有效利用和共享。

解决数据共享中的安全和隐私问题，除了数据脱敏外，还需要建立起完善的数据安全管理体系和隐私保护机制。包括加强对数据访问和使用的权限控制、加密传输技术应用、建立数据追溯和监控机制等。同时，还应该加强对数据共享参与方的监督和管理，确保其遵守相关的数据使用规范和法律法规，有效防范数据泄露和滥用的风险。通过这些措施的落实，可以在确保数据便利共享的前提下，有效保障数据的安全性和隐私性，推动数据要素的合理利用和共享。

健全完善信用数据隐私保护和脱敏处理机制，应从以下几个方面着手。第一，信用数据开放要规范去隐私化、去敏感化处理流程，健全数据销毁和遗忘机制。信息安全规则要尽可能保护无法更改的个人生物特征数据，对个人信息区分敏感部分和非敏感部分，对指纹、虹膜、人脸等个人敏感信息的强制收集要进行严格限制。第二，制定统一的隐私信息安全保护规范，明确信用数据开放相关者的责任。政府部门在数据安全和隐私保护方面实现相互协同、相互监督，提高数据泄露的惩治成本，规范数据流通合规审查和伦理审视。第三，不能无限扩大数据脱敏范围，脱敏强度不宜过高。信用数据脱敏中，要尽量做到准确细致甄别，技术路径不能做到极致，否则就会对数据质量和使用效率产生较大影响，脱敏成本过高。数据脱敏应当遵循基本原理，既要高度重视数据安全防护，也要充分考虑数据的可用性，不能过度夸大，也不能随意减配。

（三）模型信用数据

数据模型是数据库设计中的重要组成部分，它通过抽象化的方式，将实体、属性及其关系进行组合表示，旨在帮助人们更好地理解和描述数据库中的数据结构。在信用数据领域中，存在着多种类型的数据模型，其中包括层次模型、网状模型以及关系模型等。通常情况下，数据模型由数据结构、数据操作以及数据约束三个方面组成，这些方面共同构成了数据模型的完整描述。

数据模型和数据分类相辅相成，共同构建了信用信息数据管理的基础框架。数据模型提供了对数据结构和关系的抽象描述，为数据的组织和存储提供了指导；而数据分类则通过对数据进行逻辑划分和归类，使数据更具有组织性和可操作性。在信用信息数据管理中，数据模型扮演着组织数据结构和关系的角色，帮助我们更好地理解和描述信用信息数据的特征和属性。通过建立合适的数据模型，我们可以有效地组织和管理信用信息数据，同时要不断优化数据模型和数据分类体系，以适应不断变化的数据需求和业务场景，为社会信用体系建设提供更加坚实的基础。

数据分类是对数据进行逻辑划分和归类的过程，通过将数据按照一定的标准进行分类，可以更好地管理和利用数据。在信用信息数据管理中，数据分类起着将庞杂的数据进行归纳整理的作用。通过数据分类，我们可以将信用信息数据按照不同的维度进行划分，比如按照行业分类、地域分类或者信用等级分类等，从而使数据更具有针对性和可操作性。通过合理的数据分类，我们可以更好地理解和利用信用信息数据，为社会信用体系建设提供有力支撑。

在信用信息数据分类归集的过程中，我们不仅仅是在整理和规范数据，更是在筑牢一个社会信用体系数据的基石。通过对原始数据的细致分类和规范化处理，我们为信用信息数据的合理利用奠定了坚实的基础。随着信用工作的不断深入和信用信息数据的持续汇集，我们的分类细则也会不断增加，信用应用场景也会更加多样化。这种循环的正反馈将推动信用数据的持续发展和社会全覆盖的实现。在这个过程中，我们需要不断提升数据管理和处理的能力，保障数据的安全和可靠性，促进信用信息数据的更好利用，助力社会信用体系建设高质量发展。

第三节　信用数据要素特征

诚实守信是中华民族的传统美德，人而无信，不知其可也；企业无信，则难求发展；社会无信，则人人自危；政府无信，则权威不立。信用早已融入中华民族的血液，成为中华文化的基因，成为经济社会发展中最为核心的要素，一个地区、一个国家乃至全球的高质量发展都离不开良好的信用环境，加强社会信用体系建设构建以信用为基础的新型监管机制，是培育和完善社会主义市场经济体制的必由之路。把信用要素引入资源配置能最大程度实现社会公平，推动信用要素在更广阔的行业领域中发挥切实有效的作用，能促使经济发展更加公平、更有效率、更为畅通，也能促进市场主体更加活跃、产业结构不断优化、区域发展更加协同、宏观经济趋向稳定。那么，信用要素有哪些特征，如何激发信用数据要素潜能呢？

一、信用数据要素的规模性

信用数据要素的规模性主要体现在其能够发挥的作用和价值创造能力上，随着信用数据要素规模的扩大，人们能够从数据中挖掘出的信用价值也更大。在社会信用体系建设中，多维度的信用数据能够提供更全面、更准确的个人或企业信用画像，大规模的信用数据能够支撑更复杂、更精细的信用分析，运用大数据分析、模型训练学习、人工智能等技术，能够更准确地评估信用风险。同时，丰富的信用数据能够吸引更多的市场参与者，如信用评级机构、征信公司等，这些参与者能够基于大规模的信用数据提供更加多元化、个性化的信用服务，满足市场的不同需求。

（一）信用数据规模巨大

信用数据要素的规模性不仅体现在数据量的增加上，更体现在其能够带来的价值增加、成本降低以及促进市场健康发展的多方面效应上。因此，在构建和完善社会信用体系时，应注重数据要素的积累和应用，以充分发挥其规模性优势。

现代征信业与市场经济紧密相连，随着市场、金融与信用的深度融合，征信行业的规模和应用场景不断拓展。尤其是随着"政府+市场"双轮驱动发展模式的形成，金融信用信息基础数据库和市场化征信机构协同发展，信用数据的规模自然随之增长。大数据征信运用了大量数据来证明公司或个人的信用状况，其数据来源更为全面和多样化。这不仅包括传统的信用历史数据，如金融机构、政府机构以及电信运营商提供的个人基本信息、账单信息、信贷记录、逾期记录等，还引入了互联网行为轨迹记录、社交和客户评价等数据。这些多样化的数据来源为信用评估提供了更为丰富的信息，也推动了信用数据规模的增长。

一方面，随着大数据、人工智能等技术的兴起，数字经济持续发展，社会交往活动逐渐数据化，这意味着越来越多的个人和企业行为被转化为数据，进而成为信用评估的重要依据。比如，在开展企业信用评估时，就需要收集和分析大量的生产经营、行政许可、行政处罚、司法判决、激励和惩戒等各方面的数据，以期全面、准确地反映信用主体的信用状况，这也反映出信用本身具有数据量大、刻画维度广、信用状况动态交互等特点。因此，大数据的兴起和信用的广泛应用推动了信用数据规模的持续扩大。

另一方面，随着社会信用体系建设的不断完善和互联网金融、信用融资的快速发展，人们对信用数据尤其是公共信用数据的需求日益旺盛。无论是金融机构的风险管理、企业的市场监测预警，还是政府的监管决策，都需要大量的信用数据作为支撑。比如，银行业金融机构在贷前授信评估、贷中审批放贷、贷后监测预警过程中，需要实时对小微企业等客户的信用状况进行动态的分析，这就需要及时获取企业的登记注册、年报及纳税、社保、公积金缴纳等公共信用信息。因此，市场需求的推动也是信用数据规模扩大的重要原因。

近年来，在国家发展和改革委员会的牵头大力推动下，打造形成了以全国信用信息共享平台为"总枢纽"，各省区市信用信息共享平台为节点，覆盖全部信用主体、所有信用信息类别、所有区域的全国一体化平台网络。国家依托这套网络体系，将分散在各级政府部门、企事业单位的各类公共信用信息源源不断地汇集到全国社会信用基础数据库，形成了规模巨大的信用数据。

截至2023年底，全国各地累计归集共享的公共信用信息已达到78亿多条。

（二）信用数据增长迅速

信用数据作为衡量企业或个人信用状况的重要依据，其价值已在政务服务、行业监管、商业和金融等领域得到了广泛应用和认可。政府对社会信用体系建设的重视和支持，为信用数据的发展提供了有力的政策保障。同时，市场需求的不断增长也推动了信用数据的快速发展，越来越多的企业开始重视和利用信用数据，以提高自身的竞争力和市场份额。信用数据的快速增长有效拓展了信用应用的领域，信用应用的广泛开展进一步加快了信用数据的增长速度。

从政府角度看，政府行业主管部门已将信用状况作为开展惠民便企服务、实施行业监管的重要参考依据。政务服务方面，通过加强公务员、律师、教师、医师、会计审计人员、房地产中介从业人员、金融从业人员、导游等重点职业人群诚信教育，营造诚信守法的行业发展大环境。在各级政务服务大厅、市民中心开通信用绿色通道，对具有良好信用记录的行政相对人，提供容缺受理型、容缺预审型、告知承诺型等差别化服务。在政府采购、招标投标、行政审批、市场准入、资质审核、项目审批、政府资金安排、中小微企业帮扶、单位奖项评选等事项中，查询并使用法人单位信用记录。在机关事业单位人员招录、干部选拔任用、各类考试资格审查、专技人员职称评定、个人评优评先、贫困户建档立卡、信贷资格评定等事项中，推广使用个人信用记录。

信用监管方面，通过建立健全家政、养老、环保、食品药品、安全生产、房地产、交通出行、旅游等重点领域信用档案，在办理注册登记、资质审核、日常监管、公共服务等过程中，及时、准确、全面记录市场主体信用行为并建档留痕，让信用可查可核可溯。在"双随机、一公开"等监管过程中，对信用较好、风险较低的市场主体，合理降低抽查比例和频次，减少对正常生产经营的影响；对信用一般的市场主体，按常规比例和频次抽查；对违法失信市场主体，提高抽查比例和频次，依法依规实施重点监管和惩戒。

从市场侧看，企业增加信用数据的使用，可以更有效地评估风险和做出决策，从而推动业务的发展。政府要引导各类市场主体补充自身信用相关信息，积极主动开展失信修复、异议申诉，保护合法权益，提升自身信用。鼓励各类市场主体自愿填报信用信息，主动作出信用承诺并接受监督，授权信用平台对相关信用信息进行归集治理、共享公示、开发应用。对拒不履行司法裁判或行政处罚决定、屡犯不改、造成重大损失的市场主体及其相关责任人，依法依规在一定期限内实施市场和行业禁入措施，直至永远逐出市场。

随着技术的不断进步和创新，信用数据的采集、处理和分析能力得到了显著提升。这使得信用数据的准确性和有效性得到了进一步提高，为企业的决策提供了更为可靠的依据。同时，技术创新还推动了信用数据应用场景的拓展和深化，为信用数据行业的发展注入了新的动力。当然政府也要适应市场需求，充分运用信息技术手段，将信用平台网站归集的市场主体基础信息、执法监管和处置信息、红黑名单等各类信用信息按需嵌入各部门业务系统，在信用监管等过程中加以应用，逐步形成数据同步、措施统一、标准一致的信用监管协同机制。

从金融业来看，信用数据在企业融资过程中同样发挥着重要作用，金融机构通过信用数据的分析和评估，可以更准确地了解企业的信用状况和还款能力，从而为企业提供更为精准和高效的融资服务，这不仅有助于企业解决融资难、融资贵的问题，还能提高企业的融资效率和成功率。

金融业是整个经济体系的重要组成部分，金融加速器机制的存在使得金融业对经济的影响更大。信用要素能排除障碍、创造机会、提高流动。在信用要素的加持下，金融资源在国民经济中流通范围更大，惠及群体更广。以传统抵押贷款模式为例，商业银行在审查贷款人资质时，若仅依靠贷款人已有固定资本等资源作为考核要素，只能将贷款审批给已有相当规模原始积累的贷款人，这将导致有意愿参与市场经济、信用良好但缺乏前期资本积累的信用主体无法参与市场竞争，财富资源只能在"富人圈"流转，而无法在资本积累"先天不足"但有良好信用的"穷人圈"流动，无法使资源配置更公平、更优化。

市场主体拥有多少原始积累通常是先天因素决定的，其无法决定自己是"含着金钥匙"或"一贫如洗"，而经济主体的信用状况更多可后天培育，这是区别于原始积累的关键。因为经济主体在很大程度上可以掌握自身的信用水平，能够通过调整自身信念等因素提升主观信用水平，从严、从紧、从实要求自己，做讲信用的优质市场主体。这使其能够拥有参与金融活动的主动权，而不是完全被动。因此，与传统配置资源方式相比，依据信用要素配置资源，市场主体能够更多地从"被动接受模式"转变为"主动掌控模式"。

二、信用数据要素的多样性

信用数据要素的多样性主要体现在其来源和类型的多样性上，同时，多样化的分析方法也为信用评估提供了更加全面、准确的数据支持，多样化的信用惠民便企服务进一步印证了信用要素的多样性特性。

（一）信用数据来源的多样性

银行、保险、担保、小贷等传统金融机构和微信、支付宝、网商银行等互联网金融机构是征信数据的主要提供者，它们通过贷款、信用卡、保险等金融服务，收集了大量的个人和企业的信贷记录、还款情况等信息，建立形成了金融信用信息基础数据库，为信息主体和取得信息主体本人书面同意的信息使用者提供查询服务。国家金融信用信息基础数据库由中国人民银行征信中心建设、运行和维护，按照《征信业管理条例》相关要求，接收各类从事信贷业务机构提供的信贷信息，为防范金融风险、促进金融业发展提供相关信息服务。

公安、民政、税务、社保、法院、市场监管等行政机关是公共信用信息主要产生和获取的源头单位，如与个人或企业信用相关的登记注册、纳税、判决、处罚情况等信息；交通、水电、燃气、通讯等公共事业单位也会产生大量与信用相关的信息，如缴费信息、欠费情况、违规行为等。各类公共信用信息通过全国公共信用信息共享交换平台，汇集形成个人信用信息数据库和法人单位信用信息数据库为主体的社会信用数据库。社会信用数据库是我国社会信用体系建设的重要基础设施，对于提高全社会的诚信意识和信用水平具有重要意义。通过加强自然人信用信息数据库和法人单位信用信息数据库的建设和应用，多维度为各类信用主体建立健全信用档案，不断优化守信激励和失信惩戒政策措施，提高守信主体信用服务的便利度，压缩失信主体的生存与发展空间，让守信者一路绿灯、失信者寸步难行，促进社会诚信度的提升。同时，也为政府部门、金融机构和社会各界提供了便捷的信用信息查询服务，为市场经济的健康发展提供有力保障。

（二）信用数据类型的多样性

自然人信用信息数据库的信息来源广泛、类型多样，包括个人在金融机构的信贷记录、公共事业缴费记录、行政处罚记录、荣誉表彰、资格资质等与每个人信用状况相关的各类信息。这些信息按照一定的分类标准进行整理，形成完整的个人信用档案。据不完全统计，目前我国个人信用信息数据库已覆盖大量自然人，已有5.8亿多自然人的信用信息被纳入自然人信用信息数据库，为党政机关招考公务员、企事业单位人员招聘、干部选拔任用、评优评先及金融机构授信放贷等提供信用信息查询服务。

法人单位信用信息数据库的信息主要来源于企业、个体工商户、社团组织等市场主体的登记注册信息、行政处罚信息、法院判决信息及纳税、社保、公积金、水电气费等各种类型的信用信息，经治理加工，多维度建立健全市场主体信用档案。截至2023年底，我国各类组织机构总量突破1.88亿，已有6109万个法人机构、829万个非法人组织的信用信息被纳入法人单位信用信息数据库。这些市场主体涵盖了各行各业，包括法人单位、非法人组织等。法人单位信用信息数据库的建立，有助于加强企业等信用主体之间的信任与合作，促进市场经济的健康发展。

三、信用数据要素的价值性

信用数据的生命力在于有价值的应用，社会公众和市场主体对信用内涵和价值的认同会极大彰显其应有的价值。从个人视角看，良好的信用是人与人相互交往、交流、交融的黏合剂，是个人生存和发展的基础条件。从企业视角看，海量的信用数据可以多维度刻画企业信用状况，可有效减少政银企信息不对称，纾解中小企业融资难、融资贵、融资慢等现实问题。从监管视角看，加快社会信用建设构建以信用为基础的新型监管机制，是推进社会治理创新、提升治理体系和治理能力现代化水平的重要抓手。

（一）基础支撑价值

信用数据是建立科学有效的社会信用体系的基础。随着社会信用体系建设步伐的加快，公共信用信息能够快速、真实、完整、连续、合法、公开地被采集和加工应用，为制作企业资信调查报告和消费者个人信用调查报告提供原材料。丰富的信用数据基础为评估个人和企业的信用状况提供了有力支撑。

（二）提升信用价值

个人和企业行为的数字化和可度量化是信用价值提升的基础条件。在数字经济时代，随着互联网技术和科技金融的不断发展进步，使得个人和企业在各种数字平台上进行商业活动的数字足迹都能被有效记录，这为信用数据价值的进一步提升创造了条件。同样，信用数据的开放和共享使得信用能够更好地被记录和度量，促进了信用服务行业的迅速发展，征信报告、信用评级和信用评分等服务已成为弥合交易主体之间信息不对称的有效桥梁，并使信用水平成为获取和配置资源的主要参考依据，信用的经济社会价值得以更好地实现。

（三）数据资源价值

"信用"已成为个人成长和企业发展的金字招牌。信用数据既包括行政监管、公用服务、激励处罚、出行记录、生活缴费、固定资产等公共信用信息，也包括金融交易、账户信息、商贸往来、营收亏损等金融征信数据。将各类信用数据汇聚形成高价值的数据资产就会产生巨大的要素价值，可为信用行为分析和评价、创新信用产品、推广信用应用、优化营商环境、推动经济社会发展等奠定坚实的基础。

（四）风险评估与预警价值

基于大数据的信用数据，通过云计算、人工智能、机器学习等核心技术进行大规模的数据收集、分析、处理，可以为金融机构提供贷前的信用风险评价和贷后的风险预警。将公共信用数据与金融征信数据进行深度融合、互为补充，可以更加科学、准确地开展风险评估和预警，能为经济活动的稳定运行、防范金融风险提供重要保障。

（五）诚信文化价值

信用数据的开放和共享不仅提升了信用的价值，也促进了诚信文化的发展。信用文化是指在信用活动中形成的，反过来又对信用活动产生重要影响的价值观念和行为准则。一个完善的信用体系能够引导个人和企业树立正确的信用观念，现代信用文化和信用思维的形成，使人们逐渐认识到"信用"是可度量、有价值的，个人可以将信用作为立身之本，企业可以将信用转化为发展资金，进而推动社会信用风尚健康发展，共同营造诚实守信的良好社会环境。

由此可见，信用数据要素在支撑社会信用体系建设、提升信用价值、丰富数据资源、风险评估与预警以及促进信用文化进步等方面都具有重要价值。"信用"是人类社会生产实践活动的产物，其内涵随着社会经济活动的发展而逐步演变和丰富。客观认识数字时代的信用价值，探索信用数据要素价值的发挥路径，是完善社会信用体系，推进诚信建设的重要内容。

无论对个人还是企业，信用都是极为宝贵的资源，让信用有感、信用有价，不断加强全社会对信用价值的认知，是激发信用数据要素价值的关键所在。

四、信用数据要素的经济性

《数字中国发展报告》显示，我国数字经济规模已超过50万亿元，数字经济占GDP比重达到41.5%，位居世界第二位，数据资产成为稳定经济增长的关键动力。党的二十大报告明确提出，推进数字经济发展。中共中央、国务院《关于构建更加完善的要素市场化配置体制机制的意见》，首次将数据纳入生产要素范围。国务院《促进大数据发展行动纲要》，指出"数据已成为国家基础性战略资源"。信用数据作为数据资源中的重要一类，已成为数字经济和数字政府的核心资源，正在对国家治理能力、产业数字化转型、经济运行机制、社会生活方式等产生变革性影响，与土地、资本、劳动、知识、技术管理等传统生产要素一样，具有极为重要的经济价值。

信用数据要素具有显著的经济价值和市场潜力。在数据要素市场中，信用数据可以作为评估和判断信用状况的原材料，被挖掘出极高的使用价值，为数据所有者带来最终的经济效益。同时，随着数据价值的深度挖掘和市场空间的不断拓展，信用数据要素将在数字经济中发挥越来越重要的作用。信用数据要素的经济性主要体现在融资增信、助企纾困、激发市场活力等方面。数据资本化是在数据资产化的基础上，赋予数据资产更多金融属性，将数据资产作为抵质押品等用于信贷融资及其他金融活动的过程，这意味着数据的经济价值得到金融市场的认可。公共信用信息征信替代数据具有权威、准确、完整等多重优势，在信贷融资市场占据独特地位，为金融创新提供了新的探索方向。银行业金融机构将信用信息作为征信替代数据，接入到信贷业务系统进一步完善授信评估模型，通过融资增信方式纾解企业尤其是中小微企业融资难题。

"融资难、融资贵"是一项世界性难题，一些孵化初期的专精特新、微创企业和正在发展起步的小型、微型企业，融资需求往往是最为紧迫、最为急切的，但在银行业金融机构看来，这类企业缺乏地产、车辆、设备等可用于抵押的固定资产，融资的"硬"条件不足，加之其掌握的技术、专利、知识产权等尚未得到市场的验证，其价值难以客观评估，融资的"软"实力不够。这种情况下，当企业提出融资需求时，银行业金融机构会通过贷前尽职调查获取的信息和贷后还款能力、还款意愿的分析，进行综合授信评估，对没有可抵押物的企业通常会提高放贷门槛和贷款利率，进而导致企业融资难、融资贵问题长期存在。

中小微企业是稳增长、促就业、保民生的重要力量。近年来，随着国家金融供给侧结构性改革的深入推进和社会信用体系的不断完善，有效促进了中小微企业融资。但受政银企信息不对称等因素制约，中小微企业贷款可得性、便利性不高和信用贷款占比偏低等问题仍然存在。为充分发挥信用信息对中小微企业融资的支持作用，推动建立缓解中小微企业融资难融资贵问题的长效机制，2021年12月，国务院办公厅印发《加强信用信息共享应用促进中小微企业融资实施方案》，列出了14类37项涉企信用信息共享清单。同时指出，要进一步整合市场主体注册登记、行政许可、行政处罚、司法判决及执行、严重失信主体名单、荣誉表彰、政策支持等公共信用信息，不断提高数据准确性、完整性和及时性。以中小微企业、个体工商户融资业务需求为导向，在依法依规、确保信息安全的前提下，逐步将纳税、社会保险费和住房公积金缴纳、进出口、水电气、不动产、知识产权、科技研发等信息纳入共享范围，打破"数据壁垒"和"信息孤岛"。

这项《实施方案》是国务院出台的一系列"保市场主体、应对新的经济下行压力"政策措施之一。方案坚持以支持银行等金融机构提升服务中小微企业能力为出发点，多种方式归集各类涉企信用信息，不断提高中小微企业贷款覆盖率、可得性和便利度，助力中小微企业纾困发展。一是加强信用信息共享整合。在依法依规、确保信息安全的前提下，逐步将纳税、社会保险费和住房公积金缴纳、水电气、不动产等信息纳入共享范围，依托全国融资信用服务平台构建全国一体化融资信用服务平台网络，按照公益性原则提供信息查询等服务。支持银行、保险、担保、信用服务等机构接入融资信用服务平台，为企业提供融资信用服务。二是深化信用信息开发利用。完善中小微企业信用评价指标体系，不断扩大信用信息共享范围，实现精准画像。强化获贷企业信用状况动态监测，提高风险预警和处置能力。对依法认定的恶意逃废债行为，依法依规开展联合惩戒。三是保障信息主体合法权益。要求各级融资信用服务平台建立完备的信息安全管理制度，对接入机构进行信息安全评估。接入机构要严格遵守有关规定，严禁将获取的信息用于为企业提供融资支持以外的活动。

　　信用是市场经济的"基石"，近些年社会信用体系建设在不断地向前推进。信用作为"基石"，在构建高水平社会主义市场经济体制、促进金融更好服务实体经济，确实发挥了重要的支撑作用。信息技术的变革使信用的边界不断扩展延伸，信用机制在经济领域的广泛应用是信用经济发展的根本动力，是信用理念和制度渗透至其他领域和持续深入发展的根基。信用数据来源的多样性、类型的多样性赋予了信用数据要素的多样性特征。正是信用数据的多样性，为全方位建立健全企业信用档案、多维度开展信用状况评价提供了数据要素保障。

　　大量小微企业往往缺乏传统授信所需要的抵押担保，充分挖掘信用信息价值就成了一条重要的路径，而目前银行业金融机构发放普惠型小微企业贷款普遍面临信用信息难以获取或者获取成本较高的问题。国家发展改革委、人民银行、金融监管等部委牵头推动的"信易贷"是一种新的融资模式，就是让信用越好的企业越容易获得贷款，主要是以信用信息共享和大数据开发利用为基础，充分挖掘信用信息的价值，缓解银企信息不对称问题，支持银行等金融机构为中小微企业提供贷款。信用数据要素目前仍属于早期成长阶段，未来市场空间广阔。随着信用数据价值的深度挖掘，各方面资源配置的优化将成为长期驱动因素，为整个行业带来数以万亿的市场想象空间。

第二章 青海信用数据要素保障措施

党的二十大报告指出，要完善产权保护、市场准入、公平竞争、社会信用等市场经济基础制度，优化营商环境。完善的社会信用体系既是供需有效衔接的重要保障，也是资源优化配置的坚实基础，更是良好营商环境的重要组成部分，对促进国民经济循环高效畅通、构建新发展格局具有重要意义。

青海，素有"中华水塔"之美誉，这里山川壮美、历史悠久、民族众多，诚信之风质朴醇厚。一直以来，青海省认真贯彻落实党中央、国务院决策部署，以"诚信青海"建设为抓手，颁布实施《青海省公共信用信息条例》，依法依规推进全省社会信用体系建设，在信用数据采集、治理、存储、安全和要素保障等一些基础领域和关键环节取得阶段性成果，为深化"放管服"改革、优化营商环境、推进治理体系和治理能力现代化提供了有力支撑。

第一节 信用数据采集

规范采集公共信用信息是信用数据要素保障的先导性工程，也是社会信用体系建设中的一项长期性基础工作。青海省根据国家社会信用体系建设要求和《青海省公共信用信息条例》，对公共信用信息实行目录管理，按照目录确定的信息内容、提供主体、数据格式、使用权限、归集方式、归集时限、开放方式等，在保护国家秘密、商业秘密、个人隐私的前提下，依法依规采集各级党政机关和具有管理公共事务职能的企事业单位，在依法履行职责、提供服务过程中产生和获取的公共信用信息。

一、信用数据采集目录

公共信用信息目录是按照一定的原则和标准规范编制的反映具有完全民事行为能力的自然人、法人和非法人组织信用状况的信息名目清单。《青海省公共信用信息条例》明确规定：纳入目录管理的公共信用信息应当以法律法规或者国家相关规定为依据。公共信用信息归集、开放和使用应当按照国家公共信用信息基础目录和本省公共信用信息补充目录执行。同时要求，省人民政府发展改革部门应当会同信息提供主体依照国家相关规定，制定并定期更新本省公共信用信息补充目录，报省人民政府批准后向社会公布。

（一）国家公共信用信息基础目录

国家信用信息目录管理工作始于2016年。为贯彻落实党的十八届三中全会关于"建立全社会信用数据统一平台"的决策部署，加快完善全国信用信息共享平台，健全数据目录管理机制，提高信用信息跨部门、跨地区、跨行业共享利用水平，国家发展改革委制定出台了《全国信用信息共享平台信用信息目录（部际联席会议成员单位2016年版）》。这版《目录》是国家层面出台的第一版信用信息目录，旨在梳理国家社会信用体系建设部际联席会议各成员单位信用信息报送的清单，建立社会信用信息基础数据库。

2019年，国家公共信用信息中心印发了《全国信用信息共享平台信用信息归集目录（2019年版）》，旨在归集现阶段信用建设重点工作涉及的信用信息，并与从各部委、合作机构获取的信息互为补充，建设相对完善的信用信息基础库。要求各省级社会信用体系建设牵头单位按照《目录》规范报送公共信用信息，全国信用信息共享平台负责梳理汇总、加工整理从各省区市归集的信用信息后，逐步将企业登记注册、变更及行政许可、行政处罚、失信被执行、红黑名单等信用信息向地方信用信息共享平台推送共享，逐步建立形成了央地共建共享的新模式。

自2021年起，国家发展改革委按年度编制印发《全国公共信用信息基础目录》。其中，《全国公共信用信息基础目录（2021年版）》共纳入公共信用信息11项，明确指出各省区市社会信用体系建设牵头单位要会同有关部门（单位）在国家目录基础上，编制地方公共信用信息补充目录。《全国公共信用信息基础目录（2022年版）》共纳入公共信用信息12类，同时指出有关机关根据纪检监察机关通报的情况，对行贿人做出行政处罚和资格资质限制等处理，拟纳入公共信用信息归集范围的，应当征求有关纪检监察机关的意见。

最新版《全国公共信用信息基础目录（2024年版）》共纳入公共信用信息12类，主要包括登记注册基本信息、司法裁判及执行信息、行政管理信息、职称和职业资格信息、经营（活动）异常名录（状态）信息、严重失信主体名单信息、有关合同履行信息、信用承诺及其履行情况信息、信用评价结果信息、遵守法律法规情况信息、诚实守信相关荣誉信息和市场主体自愿提供的信用信息。

表 2-1 国家信用信息共享目录出台情况表

序号	名称	编制单位	出台时间	信息项
1	《全国信用信息共享平台信用信息目录（部际联席会议成员单位2016年版）》	国家发展改革委办公厅	2016年7月	——
2	《全国信用信息共享平台信用信息归集目录（2019年版）》	国家公共信用信息中心	2019年6月	33项
3	《全国公共信用信息基础目录（2021年版）》	国家发展改革委办公厅	2021年12月	11项
4	《全国公共信用信息基础目录（2022年版）》	国家发展改革委办公厅	2022年12月	12项
5	《全国公共信用信息基础目录（2024年版）》	国家发展改革委办公厅	2024年12月	13项

国家公共信用信息基础目录要求各地区、各有关部门（单位）应遵照合法、正当、必要、最小化原则，严格按照相关目录或条目归集公共信用信息。要严格遵守关于保守国家秘密、保护商业秘密和个人隐私的有关规定，加强信息安全管理，严禁泄露、篡改、毁损、窃取、出售、非法提供信用信息或非法获取、传播、利用信用信息谋私等行为，切实保护信用主体合法权益。

（二）青海省公共信用信息补充目录

青海省在国家公共信用信息基础目录的基础上，根据《青海省公共信用信息条例》要求，按年度编制修订本省公共信用信息补充目录，作为全省归集共享信用信息、年度目标责任（绩效）考核和推进信用体系建设各项工作的重要抓手，实现了信用体系建设工作目录化、清单化、标准化管理，持续强化提升信用信息归集的完整性、及时性和准确性，确保各类信用信息"应归尽归"和信用监管"全覆盖、无遗漏"。

2019年，青海省结合全省政府机构改革职能调整情况，积极创新工作思路和方法，对78家省级单位的信用信息数据及8个市州、45个区县有关单位的信用体系建设工作任务事项进行全面梳理，形成了《青海省信用信息共享目录（2019年版）》《青海省信用数据归集共享清单（2019年版）》《2019年省级单位（市州）社会信用体系建设工作任务清单（共性任务、个性任务）》，简称"一目录、两清单"，共收录省级单位信用信息共享目录933项、数据项条目6409个，省级单位和8个市州工作任务205大项。

2020年，青海省印发《加快推进社会信用体系建设构建以信用为基础的新型监管机制三年行动方案》，对信用信息归集共享的数量、质量和时效性提出了具体目标。为确保各单位及时全量向信用平台归集报送各类信用信息，省社会信用体系建设领导小组结合各单位权责清单、服务事项清单及机构职能调整情况，在2019版信用信息目录清单的基础上，对省市县三级社会信用体系建设成员单位信用信息进行了全面梳理汇总，经反复征求意见并修改完善后，形成了《青海省信用信息共享目录（2020年版）》，信用信息共享目录清单为6104项。

2023年，为深入贯彻执行《青海省公共信用信息条例》，加快推进社会信用体系建设，夯实"诚信青海"信息化基础，支撑好信用创新应用，省社会信用体系建设领导小组以法律、法规和党中央、国务院政策文件为依据，按照依法依规、保护权益、审慎适度的目录清单管理要求，在2020版信用信息目录清单的基础上，结合2021、2022版《国家公共信用信息基础目录》和省各单位权责清单和职能调整实际，修订印发了《青海省信用信息共享目录（2022/2023版）》，信用信息共享目录清单增加到10584项。

2024年，青海省社会信用体系建设领导小组在2022/2023版信用信息目录清单的基础上，结合2024版《全国公共信用信息基础目录》和省相关部门权责清单及职能调整情况，修订印发了《青海省信用信息共享目录（2024/2025版）》，信用信息共享目录清单达到13609项，目录条数达到历史新高。

表2-2 青海省信用信息共享补充目录印发修订情况表

序号	名称	编制单位	印发时间	信息项
1	《青海省信用信息共享目录（2019年版）》	青海省社会信用体系建设领导小组办公室	2019年7月	6409项
2	《青海省信用信息共享目录（2020年版）》	青海省社会信用体系建设领导小组办公室	2020年12月	6104项
3	《青海省信用信息共享目录（2022/2023版）》	青海省社会信用体系建设领导小组	2023年3月	10584项
4	《青海省信用信息共享目录（2024/2025版）》	青海省社会信用体系建设领导小组	2024年6月	13609项

《青海省公共信用信息条例》除了对信用信息共享目录编制修订作出明确规定外，还对目录清单执行提出了具体要求：信息提供主体应当按照公共信用信息目录向公共信用信息工作机构及时报送公共信用信息，对报送信息的真实性、准确性、完整性负责，发现信息存在遗漏、错误的，应当及时补充、更正后重新报送。这里的"信息提供主体"是指纳入省、市、县三级的社会信用体系建设成员单位，也是信用信息产生的源头单位。截至2024年6月，青海省信用信息共享平台已接入各级成员单位达1500多家，梳理入库的目录清单突破13000多项，为信用信息归集共享奠定了坚实基础。

信用信息目录编制要坚持依法、审慎、必要原则，依据法律法规、标准规范、权责清单和政务服务事项清单有序开展，既要保证"应归尽归"，又要防止"无序乱归"。依法依规必须载入信用档案的信用信息，应当纳入信用信息目录；严禁将自然人的宗教信仰、指纹、血型、基因、疾病和病史等隐私信息，以及法律、法规禁止归集的其他信息列入信用信息目录。

二、信用数据标准规范

政府部门掌握着绝大多数的公共信用信息，因政务服务、行政监管等应用场景不同，其产生和获取的信用数据类型、字段、格式等也是千差万别，反映在信息质量上就是良莠不齐。没有规矩，不成方圆。以科学、技术和实践经验等综合成果为基础，建立健全信用标准体系，为信用及其活动、结果提供规则、指南等技术规范和准则。信用标准是识别信用主体身份的依据、判断信用行为的准则，也是信用信息记录采集、归集共享、加工处理、整合存储、公示应用等各流程节点必须遵守的规范，更是提高信息资源质量保障数据要素供给的必要条件。

（一）国家信用标准体系建设情况

国务院印发的《国家标准化体系建设发展规划（2016-2020）》指出，要加快社会信用标准体系建设，制定和实施实名制、信用信息采集和信用分类管理标准，完善信贷、纳税、合同履约、产品质量等重点领域信用标准建设，规范信用评价、信息共享和应用，服务政务诚信、商务诚信、社会诚信和司法公信建设。强调，要加快统一社会信用代码、地理信息采集、服务接口、数据安全、数据元、赋码规范、数据管理、交换接口等关键标准的制定和实施，实现相关部门法人单位信息资源的实时共享，推动统一社会信用代码在电子政务和电子商务领域应用。

信用标准体系是社会信用体系建设的重要内容，贯穿信用工作全过程，涉及各行业（领域），覆盖全部信用主体。我国社会信用标准体系由全国社会信用标准化技术委员会提出并归口，主要由国家信用标准、行业信用标准、团体信用标准、企业信用标准和地方信用标准构成。根据信用标准的对象、属性、用途、功能等，也可以将信用标准划分为基础、通用和专用等多个类别。

当前，全国各地正在深入推进社会信用体系建设工作，信用标准化需求旺盛、任务迫切。《全国社会信用标准化技术委员会年报（2022年度）》显示，截至2020年底，我国已发布社会信用国家标准48项，已经立项并正在研究制定的社会信用国家标准19项，正在申报立项的社会信用标准10项，涵盖了质量信用标准、企业信用标准、信用信息共享标准等领域的基础、通用和专用标准。

我国2015年10月1日起实施的《法人和其他组织统一社会信用代码编码规则》（GB32100—2015）是一项国家强制性标准。该《标准》的发布实施，极大地促进了全国商事制度改革的落地见效，在全国范围内推动建立了统一社会信用代码制度，对每一个法人和其他社会组织，自登记注册之日起便赋予全国唯一的统一社会信用代码，伴随其成长、发展、壮大直至注销的全生命周期。

统一社会信用代码有效整合了营业执照、组织机构代码证、税务登记证、社会保险登记证、统计登记证等多种证件号码，赋予市场主体全国唯一、终身不变的法定身份识别码，改变了"多头赋码""多码并存"等现状，为全面实现社会信用体系建设数字化、智慧化创造了必要条件，简化了办事流程，提高了服务效率，优化了营商环境，激发了市场主体活力。

实行统一社会信用代码制度，可以规范采集信用信息，人们将分散在各地区、各部门、各行业零散的碎片化的信用信息，以统一社会信用代码为唯一标识串成线、连成面、织成网，全部汇聚整理、匹配关联到当事主体名下，建立形成完整统一的信用档案，为多维度开展信用评价、提供精准信用画像、实施分级分类信用监管等信用工作奠定了坚实基础。

信用数据标准化是信用标准体系建设的重中之重，应当坚持以应用需求为导向，统筹推进国家标准、地方标准和行业标准制定工作，协调解决好标准之间交叉矛盾等问题。同时，要应对全球化发展趋势，在信用标准制定和宣贯过程中用全球化的视角创新思路，推动信用标准国际化、市场化发展，不断赋能社会信用体系建设。

表 2-3 国家发布的重点信用标准（截至 2023 年底）

序号	标准分类	标准名称	发布号
1	基础标准	信用基本术语	GB/T 22117—2018
2	基础标准	信用标准化工作指南	GB/T 23792—2009
3	基础标准	信用主体标识规范	GB/T 26819—2011
4	基础标准	信用标准体系总体架构	GB/T 35431—2017
5	基础标准	法人和其他组织统一社会信用代码编码规则	GB 32100—2015
6	基础标准	法人和其他组织统一社会信用代码基础数据元	GB/T 36104—2018
7	基础标准	公共信用信息代码集	GB/T 39446-2020
8	基础标准	公共信用信息基础数据项规范	GB/T 41195-2021
9	基础标准	公共资源交易主体信用评价实施指南	GB/Z 41465-2022
10	基础标准	从业人员信用档案建设与管理要求	GB/T 42507-2023
11	基础标准	国有企业采购信用信息公示规范	GB/T 42506-2023

续表

序号	标准分类	标准名称	发布号
12	基础标准	公共信用信息报告编制指南	GB/T 42337-2023
13	基础标准	企业信用评价报告编制指南	GB/T 31953-2023
14	通用标准	企业信用等级表示方法	GB/T 22116—2008
15	通用标准	企业信用信息采集、处理和提供规范	GB/T 22118—2008
16	通用标准	信用服务机构诚信评价业务规范	GB/T 22119—2017
17	通用标准	企业信用数据项规范	GB/T 22120—2008
18	通用标准	企业信用评价指标	GB/T 23794—2023
19	通用标准	企业信用调查报告格式规范基本信息报告、普通调查报告、深度调查报告	GB/T 26817—2011
20	通用标准	个人信用调查报告格式规范基本信息报告	GB/T 26818—2011
21	通用标准	企业诚信管理体系	GB/T 31950—2015
22	通用标准	企业信用档案信息规范	GB/T 31952—2015
23	通用标准	企业信用评估报告编制指南	GB/T 31953—2015
24	通用标准	信用信息征集规范第1部分：总则	GB/T 34830.1—2017
25	通用标准	信用信息分类与编码规范	GB/T 37914—2019
26	通用标准	科研信用信息征集规范	GB/T 37927—2019
27	专用标准	企业质量信用等级划分通则	GB/T 23791—2009
28	专用标准	合格供应商信用评价规范	GB/T 23793—2017
29	专用标准	基于电子商务活动的交易主体企业信用档案规范	GB/T 26841—2011
30	专用标准	基于电子商务活动的交易主体企业信用评价指标与等级表示规范	GB/T 26842—2011
31	专用标准	基于电子商务活动的交易主体个人信用评价指标体系及表示规范	GB/T 28041—2011
32	专用标准	基于电子商务活动的交易主体个人信用档案规范	GB/T 28042—2011

续表

序号	标准分类	标准名称	发布号
33	专用标准	企业质量诚信管理实施规范	GB/T 29467—2012
34	专用标准	电子商务信用卖方交易信用信息披露规范	GB/T 29622—2013
35	专用标准	企业质量信用评价指标	GB/T 31863—2015
36	专用标准	社会组织信用评价指标	GB/T 31867—2015
37	专用标准	企业质量信用报告编写指南	GB/T 31870—2015
38	专用标准	检验检测机构诚信基本要求	GB/T 31880—2015
39	专用标准	电子商务信用网络交易信用主体分类	GB/T 31951—2015
40	专用标准	职业经理人信用评价指标	GB/T 31864—2016
41	专用标准	电子商务信用B2B第三方交易平台信用规范	GB/T 33717—2017
42	专用标准	电子商务信用网络零售信用评价指标体系	GB/T 34056—2017
43	专用标准	商贸物流企业信用评价指标	GB/T 35434—2017
44	专用标准	电子商务信用自营型网络零售平台信用管理体系要求	GB/T 36302—2018
45	专用标准	电子商务信用第三方网络零售平台信用管理体系要求	GB/T 36304—2018
46	专用标准	检验检测机构诚信评价规范	GB/T 36308—2018
47	专用标准	家居用品企业诚信管理体系要求	GB/T 38253—2019
48	管理标准	帮扶对象个人信用档案信息规范	GB/Z 41688-2022

（二）青海信用标准体系建设情况

近年来，青海省社会信用体系建设取得积极成效，首先是按照国家标准一体化建设完成覆盖省、市、县三级的"信用青海"平台网站群，夯实了"诚信青海"建设基础。其次是以信用数据资源为底座，全面推行"凡办必查"广泛查询运用各类主体信用状况，开展信用综合评价实施分级分类信用监管等，不断创新和拓展信用应用领域。三是聚焦中小微企业融资难题，倾力打造青海省中小微企业信用融资服务中心平台（简称"青信融"平台），在政银企之间搭起一座互信互认的信用金桥。四是充分发挥信用数据要素价值，迅速将为全省新冠疫情防控做出巨大贡献的"信用信康码"系统，成功转型为助企暖企"春风行动"服务平台，让信用惠企直达快享。

社会信用体系建设的快速发展，倒逼青海省加快信用标准化建设进程。按照急用先行原则，青海省在贯彻执行《信用标准体系总体架构》（GB/T35431—2017）、《信用基本术语》（GB/T22117—2018）、《信用标准化工作指南》（GB/T23792—2009）等国家相关信用标准的基础上，根据《中华人民共和国标准化法》《青海省地方标准管理办法》，紧紧围绕全省社会信用体系建设的战略目标、重点领域、重要任务和关键环节，研究编制了《公共信用信息查询服务规范》《绿色金融碳汇信用数据接口规范》《小微企业融资信用评价规范》等地方标准。

社会信用体系建设是一项复杂的系统性工程，需要汇聚社会各界力量共同持续推进、久久为功，方能取得应有成效。青海省地方信用标准，紧密结合社会信用体系建设实践，充分调动社会信用体系建设领导小组成员单位的积极性，广泛征求吸纳行业（领域）主管部门、企事业单位和有关学者专家的意见建议，有效衔接信用标准体系与信用法律体系、信用目录体系的相互匹配，防止信用地方标准编制与社会实践相脱节。

以青海省《公共信用信息查询服务规范》为例，说明编制地方信用标准的必要性和重要意义。公共信用信息查询服务是信用惠民便企的一项主要内容，报告以统一社会信用代码为标识系统客观地记录个人和市场主体信用活动，提供全面准确的公共信用信息，多维度信用画像，已在公务员招录、评优评先、职称评定、职务调整及政务服务、财政性资金和项目支持、政府采购和招标投标、科研管理等领域全面查询使用，具有广泛的社会性。随着应用领域的不断拓展，信用报告已成为个人诚实守信的代名词和企业生产经营的金字招牌，备受社会公众和各类市场主体的广泛关注。

但从实际查询使用报告情况看，不同行业领域对信用报告内容的关注重点不尽相同，不同地区信用工作机构出具的公共信用信息查询报告在格式和内容上存在较大差异，大大降低了信用报告的权威性和认同度，一定程度上影响了行业主管部门对服务监管对象信用状况的客观判断，给个人事业发展和企业生产经营等产生了较大影响，亟须建立地方标准，对全省公共信用信息查询报告的格式、内容等服务进行统一规范，面向社会公众和市场主体提供标准化的公共信用信息查询服务。

此外，《青海省公共信用信息条例》对出台信用查询服务规范也有明确规定："公共信用信息工作机构应当通过公共信用信息平台、移动终端、服务窗口等途径，按照公共信用信息查询服务规范向公众无偿提供查询服务，查询记录应当自查询之日起保存三年。公共信用信息查询服务规范由省人民政府发展改革部门制定。"

基于这一现实需要，青海省在总结现有信用工作实践经验的基础上，参照国家已发布的信用相关标准，依法将普遍应用的公共信用信息查询服务提升到地方标准高度，以地方标准的形式打造形成全省统一的公共信用信息查询报告，规范信用查询服务流程，满足县级以上公共信用信息工作机构、第三方信用服务机构依规编制自然人、法人和非法人组织信用报告的迫切需要，提高各行业领域对公共信用信息查询报告的统一认识理解和规范使用。

青海省《公共信用信息查询服务规范》的编制实施，既是贯彻实施《青海省公共信用信息条例》、全面落实"凡办必查"的具体工作要求，也是进一步优化青海省公共信用信息报告查询服务质量和标准化、规范化水平，提升企事业单位、个体工商户、社会组织等市场主体使用体验度，提高全社会对公共信用信息查询报告的认可度，最大限度发挥信用价值赋能实体经济发展的现实需要。

编制发布《公共信用信息查询服务规范》，不仅能促进公共信用信息工作机构、第三方信用服务机构依法依规为社会公众和各类市场主体提供标准化信用查询服务，出具格式统一、内容规范、科学合理、权威普惠的信用报告，构建全社会守法诚信经营的良好市场秩序，助力全国统一大市场建设，同时也能更大限度地发挥公共信用信息数据要素的放大、叠加、倍增作用，促进信用与生态环保、科技创新、金融服务、文化旅游、城市治理、现代农牧业等重点产业融合，推动全省经济社会高质量发展。

三、信用数据采集方式

信用数据采集是按照信用信息共享目录清单确定的方式，采取一定的技术手段和协调机制，逐步打破"数据壁垒"和"信息孤岛"，以统一社会信用代码为唯一标识，持续将分散在各级党政机关、企事业单位的源头信息归集当事主体名下，建立形成信用数据资产的过程。信用数据采集方式在国家和地方出台的信用信息共享目录清单中都有明确的规定，具体实现方式还要依赖于成熟稳定的信息技术支持。目前，全国各地常用的采集方式主要有在线填报、接口对接和系统直连三种方式。

（一）在线填报方式

信用数据的采集离不开计算机、互联网、移动通信及大数据、云计算、区块链等现代信息技术。青海省充分运用现代信息技术，依托"信用青海"网站群，搭建了全省统一的信用信息共享平台，开发信息在线报送系统，为各级党政机关、企事业单位分配专用账号密码，通过线上线下相结合方式开展信用专题培训，建立起覆盖省市县三级1500多家单位的信用信息在线填报网络，广泛采集各类信用信息。

在线填报方式适用于信用信息产生数量较少、频次较低，且相应业务系统信息化程度较低的数据源头单位使用。数据源单位可以利用分配到的专用账户，登录信用信息报送系统，按照系统设置的数据报送规则，逐条将履职过程中产生的行政许可、行政处罚、红黑名单等信用信息报送到青海省信用信息共享平台；也可以登录报送系统后，按照数据报送类别，下载相应数据报送模板，一次性批量报送一段时期内产生的多条信用信息，一次最多可批量报送500条信用信息。相比逐条填报，批量报送效率更高，但批量报送模板对数据项的校验规则较弱，导致批量报送数据的达标率要低于逐条填报的数据。

方式一，在线采集：信用数据源头部门，通过信用信息共享平台提供的在线报送系统，逐条或批量报送信息。如图所示：

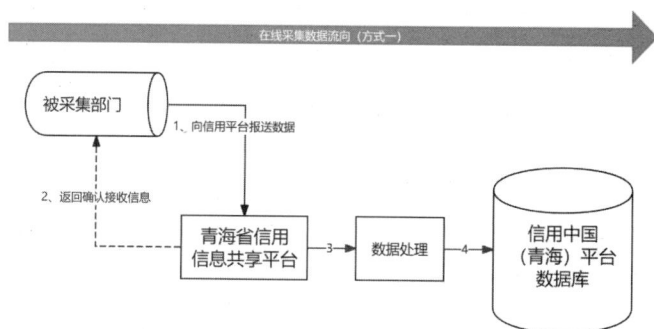

图2-1 在线采集（方式一）

（二）接口对接方式

接口对接是数据供需双方通过调用预定义的接口，实现不同系统或服务之间的数据交互和功能调用，适用于信用数据产生数量较大，且业务信息化程度较高的单位。该方式首先依托青海省信用信息共享平台，开发信用数据接口程序，通过接口订阅、调用、推送、抽取等方式共享交换信用数据，并根据不同数据类型建立健全丰富的标准化接口池，满足多样化数据采集需求。

数据接口通常要遵循HTTP、SOAP等一定的协议和规则，以确保数据的正确传输和处理。例如，WebService接口就是使用SOAP协议通过HTTP传输数据，请求报文和返回报文都是XML格式，适用于跨平台、跨语言的数据交互，但接口程序相对较重，数据传输效率较低。HTTP接口协议顾名思义使用HTTP协议传输数据，常用的方法有GET和POST两种，请求报文通常采用key-value形式，返回报文一般都是JSON串，特点是接口程序量级轻、运行高效，是目前最常用的接口对接方式之一。

接口程序往往由请求端和响应端成对构成，数据供需双方开始对接前要仔细阅读目标API文档，了解接口的地址、请求方法、请求参数、响应格式等关键信息。根据API文档提供的信息，编写代码构建HTTP请求、设置请求头、处理响应结果等，一旦请求被API服务处理并返回响应，就需要使用相应的解析库解析这些响应数据并提取有用的信息，最终达到调用数据的目标。为提高API请求和响应数据在传输过程中的安全性，通常使用HTTPS协议进行加密传输，加强API密钥和其他凭证信息保护，避免敏感信息明文传输，防止数据被恶意篡改利用。

青海省信用信息共享平台是全省信用信息归集共享的"总枢纽"。近年来，青海省将接口对接作为信用数据采集的主要方式，以需求为导向持续开发丰富接口池。截至2023年底，"信用青海"平台已建立131个标准化信用数据接口，与1500家单位和8个市州信用平台实现无缝对接，接口池日均调用量达到0.5万次。

方式二，接口对接：信用数据源头部门（被采集部门）开发接口程序，与信用信息共享平台接口池中的对应接口建立数据请求、响应机制，进行数据共享交换。如图所示：

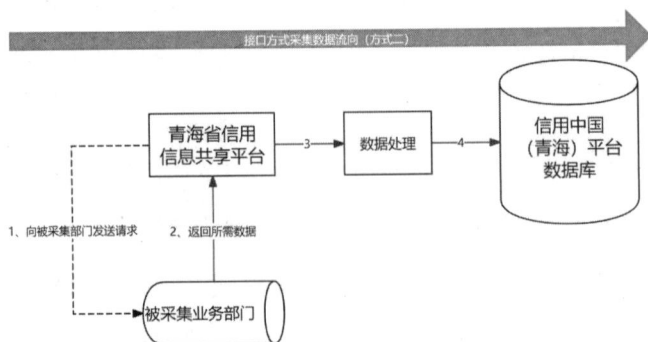

图2-2 接口对接（方式二）

（三）系统直连方式

系统直连互通是指不同的信息化系统之间通过技术手段实现直接连接和交互，是在接口对接的基础上直接贯通异构业务系统应用层（Application Layer）的一种方式，以实现数据共享、业务协同和流程优化。系统直连互通是提高政企信息化水平、实现数字化转型的重要手段之一。青海省采取合适的技术路线，通过设计合理的接口和协议、建立有效的运维管理制度等措施，将信用信息共享平台与相关行业领域的业务系统进行直连互通，在确保系统间稳定连接的基础上，进一步提高数据采集效率和准确性、安全性。

方式三，系统直连：信用数据源头部门（被采集部门）将业务系统产生的数据推送到前置库，信用信息共享平台按照一定的触发规则，实时从前置库中抽取所需数据，进行治理入库。如图所示：

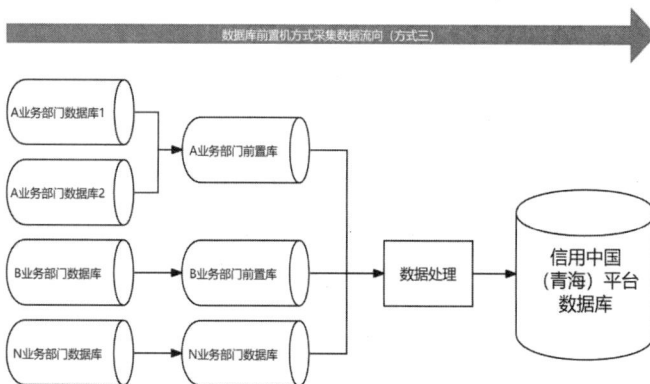

图2-3 系统直连（方式三）

青海省信用信息共享平台与国家企业信用信息公示系统（青海）直连互通，实现信用修复业务流程闭环协同、修复结果数据互认共享的"一次修复、两网同步"做法，便是信用信息采集方式中系统直连互通的典型案例。2024年1月，国务院印发《关于进一步优化政务服务提升行政效能推动"高效办成一件事"的指导意见》（国发〔2024〕3号），对深入推动政务服务提质增效，在更多领域更大范围实现"高效办成一件事"做出部署，其中，信用修复工作被列入全国"高效办成一件事"第一批13个重点事项清单。

青海省从企业和群众视角出发，坚持问题导向、目标导向和效果导向，以推进国家"高效办成一件事"为牵引，印发《青海省进一步优化政务服务提升行政效能推动"高效办成一件事"实施方案》要求，进一步加大模式创新、流程重构、数字赋能力度，建立健全"高效办成一件事"常态化推进机制。指出，要实现包括信用修复在内的第一批13项高频、面广、问题多的"一件事"高效办理，形成可复制可推广的经验做法。

青海省发展改革委围绕"高效办成一件事"国家部署和省政府工作要求，依据《青海省公共信用信息条例》《失信行为纠正后的信用信息修复管理办法（试行）》（国家发展改革委令第58号）《市场监督管理信用修复管理办法》（国市监信规〔2021〕3号）《社会组织信用信息管理办法》（民政部令第60号）等相关法规文件规定，会同省市场监督管理局等部门联合印发《青海省高效办成信用修复"一件事"工作方案》（青发改财贸〔2024〕251号），将高效办成信用修复"一件事"分解为行政处罚、异常名录、严重失信主体等四项具体联办事项，与市场监管、民政、人社、税务、统计、文旅、应急、法院等行业主管部门建立信用修复数据互认共享机制，打通信用修复的"最后一公里"，实现信用修复数据直连互通，有效解决"多头修复"问题，显著提升信用修复的效率和群众满意度。

四、信用数据采集内容

自然人和法人单位（含非法人组织）是社会信用体系建设中的两大信用主体，也是信用数据归集共享的前提和基础，各类信用信息只有以自然人身份证号码或法人统一社会信用代码为标识，才能进行有效采集、加工和应用。信用信息来源广泛、内容丰富，不同种类的信用主体之间，以及同一类信用主体的个体之间，所涉及的信用信息既有相同之处，也存在明显差异。

（一）自然人信用信息的主要内容

自然人信用信息是反映个人信用状况的数据资料，主要包括：用于身份识别的姓名、性别、身份证号码等基本信息，参与社会活动的公共信息，反映信用状况的守信、失信信息，以及其他信用记录信息。

1.基本信息。自然人基本信息是采集个人相关信用信息的基础，一般由公安部门提供。主要包括身份证、姓名、性别、户籍地址、学历学位、职业状况、邮政编码、联系电话等信息。

2.公共信息。自然人公共信息是记录个人参与社会活动过程中产生的信用信息，主要来源于各类行政机关。（1）行政许可信息，如经依法审查准予个人的资格、资质等；（2）行政处罚信息，如被行政机关依法警告、罚款、拘留、吊销执照等；（3）司法信息，如法院判决书、裁定书、案件执行、失信被执行人等；（4）社会保障信息，如缴纳或欠缴的养老保险、医疗保险、失业保险、工伤保险、生育保险及住房公积金等；（5）纳税缴费信息，如依法纳税、偷税漏税及缴纳或欠缴的水费、电费、燃气费、供暖费用、公共交通费等；（6）知识产权信息，如著作权、专利权、商标权等；（7）社会公益信息，如慈善捐赠、志愿服务等。

3.守信信息。自然人守信信息主要是记录个人获得荣誉表彰的信息，主要包括国家功勋、国家荣誉、劳动模范、改革先锋、优秀党员、优秀公务员、先进工作者、三八红旗手、青年五四奖章、道德模范、优秀共青团员、科学技术奖、自然科学奖、技术发明奖等获得表彰奖励的信息。

4.失信信息。自然人失信信息是记录个人失信行为的信息，主要包括失信被执行人、弄虚作假、虚报冒领、偷税漏税、诈骗、骗保、侵权及行贿受贿、学术造假、科研失信等负面信息。

5.其他信用信息。记录除上述信息以外且与自然人信用状况密切相关的信息。例如，涉金融相关的信用卡、贷款、还款、资产等征信信息，合同履约、信用承诺、守信践诺、失信修复以及行政裁决、行政强制、行政确认、行政给付、行政征收等其他行政类信用信息。

（二）法人单位、非法人组织信用信息。法人单位是指依法设立的企业、事业、机关、社会团体法人等。非法人组织是指依法经有关机关批准成立的个人独资企业、合伙企业、不具有法人资格的专业服务机构等。法人、非法人组织信用信息是能够反映其信用状况的数据资料，主要包括：登记注册信息、行政类信息、司法类信息、守信信息、失信信息、涉金融信息、商务活动信息、信用评价信息及其他信息。

1.登记注册信息。法人单位、非法人组织在登记注册时产生的名称、统一社会信用代码、法定代表人、经营场所、经营范围、经营方式、经营期限、注册资本、经济性质、从业人数、分支机构等能够识别主体身份的基本信息。

2.行政类信息。行政机关依法作出的行政许可、行政处罚、行政裁决、行政强制、行政确认、行政给付、行政征收等决定文书信息。例如，行政机关依法准予企业经营的许可证，被行政机关依法实施警告、罚款、没收违法所得、责令停业停产、暂扣或吊销营业执照等。

3.司法类信息。司法机关依法对法人、非法人组织做出的判决、裁定、执行等信息。例如，记录法人或非法人组织已经生效的法院判决书、法院裁定书、被法院纳入失信被执行人名单及经司法程序宣告破产、清算资产、豁免债务等信息。

4.守信信息。国家机关、行业协会（商会）记录法人、非法人组织为社会、行业领域作出积极贡献给予的荣誉表彰信息。例如，法人或非法人组织获得的国家科学技术进步奖、建筑工程鲁班奖、国家优质工程奖、中国工业大奖、全国五一劳动奖章、全国三八红旗集体、人民满意的公务员集体、A级纳税人、海关高级认证企业、公路工程建设领域守信典型企业、水路工程建设领域守信典型企业等。

5.失信信息。行政机关以及法律法规授权的具有公共事务管理职能的组织、司法机关依法对法人、非法人组织做出的处罚惩戒信息。例如,被人民法院列入失信被执行人名单信息,被市场监管部门列入异常经营名录、严重质量失信企业信息,被税务机关列入的重大税收违法案件当事人信息,被人社部门列入的拖欠农民工工资名单信息,被统计部门列入的统计严重失信企业,被海关列入的海关失信企业,被安全管理部门列入的安全生产黑名单,被交通运输部门列入的严重违法超限超载失信车辆信息等。

6.涉金融信息。金融机构记录法人、非法人组织在银行、证券、基金、保险、信托等领域信用状况的信息。例如,商业银行给企业授信贷款的金额、期限、利率及还款情况、不良债务等信息,金融监管部门认定的恶意逃废债、非法集资、非法吸收公众存款、擅自发行股票、从事金融诈骗、非法设立金融机构等严重失信名单信息。

7.商务活动信息。法人、非法人组织在商业活动中产生的信用信息。例如,企业之间签订的合同及履约、违约、纠纷、应付应收账款等信息,以及在生产经营过程中的交易、订单、货物、物流等信息。

8.信用评价信息。行政机关在依法履职过程中或第三方服务机构出于商业目的对法人、非法人组织所作的信用评价、评级信息。例如,税务部门评定的A级、B级、C级、M级、D级纳税人信息,环保部门评定的红牌、黄牌、绿牌信息,公共资源交易部门评定的A级、B级、C级、D级招标代理机构信息,社会舆论、新闻媒体宣传的品牌知名度、影响力、口碑等正面信息和假冒伪劣、弄虚作假、侵害消费者权益等鱼面信息。

9.其他信用信息。记录除上述信息以外且与法人、非法人组织信用状况密切相关的信息。例如,企业缴纳社会保险、医疗保险、住房公积金及生产用水、用电、用气等缴费或欠缴信息,企业在申请使用财政性资金中存在的虚报冒领、弄虚作假、骗取套取、截留挪用等失信信息,企业参加社会公益活动、慈善捐赠及假借慈善名义、假冒慈善组织骗取财产等行为信息,企业在生产经营、接受公共服务等过程中做出的信用承诺及兑现承诺、履约践诺、背信弃义等信息，企业履行处罚义务申请修复失信行为的信息，法人、非法人组织获得商标权、专利权等知识产权或专利侵权、虚假申请、违法使用等失信信息。

第二节　信用数据治理

信用数据治理是信用数据要素保障的重要一环，涉及数据的采集存储、处理分析、比对关联、共享使用等一整套管理行为，是确保数据质量、安全性和合规性的关键过程，旨在确保数据的质量、一致性、可用性和安全性。数据治理是实施数字战略的基础，有效的数据治理可以显著提升数据的价值，为数字政府、数字经济建设提供高质量的数据要素保障，减少因数据质量问题而引发的风险。国际数据管理协会（DAMA）将数据治理定义为对数据资产管理行使权力和控制的活动集合，国际数据治理研究所（DGI）认为数据治理是一个通过一系列信息相关的过程来实现决策权和职责分工的系统。

一、信用数据治理方法

信用数据作为现代社会运转的"润滑剂"，不仅是维护市场秩序、促进公平竞争的基石，更是政府服务民生、提升治理能力的关键要素。面对广泛采集、海量存在的信用数据，唯有建立一套科学有效的数据治理方法，将信用数据治理形成有用、可用的数据资产，才能有效发挥信用数据要素价值，不断适应数字化时代的需求和挑战。

（一）依法依规实施信用数据治理

政府应制定和完善信用数据相关的法律法规，确保信用数据治理有法可依、有章可循。《青海省公共信用信息条例》（下称《条例》）明确了信用数据的定义、范围、归属、采集、使用、共享等原则，为青海省信用数据治理提供坚实的法律支撑。同时，青海省将《条例》纳入年度信用工作计划，结合信用进机关、进企业、进学校、进社区、进农牧区等"五进"活动，采取形式多样、群众喜闻乐见的宣传方式，加强对《条例》的宣传和普及，提高党政机关、企事业单位和社会公众对信用数据治理的认知度和参与度。

（二）建立健全信用数据治理体系

研究制定数据治理策略是数据治理的首要步骤。社会信用体系建设牵头部门要根据信用数据类型来源、使用需求、应用场景、数据特点和组织架构等因素，研究制定科学合理的数据治理策略。策略应包括数据治理的原则、目标、组织架构、职责分工、流程规范等内容。同时，要建立健全信用数据质量标准管理体系，制定数据质量指标和评估方法，对数据的准确性、完整性、一致性等方面进行规范和评估，保障数据治理过程规范、治理结果合格达标。此外，还需要建立信用数据质量监控和改进机制，确保数据质量的持续提升。

（三）搭建信用数据治理支撑平台

建立统一的信用数据治理平台是信用数据治理的重要一环。青海省依托信用信息"基础数据库"，建设"信用青海"支撑小微企业融资数据中台（简称"数据中台"），开发上线了数据全域治理系统、数据资产管理系统、数据多维分析系统、数据服务输出系统四大功能，打造形成了一站式、全链路、可视化、覆盖数据治理全生命周期的"信用青海"数据平台。打破信息孤岛，建立全域数据管控体系，整合清洗自然人身份、法人登记注册及水、电、气费、纳税、社保、住房公积金、不动产及行政许可、行政处罚、红黑名单等领域的公共信用信息，同时加强数据安全性和隐私保护，确保数据的合法、合规使用，持续提升公共信用数据要素价值。

（四）完善信用数据治理体制机制

成立数据治理组织是保障数据治理顺利推进的基础。青海省、市州、区县均成立了社会信用体系建设领导小组，统筹推进全省社会信用体系高质量发展，研究和协调信用数据采集、治理、共享、使用等重大问题，指导信用相关领域制度、机制、标准规范等建设。青海省发展改革委、西宁市、黄南藏族自治州、玉树藏族自治州、海西蒙古族藏族自治州先后成立了公共信用信息中心、信用科等信用工作专设机构，配备了信用专职工作人员，具体承担信用数据治理等信用工作，制定出台了包括信用数据治理、访问控制、加密传输、存储保护、备份恢复在内的一系列管理制度和政策规范，建立形成了全省信用工作的体系架构。

二、信用数据治理流程

数据治理作为保障数据质量、安全性和有效性的系统性过程，要从数据采集到清洗、比对、关联，再到入库，每一个环节都不可或缺。下面，以青海省信用数据治理为例，深入剖析信用数据治理流程，探讨其重要性。

（一）数据采集：汇聚多元信息之源

信用数据采集作为数据治理的起点，其核心任务是从党政机关、企事业单位、金融机构等各种信用数据产生源头来收集数据。通过多年的持续建设，截至2023年底，"信用青海"平台网站群已接入各级社会信用体系成员单位1500多家，梳理形成信用信息目录清单13600多项，建立形成了庞大的信用数据采集网络。采集方式包括关系型数据库直连、前置库ETL（Extract，Transform，Load）抽取、API接口调用、用户在线输入等。为了确保数据的准确性、完整性和一致性，数据采集过程需设置一定的校验规则，对数据源进行严格的监控和管理，重点检查数据源的格式、结构和内容及可靠性、稳定性、安全性等，及时发现并处理可能出现的问题。

（二）数据清洗：净化数据提升质量

数据清洗是数据治理中的关键环节，它涉及识别并纠正数据中的错误、重复、不完整或不一致的条目。通过数据清洗，可以提高数据质量，使其更易于分析和使用。青海省在信用数据清洗过程中，充分运用正则表达式、数据匹配算法、数据验证规则等技术和工具，有效提升数据质量。例如，使用去重算法和工具来识别并删除重复记录，对重复数据进行清洗。运用多库表关联分析方式，采用数据字段补全技术来填充缺失值或修正错误值，对不完整数据进行清洗。同时，为了确保数据的准确性和一致性，还需要对数据清洗过程进行严格的管控，确保清洗后的数据满足业务需求和分析要求。

（三）数据比对：确保数据准确与一致

数据比对是确保数据准确性和一致性的重要步骤。青海省在信用数据比对过程中，充分运用哈希函数、相似度算法等比对算法和工具，将来自不同源头单位的数据进行交叉比对，识别并解决数据潜在的不一致性和错误问题。例如，将行政许可、行政处罚（全国信用体系建设中统一简称为"双公示"信息）这两类采取最广泛、频次最高的信用数据，与统一社会信用代码数据库进行比对，来验证或补齐行政机关报送"双公示"信息时出现的企业名称不规范、不一致和统一社会信用代码重复、错误等问题。我们在实际工作中发现，一些政府单位在出具行政决定文书时，往往采用市场主体的简称或不规范的全称，甚至存在统一社会信用代码"张冠李戴"等数据质量不高的问题，通过信息比对，可以进一步提升"双公示"数据的准确性和一致性。

（四）数据关联：串联信息构建全面视图

信用数据关联是以统一社会信用代码为唯一标识符，将来自不同数据源单位的各类信用信息连接到同一当事主体名下，以创建完整的数据集和视图，为信用主体建立健全信用档案的过程。青海省在信用数据关联中，结合实际需求制定了一系列关联规则和算法，确保数据关联的效率和精准性。例如，首先贯通全国信用信息共享平台（青海）与全国企业信用信息公示系统（青海），建立全省统一且同步更新的市场主体基础数据库，将统一社会信用代码作为关联各类信用数据的主键ID号，连接来自不同数据库或系统的信用记录，多维度建立健全企业信用档案。

（五）数据入库：积累形成有效的数据资产

信用数据入库是将采集、清洗、比对和关联后的达标数据，以适当的形式存储到数据仓库中，积累形成有效的信用数据资产。信用数据在治理入库前，先要设计合适的数据结构、存储模式，以确保数据能够有效地存储和高效地检索。在数据治理过程中，数据安全同样重要。我们在数据库设计的同时，要同步考虑设计数据存储的安全策略，建立完善的安全防护体系，确保数据不被非法访问、篡改或泄露。此外，还需要定期对信用数据库进行性能优化和升级，以适应业务发展和数据增长的需求。

三、信用数据质量管控

质量管控是保障信用数据治理效果的重要手段。同时，为保障数据质量，我们还需要建立一套行之有效的数据质量评估机制。包括但不限于对数据进行定期或实时的抽样检查、统计分析、趋势分析等方法，以发现潜在的数据质量问题。对于关键数据和业务场景，我们还需要进行更为严格的监控和评估，确保数据的准确性和可靠性。

（一）构建明确的数据质量标准框架

在数据治理的征程中，首要任务是构建一套明确、可衡量的数据质量标准框架。这些标准应全面覆盖数据的各个方面，包括但不限于数据的准确性、完整性、一致性、及时性和安全性。通过这些量化的标准，我们可以明确数据治理的目标，并为后续的质量管控提供明确的方向和依据。具体而言，准确性要求数据无误、真实可靠；完整性要求数据完整无缺、无遗漏；一致性要求数据在不同来源和系统中保持一致；及时性要求数据能够及时更新和反映主体信用现状；安全性则要求数据在传输、存储和使用过程中得到妥善保护，防止泄露和篡改。

（二）实施精细化的数据质量管控

我们在采集、传输、存储和使用数据的过程中，可能会产生各种错误和冗余数据。因此，我们需要利用先进的数据分析工具和技术，如机器学习算法、数据挖掘技术等，对数据实施精准质量管控，从而更准确地发现数据中的异常和错误，以确保数据的准确性和一致性。一是建立数据质量指标体系，通过监控这些指标的变化情况来评估数据质量的好坏。二是利用规则引擎和机器学习算法等技术，自动识别并去除重复、错误和无效数据。三是对数据进行格式化处理，确保数据格式的统一和规范。四是对数据进行深度分析和挖掘，将不同来源的数据进行整合和归一化，形成一个统一的视图，方便数据共享使用。

（三）建立全方位的数据质量监控机制

为了确保数据质量的持续改进，我们需要建立全方位的数据质量监控和报告机制，实时监控数据质量指标的变化情况，及时发现潜在问题并进行处理。同时，需要定期向业务部门和决策层报告数据质量情况，为业务决策提供数据支持。在监控方面，我们可以利用数据可视化工具和技术，将数据质量指标以图表的形式展示出来，方便用户直观地了解数据质量的变化情况。在报告方面，我们可以定期发布数据质量报告，总结数据质量的现状、问题和改进措施，为业务决策提供数据支持。

第三节　信用数据存储

信用数据库设计、数据中台建设以及数据资产管理是信用数据存储的重要内容。数据库设计涉及数据库的合理性、可扩展性、易用性和安全性等方面，是构建信息系统的基础；而数据中台建设则聚焦于需求分析、技术选项、逻辑设计和物理设计等环节，旨在构建高效、可靠的数据管理平台；而对于信用数据资产，则需要关注其共享性、时效性、安全性、交换性和规模性等方面，以确保信用信息数据的有效管理和利用。在这样的背景下，对数据库设计、数据中台建设和信用数据资产管理的探讨和研究显得尤为重要。

一、信用数据库设计

信用数据库建设是一项复杂的任务，是各个业务领域之间实现信用信息共享和协作的基础。在信用信息资源的开发和利用方面，数据库们需要着重关注数据的一致性和规范性等方面的数据质量，依照国家电子政务专家委员会主任王钦敏对《全国一体化政务大数据体系建设指南》的解读："数据交换标准规范体系需解决各地区各部门在政务数据交换过程中交换模式、交换技术、交换安全、交换格式、交换管理等规范性问题，有助于实现安全、高效、可靠的政务数据资源规范的交换服务。"这需要从数据质量的源头进行建设，通过标准的底层数据规范设计，数据库们可以实现信息资源的整合管理，统一数据标准，确保数据的统一管控和统一开发利用，从而推动信用信息的共享、业务协作效率的提升以及科学决策水平的不断提高。这样的做法有助于建立更加完善的信用数据体系，促进各个领域间的合作与发展，推动社会信用体系的建设与完善。

（一）关系型数据库设计及其可扩展性

关系数据库是当前应用最为广泛的数据库，其设计遵循范式理论原则，将模型从第一范式至第五范式进行规范化处理，以实现无损分解。数据库采用第三范式作为设计标准，它具有严格的数学定义。根据第三范式，数据库在设计时确保每个属性值的唯一性和无歧义性；保证非主属性完全依赖于整个主键而非仅依赖于主键的一部分；同时，避免非主属性依赖于其他关系中的属性，确保属性的归属清晰。这样的设计方法有助于构建出结构清晰、减少冗余、易于维护的关系数据库模型。

数据库的可维护性是其长期稳定运行的关键。一旦数据库经过测试并正式投入运行，它必须能够适应未来的变化和需求。在数据库的正常运行过程中，持续对其进行性能评价和必要的调整。这些调整通常是局部的、小规模的结构优化，旨在提高效率、增加新功能，同时不破坏数据库数据结构的整体稳定性和数据的一致性。数据中台通过详细记录数据库的设计决策、架构和变更历史，以便于理解和进行数据库后续的维护工作。并使用监控工具来跟踪数据库性能，及时发现并解决性能瓶颈。同时采取本地端有效的数据备份和恢复策略，以防数据丢失或损坏。而且将源数据通过中间表和数据资源进行隔离，单独开辟存储空间做数据排错和审核。通过这些措施，能够确保信用数据库在长期运行中保持高效、稳定和安全，同时对必要的数据变更保持开放，以支持信用体系建设的持续发展。

数据库的可扩展性是指数据库系统能够适应业务增长和数据量增加的能力。一个具有良好可扩展性的数据库设计可以确保随着数据量的增长和业务需求的变化，数据中台的数据库能够灵活地扩展其性能和容量。具有可扩展性的数据库主要通过增加更多的服务器或节点来提高数据库的处理能力和存储容量，并将表中的数据分割并存储在不同的物理位置，将其用于大型表，以提高查询性能。而且使用缓存技术如 Redis 来减少对数据库的访问次数，提高读取速度。并且通过微调和优化，定期对数据库进行性能调优，如优化查询、索引和配置参数等。良好的可扩展性设计可以确保数据库系统随着业务需求的增长而增长，同时保持高性能和高可用性。

在数据库安全管理方面，"信用青海"采取了一系列综合性措施来确保数据库的安全性，包括实施严格的访问控制和基于角色的权限管理，对数据进行加密处理以保护其在存储和传输过程中的安全，并通过配置防火墙来限制对数据库的访问。此外，为有效防范 SQL 注入攻击，定期进行数据备份并确保备份数据的安全，同时部署审计和监控系统来记录和检测可疑活动。遵循最小权限原则，使用数据脱敏技术，通过网络隔离技术如 VPN来进一步保护数据库。安全配置、安全培训以及制定应急响应计划也是确保数据库安全性不可或缺的环节。通过这些连续的、多层次的安全策略，可以保护数据库不受未授权访问、篡改或丢失的风险，确保数据的保密性、完整性和可用性。

（二）"信用青海"数据库设计

大数据时代下的数据库的实用性和重要性愈发凸显。数据库作为存储、管理和处理数据的核心工具，承载着海量数据的存储和管理任务。随着数据量的不断增长和数据类型的多样化，传统的数据库已无法满足企业对数据的高效利用和快速处理需求。因此，新型的数据库技术和架构不断涌现，如分布式数据库、列存储数据库、内存数据库等，以应对大数据时代的挑战。

青海省信用数据归集具有特殊性，青海省政务数字化建设较晚，信息化建设基础设施不完善，信用信息数据报送标准建立不完全，因此省信用平台的数据库的目标是建设一个兼容性高，稳定性强，错误检测机制完善的数据库。

因此，青海省的数据库设计不仅仅是简单地建立数据库结构或者一味追求先进省份的优秀经验，实现数据库建设一步到位。还要在需求、数据、合理性和可行性等方面进行综合考虑和权衡，以确保数据库能够充分满足青海省独特的需求，保证数据的安全性和稳定性，并且具有良好的兼容性。通过合理的数据库设计，可以为各类环境提供高效、可靠和灵活的数据管理服务，为青海省信用体系建设提供强有力的支持。

"信用青海"设计的大型数据库不仅提供了一个高效、安全、可靠的数据管理和处理平台，而且通过其集中存储海量数据的能力，以及通过数据中台前端和省信用平台开发的分析工具，能够实现数据的快速检索和分析，为信用工作提供可靠有效的数据支撑。此外，数据库还具备实时处理数据的能力，这在数字化转型和信息化建设中尤为重要。在数字化时代，数据被视为各行业的重要资产，而数据库则充当着这些数据的"守护者"和"管理者"，确保数据的高效、稳定和安全。只有建立起这样的数据库系统，行业内才能充分挖掘数据的潜力，实现数据驱动的智能决策和业务创新。实践证明，数据库作为数据管理和处理的核心工具，其实用性和重要性愈发凸显，已成为数字化转型和信息化建设不可或缺的基础设施之一。

（三）信用大数据模型建设

数据模型是对现实世界数据特征进行抽象的一种工具，它用于描述数据的概念和定义，包括数据的静态特征、动态行为以及约束条件。数据模型由数据结构、数据操作和数据约束三部分组成，构成了数据结构的基本蓝图，对信用数据资产具有重要意义。

根据应用层次的不同，数据模型分为三种类型：概念数据模型、逻辑数据模型和物理数据模型。概念数据模型主要面向用户和客观世界，描述现实世界的概念化结构，"信用青海"数据库通过自然人和法人之间的唯一认证标识，如身份证或统一社会信用代码，联结各类数据，实现实体联系模型，让各类数据不孤立，呈现多维化立体化的结构；逻辑数据模型基于概念模型框架，根据业务需求设计，可用于指导数据库管理系统中的实现，通过网状和层次数据模型联结各类数据要素，让归集的各类信用数据实现相互关联；物理数据模型则面向计算机的物理表示，描述数据在存储介质上的组织结构，通过逻辑模型的设计类型，考虑DBMS、操作系统、硬件及性能要求。

数据模型管理是信用信息系统设计过程中的一个重要环节，它涉及参考业务模型使用标准化用语设计数据模型，并在信息系统的建设和维护过程中，通过严格的数据模型管理制度来审核和管理新建数据模型。数据模型管理的标准化和统一管控有助于数据整合，提升信息系统数据质量，包括数据模型设计、数据模型与数据标准词典的同步、审核发布、差异对比及版本管理等方面。

二、数据中台建设

数据中台是指以数据为核心，通过统一的数据标准、数据接入、数据治理、数据服务等机制，构建一个集数据采集、存储、加工、分析、应用于一体的数据管理平台，在数据存储过程中发挥着重要作用。青海省打造的"信用青海"支撑小微企业融资数据中台，主要设计了数据资产管理、数据开发管理、数据多维分析、数据服务输出等功能模块，旨在通过技术手段提升信用信息的管理和应用效率，为小微企业提供精准的融资服务，纾解融资难、融资贵等现实问题，推动地区经济的繁荣发展。

（一）数据资产管理系统设计

该系统功能是"信用青海"支撑小微企业融资数据中台项目的核心组成部分，它负责整个数据中台的数据收集、整合、管理和服务提供。该系统的设计和实现对于确保数据的质量和可用性至关重要，它直接影响到数据中台的效能和对小微企业融资服务的支持能力。

其中包含多个模块，元数据管理是数据资产管理系统的基础，它涉及数据仓库元数据的管理，包括元模型管理、元数据的维护及查询、元数据批量加载、元数据自动获取、元数据的分析及应用、元数据版本管理以及元数据的同步检查等。元数据管理的目的是规范数据资源的定义、分类和维护，确保数据的血统清晰，帮助理解数据的来龙去脉。

数据质量监控功能是对信用数据的质量监视、控制及评价管理。这包括监控指标管理、质量监控、统计分析和绩效管理。系统应能够自动校验数据标准，对不合格数据进行反馈和修正，实时展现数据归集的数量、质量、效率和覆盖度。

数据清单管理功能包括实现提供单位、相对人、信息类别、信息事项、有效期限、公开属性等"数据清单"属性的管理。系统需要提供数据清单目录的注册、数据字段维护、目录发布、查询和历史版本管理等服务。

行为清单管理功能实现"行为清单"的分级分类管理，并建立与"数据清单"目录的关联。系统应支持失信行为事项和非失信行为事项的管理，并提供目录注册、发布、查询和历史版本管理。

应用清单管理功能实现"应用清单"的属性管理，包括应用单位、应用事项、事项类别、相对人、业务环节、应用手段、应用方式等。系统提供事项注册、发布、查询和历史版本管理等服务。

数据资源目录管理功能包括数据资源目录管理体系的建立，生成资源目录管理、数据实体管理、资源目录映射等模块。系统应支持数据资源目录与数据清单、资源目录与数据实体、源数据与信用元数据之间的关联关系管理。

标签管理系统以数据元为基础，建立元数据标签化管理功能，明确数据库中字段的格式规定。系统应支持信用业务数据的聚合，构建信用数据应用场景，打造体系化的信用标签"图书馆"。

信用数据闭环管理功能通过全面对接不同系统，实现信用信息共享交换的枢纽，形成平台枢纽纵向打通、横向互动的格局，最终实现信用信息闭环管理。

数据全生命周期管理功能关注信用数据从产生到销毁的全过程，包括数据的收集、创建、分发、存储、使用、归档等。系统应优化信用数据存储结构，提高访问效率，确保系统安全、稳定、高效运行。

（二）数据开发管理系统设计

该系统功能是"信用青海"支撑小微企业融资数据中台项目的重要组成部分，它涉及数据的存储、处理、维护和分析等多个方面。数据开发管理系统首先需要一个数据仓库设计方案，该方案应考虑到数据的一致性、规范性，以及如何实现信息资源的统一管控和开发利用。数据仓库的设计应基于对业务需求的深入理解和分析，以确保数据模型能够满足当前和未来的业务需求。

数据结构管理是数据开发的核心，涉及数据模型的创建和维护，包括定义数据表、字段、数据类型、索引以及表之间的关系等。数据结构的设计应遵循数据库设计原则，如范式标准，以优化数据存储和查询效率。

数据维护管理是确保数据的质量和完整性，包括数据的添加、修改、删除以及数据的校验和清洗。数据维护还涉及数据的版本控制和历史跟踪，确保数据的可追溯性。

日志数据管理是监控和审计数据变更的重要工具，应能够记录数据的所有变更操作，包括谁、何时、做了何种变更。这些日志对于数据的安全性和可审计性至关重要。

数据归集清洗是数据开发管理系统的另一个关键组成部分，它涉及从不同来源收集数据，并将这些数据转换成统一格式，以便于存储和分析。数据清洗则是指识别和纠正数据中的错误和不一致性。

专题库管理是为特定的业务领域或分析需求而设计的数据库。它允许用户根据特定的业务场景对数据进行组织和管理，以支持复杂的查询和分析。

数据开发流程是指从数据源到数据应用的整个过程中，数据的采集、处理、存储和分析等各个环节。数据开发管理系统应提供工具和流程支持，以自动化和简化这些步骤。

数据开发管理系统应包括数据访问控制、权限分配、数据加密和安全审计等功能，确保数据的安全性和合规性。数据开发管理系统应提供数据服务接口，允许其他系统或应用访问和使用数据中台的数据。这些接口应设计为易于集成、灵活且安全。此外，数据开发管理系统还应提供一套完整的工具和环境，包括数据建模工具、数据查询工具、数据可视化工具等，以支持数据开发人员进行高效的数据开发工作。

（三）数据多维分析系统设计

该系统功能是"信用青海"支撑小微企业融资数据中台项目中的关键组成部分，它利用先进的数据分析技术，对收集到的信用数据进行深入地挖掘和分析，从而为决策者提供全面的视角和洞察力。

信用立方是数据多维分析系统的核心功能之一，它通过整合不同来源的信用信息，构建一个多维度的信用数据立方体。这个立方体能够实现数据的关联和索引，从而揭示企业与企业、企业与个人、个人与个人之间错综复杂的关系。信用立方为风险预警、反欺诈等业务提供了强有力的数据支持。

信用画像功能通过智能标签系统，对法人和自然人的公共信用数据进行归纳和提炼。它整合更广泛的信用数据资源，提供标签、洞察结果、决策视图等形式的可视化工具，帮助用户对目标主体的信用状况进行全面分析。信用画像包括单体画像和群体画像，分别针对单个主体和特定群体的信用特征进行展示。

法人大数据画像是数据多维分析系统中的一个特色功能，它整合了多方面、多渠道采集的法人信用信息，从法人素质、履约记录、公共监督、基因特质、圈子环境等多个角度对法人进行细致的画像分析。这为企业的信用评估和管理提供了全面的数据支持。

数据多维分析系统利用大数据和人工智能技术，对海量数据进行智能分析，挖掘数据背后的价值和潜在的业务关联。系统不仅能够处理和分析当前的数据，还能够预测和模拟未来可能的发展趋势。系统通过构建数据关联关系，将复杂的数据关系以图形化的方式展现出来，使得用户能够直观地理解数据之间的联系。

数据可视化工具使得数据分析的结果更加易于理解和交流。数据多维分析系统还包括信用监测和预警功能，能够实时监控数据变化，及时发现潜在的风险点，为风险管理提供决策支持。系统支持用户根据具体需求自定义数据分析模型和视图，同时也允许系统的扩展和升级，以适应不断变化的业务需求和技术发展。在进行数据分析的同时，系统还需保证数据的安全性和隐私性，遵守相关的法律法规，确保个人和企业数据的合法合规使用。

（四）数据服务输出系统设计

该系统功能是"信用青海"支撑小微企业融资数据中台项目的关键环节，旨在将处理和分析后的数据以服务的形式提供给不同的用户和应用。

数据服务总线作为系统的核心组件，提供 API 服务网关功能，实现对不同维度和粒度的信用数据的封装、发布和管理。它支持灵活的信用数据共享，并能够实时反馈数据共享和应用情况回信用平台，以便于监控和优化服务。

服务接口配置管理功能包括服务申请审批、服务接口定制、服务接口注册、服务接口维护、服务接口调度和监控。这些功能共同构成了一个完整的服务生命周期管理流程，从服务的申请、审批、定制、注册、发布到维护和监控，确保服务的可用性和稳定性。

信用信息数据开放功能支持共享服务目录的发布，允许用户查询和申请相关数据服务。它还提供已申请服务的维护和管理工具，以及服务接口导航，帮助用户快速找到所需的服务接口。

信用数据服务自定义功能允许用户基于数据服务总线自主配置和发布服务。用户可以发布整个数据源、选定的单表及字段，或者将多张表及字段组装形成新的结果集，然后按自定义的结果集发布服务。

数据多维分析服务提供信用立方和信用画像等多维数据分析工具，支持用户进行深入的数据探索和分析，从而获得更全面的业务洞察。在提供数据服务的同时，系统必须确保数据的安全性和隐私性。这包括采用加密传输、严格的访问控制和审计机制，以防止未授权的数据访问和泄露。

数据服务输出系统应提供标准化的数据服务接口，包括 Web Services 和文件接口等，以便于第三方系统和应用的集成和调用。系统提供信用数据服务资源目录，允许用户查询和申请服务。同时，系统还提供资源监控功能，让管理人员能够实时掌握服务接口的运行状态，确保服务质量。数据服务输出系统还包括服务接口反馈功能，允许实时获取协同部门和地方对信用产品应用情况的反馈数据，以便不断优化和改进服务。数据服务输出系统需满足高并发用户数和快速响应时间的性能需求，同时具备良好的扩展性，以适应业务的发展和变化。

三、信用数据资产

信用数据资产的管理和应用在全球范围内受到法律法规、信用基础设施、经济发展水平、文化差异、技术发展水平、金融市场成熟度以及教育和意识等多方面因素的影响。例如，欧盟的GDPR对个人数据保护提出了严格要求，而发展中国家可能缺乏成熟的信用和评分系统。此外，文化背景不同导致人们对信用的重视程度各异，技术先进的国家能够利用大数据和AI技术进行深入分析，而金融市场的成熟度则影响信用产品的创新和应用。这些差异对信用管理的准确性、效率和信用产品的多样性产生影响，要求信用管理机构在不同市场中采取适应性策略，以确保信用数据资产的有效利用和风险控制。

（一）信用数据资产的金融属性

信用数据共享在金融和社会管理领域发挥着重要作用。首先，它有助于建立更全面、准确的信用评估体系。通过共享的信用数据，可以更好地了解信用状况，从而提高信用评估的准确性和公正性，促进金融资源的合理配置和风险控制。

其次，信用数据共享也能够促进金融服务的普惠和创新。基于全面的信用信息，金融机构可以更好地为客户提供个性化的金融服务，满足不同群体的需求，推动金融科技的发展和创新。然而，信用数据共享也面临着隐私保护和数据安全等挑战。在推进信用数据共享的过程中，需要加强个人信息的保护，建立健全的数据安全管理机制，确保个人信息不被滥用或泄露，维护个人的合法权益和隐私权。

另外，对于金融行业而言，信用数据的时效性是风险管理和信贷决策的重要基础。金融机构在进行信贷评估时，需要及时获取客户的信用信息，以便准确评估其信用状况和偿还能力。如果使用的信用数据过旧时，可能会导致错误的风险评估和信贷决策，增加金融风险，影响到金融市场的稳定和健康发展。

因此，信用数据共享应当在法律法规的规范下进行，平衡信息共享的利益和风险，促进信用数据共享的健康、有序发展，为金融和社会管理提供更加可靠的支持和保障。

（二）信用数据资产的公共属性

信用数据资产涵盖了个人、企业的信用记录、信用评级等信息，对于评估信用风险、促进交易达成等方面起着至关重要的作用。信用数据资产的公共属性对于数据治理、市场参与者和社会整体都具有重要影响。通过完善数据治理体系、加强数据安全保护、推动数据共享与应用以及加强监管和约束等措施，可以有效提升信用数据资产的管理效率和安全性水平。未来随着技术的不断进步和应用的不断拓展，信用数据资产的公共属性将发挥更加重要的作用和价值。

信用数据资产的非物质性。信用数据资产作为一种特殊的无形资产，其存在形式不依赖于物理形态，而是以数字形式存储在各类信息系统中。这种非物质性赋予了信用数据资产独特的优势，如易于复制、传输和存储等。然而，这种特性也带来了数据管理上的挑战和风险，如数据泄露、篡改等。

信用数据资产的共享性。信用数据资产的公共属性主要体现在共享性。在经济活动中，各参与方需要共享信用数据以评估信用风险、促进交易达成。这种共享性不仅有助于降低交易成本、提高市场效率，还能够促进社会诚信体系的建设。然而，如何在保障数据安全和隐私的前提下实现有效的数据共享，是当前亟待解决的问题。

信用数据资产的外部性。信用数据资产的外部性主要体现在对市场参与者和社会整体的影响。高质量的信用数据可以降低交易成本、提高市场效率，为经济发展注入动力。然而，不准确的信用数据可能误导市场参与者，甚至引发系统性风险。因此，如何确保信用数据的准确性和可信度，是保障经济稳定运行的关键。

信用数据资产的产权模糊性。由于信用数据资产的非物质性和共享性，其产权归属往往难以明确界定。在数据收集、使用、共享等过程中，各参与方之间的权益关系错综复杂。这种产权模糊性可能引发权益纠纷和道德风险，对数据的安全和可信度造成威胁。

（三）信用数据资产的安全性

信用数据资产安全关乎个人隐私、商业秘密、国家安全和社会稳定等多个方面。首先，信用数据包含大量敏感信息，如个人身份信息、财务状况等，如果这些信息被泄露或滥用，可能会对个人造成严重损害，甚至引发身份盗窃、欺诈等问题。

其次，信用数据资产的安全性关乎整个社会信息基础设施的稳定和可靠性。一旦信用数据系统遭受到黑客攻击或恶意篡改，可能会造成社会信任危机，影响到金融系统的稳定运行，甚至引发社会动荡。

因此，为了保障信用数据资产的安全性，需要建立健全的信息安全管理制度和技术防护体系，加强对信用数据的加密、存储和传输，严格控制数据访问权限，加强对系统漏洞和攻击的监测和防范。同时，还需要加强对信用数据使用和共享的监管，确保数据使用符合法律法规和规章制度，保护个人隐私权益，促进信用数据资产的安全共享和良性利用，推动社会信息化建设和数字经济发展。

第四节　信用数据供给

信用数据作为新时代市场经济的重要"资源"，在社会信用体系建设中发挥着至关重要的作用，其供给的丰富性、准确性、及时性直接影响着信用数据要素价值的发挥和成效。青海省作为西部欠发达地区，社会信用体系建设面临诸多机遇与挑战，在信用数据确权、共享交换、监测审计以及信用应用场景拓展等方面需要重点研究探索。

一、信用数据确权

信用数据作为一种新型资产，在带来巨大经济价值的同时，也产生诸多法律问题，需要建立数据产权体系、明确数据权属、规范数据交易。数据确权是确定数据权利的产权确立问题，是数据资产化的基础，目的是明晰数据产权，防范化解数据交易中的矛盾冲突，保护数据主体权益，保障数据安全稳定地流通，最终实现数据效益的最大化。

（一）信用数据确权的现实意义

信用数据确权是确保数据供给方权益、促进数据共享与利用的前提。

它不仅能够明确数据的所有权、使用权和收益权，还能激发数据供给方的积极性，推动数据的流通和应用。在青海省，由于地域、行业、部门等多方面的差异，信用数据确权显得尤为重要。当前，青海省公共信用数据主要来源于各行业主管部门，属于政府数据资源，信用数据确权首先能够确保信用数据源头部门对其数据的合法拥有和使用，防止数据被非法获取、滥用或篡改。其次，信用数据确权有助于维护市场秩序，明确数据的归属权，能够确保信用数据的公益性和透明度，防止不正当竞争和数据垄断。同时，信用数据确权有助于推动数据共享和创新。在数据确权的基础上，信用数据源头单位可以更加放心地将其数据共享给其他组织或个人，从而推动数据的流通和应用，激发数据创新的动力，促进数据产业的发展。

（二）信用数据确权的挑战与对策

尽管信用数据确权具有重要意义，但在实际操作中却面临诸多挑战和困境，如数据来源复杂、权益界定困难等。一方面，信用数据的确权边界模糊。随着社会信用体系建设不断深入，信用数据的形态和来源越来越多样化。在这种情况下，如何界定数据的归属权变得越来越困难。另一方面，信用数据的确权过程复杂。信用数据往往涉及生产者、拥有者、使用者等多个利益主体，在数据确权过程中，需要协调各方利益，确保各方权益得到保障。此外，信用数据确权需要法律法规的支持。截至2024年上半年，我国在社会信用体系建设方面尚未出台上位法，缺乏统一的标准和规范，导致信用数据确权缺乏法律依据和保障。

为此，青海省采取以下几种方式，在信用数据确权方面进行了有益探索：一是颁布实施《青海省公共信用信息条例》，明确信用数据的权属关系，为数据确权提供法律保障；二是按年度编制印发《青海省公共信用信息共享目录》，根据数据源头单位权责清单、服务事项清单，梳理形成全省统一的信用数据归集共享清单，从源头进行数据确权；三是搭建覆盖省市县三级的信用信息共享平台，为各级社会信用体系建设成员单位之间进行信用数据共享交换创造了条件。

（三）数据确权的解决方案与途径

从青海省实践探索经验看，要有效应对信用数据确权面临的挑战和困境，我们可以从以下几个方面入手：一是明确数据的确权边界。针对信用数据形态和来源的多样化，我们需要制定相应的标准和规范，明确数据的归属权边界。同时，加强技术研发和应用，通过技术手段实现数据的溯源和确权。二是完善数据确权的法律法规。国家层面应加快制定和完善数据确权相关的法律法规，为数据确权提供法律保障。同时，加强法律宣传和教育，提高公众对数据确权的认识和重视程度。三是推动数据共享和创新。在保障信用数据确权的基础上，我们需要积极推动数据的共享和创新。加强数据平台建设和管理，鼓励数据主体将数据共享给其他组织或个人。同时，加强数据创新和应用的研究和开发，推动数据产业的发展。

信用数据确权是数据要素保障的首要步骤。我们需要充分认识数据确权的重要性，应对数据确权面临的挑战和困境，通过明确数据的确权边界、完善数据确权的法律法规以及推动数据共享和创新等途径来实现数据确权的目标。只有这样，我们才能确保信用数据的合法拥有和使用，促进数据的流通和应用，推动数字经济的健康发展。

二、数据共享交换

共享交换是信用数据供给的主要方式，对于保障信用数据要素意义重大。通过信用数据共享交换，可以有效打破各部门间的信息壁垒，联通地区间的信息孤岛，实现数据资源的互联互通，促进数据资源的优化配置，提高数据资源的利用效率，为政府决策、企业经营和公众服务提供有力的信用数据支撑。下面，以青海省信用数据共享交换实践过程为例，作简要分析。

（一）构建数据共享交换平台

青海省充分依托电子政务网络及省政务云资源，按照国家统一标准规范，采取省级大集中建设模式，一体化实施了1个省级、8个市州、45个区县的信用共享平台，打造形成了以省信用平台为枢纽，市州、区县两级信用平台为节点，上联国家、横通部门、下接地区的全省信用信息共享交换平台，实现了主要面向省市县三级社会信用体系成员单位，提供信用数据采集、共享、交换及信用查询、联合奖惩等"一站式"信用服务功能。

（二）制定目录清单精准施策

青海省依据《青海省公共信用信息条例》，在《全国公共信用信息基础目录》的基础上，按年度编制印发《青海省社会信用体系建设信用信息目录和失信惩戒措施清单》《青海省社会信用体系建设工作考核任务清单》，实现与全省年度目标（责任）绩效考核指标"同步发布、同步执行"的既定目标，建立了信用体系建设目录化、清单化、标准化管理长效机制。截至2024年6月底，信用信息共享交换平台已录省级单位信用信息共享目录1000多项、数据项条目13800多个，实现了信用体系建设工作目录化、清单化、标准化管理，进一步强化了信用信息归集的完整性、及时性和准确性，有利于确保各类信用信息"应归尽归"和信用监管"全覆盖、无遗漏"。

（三）广泛归集共享信用数据

青海省将人口小省、经济小省的劣势，转变为社会信用体系建设的优势，率先在全国范围内建设形成了覆盖全省法人单位、自然人两大公共信用信息"基础数据库"，并与78家省级单位、1483家市州和区县级单位实现数据对接和共享。截至2023年底，已归集入库各类信用信息4.5亿多条，开放数据接口130多个，调用基础及信用数据超1亿次，向各级成员单位推送共享信息2.3亿条。全国信用共享交换平台（青海）在注重保护企业的商业秘密和自然人隐私的同时，依法依规全面公开共享信息，逐步打破部门间信息壁垒，畅通信用信息归集共享通道，不断提升大数据和"互联网+"对信用监管的支撑作用，为跨地区、跨部门、跨行业开展信用监管创造了条件。信用平台以统一社会信用代码为唯一标识将分散在各部门碎片化的信息串成线、连成面、织成网，形成体系化，以信用状况查询和联合奖惩为重要抓手，使得大到拒不履行生效民事判决，小到马路违停等一般交通违法，都被纳入信用监管范围，最终让失信者寸步难行、守信者一路绿灯。

三、数据监测与审计

数据全链路监测与审计作为数据治理的关键环节，对于保障数据的准确性、全面性和一致性具有不可或缺的作用。在信用数据治理中，数据全链路监测与审计的核心价值不言而喻。通过对数据的全程跟踪和实时监测，我们可以及时发现数据在采集、传输、存储、使用等各个环节中存在的问题，如数据重复、数据错误、数据泄露等。这些问题如果得不到及时解决，不仅会影响信用数据的准确性，还会对社会信用体系的权威性和公信力造成严重影响。

（一）数据全链路监测与审计的必要性

一是提升数据一致性。在信用数据治理中，通过数据全链路监测，可以实时跟踪数据的来源、流转和处理过程，结合审计手段对数据的流转过程进行验证和评估，能够及时发现和纠正数据不一致的问题，从而确保数据在各个环节中的一致性和准确性。二是保障数据全面性。数据的全面性直接关系到信用评估的精准性。通过数据全链路监测，可以确保数据的完整性和全面性，避免数据遗漏和缺失。此外，审计环节对数据的采集、存储、处理和分析等环节进行全面检查，能够及时发现并解决数据遗漏和缺失的问题，进一步保证数据的完整性。三是增强数据准确性。数据的准确性是评价数据质量的重要标准。通过数据全链路监测和审计，可以实时掌握数据的准确性和合规性情况。通过审计对数据的质量和合规性进行验证和评估，可以及时发现和纠正数据错误和不规范的问题，提高数据的准确性和可靠性。

（二）构建完善的信用数据监测体系

信用数据全链路监测体系主要包括数据采集、存储、处理、分析和共享等各个环节的监测指标和监测工具，是实施数据全链路监测与审计的基础。通过实时监测和预警机制，及时发现和解决数据问题，确保数据的准确性和可靠性。同时，还需要建立跨部门、跨领域的协作机制，形成数据治理的合力。青海省充分依托"信用青海"数据中台，结合信用工作实际制定数据治理各环节监测指标，运用数据校验、清洗、比对以及可视化等监测工具，构建一个多层次、多维度的信用数据全链路监测体系。这套数据监控体系覆盖数据采集层、数据存储层、数据应用层等多个层次，以及从数据源头到数据使用的各个环节，并且在每个层次和环节上，都部署相应的数据质量监测工具，对数据进行全方位、多角度的监测和评估，犹如"数据医生"，对数据进行全方位的"体检"，确保数据的准确性、完整性和一致性。

当然，要实现对数据质量的精准评估，离不开先进的数据质量监测工具的支持。随着技术的不断进步和数据的不断增长，我们需要不断更新和优化数据质量监测工具，以适应新的数据环境和业务需求。这些工具应具备强大的数据处理和分析能力，能够自动识别并修复数据中的错误和异常。同时，我们还需要加强数据质量监测工具的培训和推广，提高用户的数据质量意识和技能水平。只有这样，我们才能确保数据质量监测工具的有效应用，为信用数据治理的全面推进提供有力保障。

（三）制定精细化的信用数据审计策略

制定精细化的审计策略是保障数据质量的关键。审计策略应包括审计目标、审计范围、审计方法和审计周期等要素。通过对数据的来源、流转和处理过程进行全面审计，确保数据的真实性、合规性和准确性。同时，根据审计结果制定相应的改进措施和风险控制策略，不断提升数据质量水平。青海省为了确保信用数据的准确性和可靠性，结合社会信用体系建设的实际情况，制定了一套科学、精细的信用数据审计策略。

首先，通过运用先进的数据分析技术，揭示数据之间的内在联系和潜在规律，发现数据中的异常现象。例如，利用数据挖掘算法对信用记录进行关联分析，可能会发现某些数据字段异常或错误，这些能够帮助我们更全面地了解数据的真实性和准确性，可以作为数据质量评估的重要依据，为数据质量的提升提供有力支持。

其次，为了实现对数据质量的精准评估，青海省建立了一套完善的数据质量评估指标体系，包括数据的准确性、完整性、一致性、时效性等。并对于每一项指标，制定了具体的评估方法和标准，以便对数据的各个方面进行量化评估。例如，通过比对不同来源的数据来验证数据的准确性；通过检查数据字段的完整性来评估数据的完整性；通过比较不同时间段的数据来验证数据的一致性。这些数据质量评估的结果可以为数据质量的持续改进提供科学依据，帮助我们发现并解决数据质量问题。

此外，为了确保数据质量的持续改进，青海省还建立了一套完善的数据质量管理机制，包括数据质量问题的发现、分析、解决和反馈等各个环节。同时，明确各相关方的职责和权限，建立数据质量问题的快速响应和处理机制，确保问题能够及时得到解决。成立数据治理技术小组，定期进行数据质量评估和审查，及时发现潜在的数据质量问题，并制定相应的改进措施。这样，我们才能确保数据质量的提高。

数据全链路监测与审计是提升信用数据质量的重要手段。从现实需要看，结合社会信用体系建设实际制定科学、精细的信用数据审计策略是一项重要任务。我们需要通过对数据的深入分析和挖掘发现数据中的异常和规律；建立数据质量评估指标体系对数据进行精准评估；加强数据质量监测工具的研发和应用；建立健全数据质量管理长效机制，不断提升信用数据质量。只有这样我们才能确保信用数据的准确性和可靠性，为社会信用体系的稳健运行提供有力支撑。

四、信用数据应用场景

信用数据只有在不断地创新应用中才能发挥出其特殊的要素价值。青海省始终坚持把社会信用体系建设作为一项战略性基础工程来抓，通过信用立法、建设平台网站、归集共享信息、拓展信用应用等方式，推动"诚信青海"在重点领域和关键环节取得积极进展，激发信用数据要素价值持续赋能全省经济社会高质量发展，不断优化完善营商环境。

（一）信用数据在民生领域中赋能便民惠企

信用惠民便企的措施关键在"惠"与"便"，只有在结合群众的真实需求，尊重市场规律的基础上，信用惠民便企才能真正提高市场资源配置效率、激发城市活力、提升人民群众获得感。一要充分发挥市场机构作用，创新信用惠民便企应用场景。大力实施"信易贷""信易租""信易行""信易游"等"信易+"项目，让广大市民切身感受到实实在在的便利。二要发挥政府引导作用，创新运用个人信用分实施激励。在医疗卫生、图书借阅、文化体育等领域开展"信易医""信易阅""信用免抵押"等服务。需要强调的是"个人信用分"可以与守信联合激励相结合，但不能用于惩戒，不能以"低信用分"为理由，限制自然人享有基本公共服务的权利和法律规定的其他权利。

一方面青海省全面推行"凡办必查"，在工程项目招投标、财政性资金申报、评优评先、公务员招考、事业单位人员招聘、职务调整等过程中广泛查询运用各类主体信用状况，让信用有感、有价。另一方面，全面推行证明事项和涉企经营许可事项告知承诺制，明确告知承诺制适用范围，规范承诺流程，提供标准格式承诺模板，系统梳理可开展告知承诺制的事项清单，通过信用网站向社会公开。在各级政务服务大厅开通信用绿色通道，按照信用等级面向社会公众和市场主体提供容缺受理、容缺预审、"容缺+承诺制"等差异化政务服务，"信用青海"平台网站群已归集公示告知型、证明事项型、行业自律型、修复型等信用承诺100万余份。积极推进"一地一策"战略，不断创新完善社会化、市场化守信激励和分级分类信用监管措施，丰富拓展"信易+"典型应用场景，增进民生福祉、提升群众幸福感。例如，黄南州将信用工作融入行政审批服务，建设打造的无感式信易批机制，成功入选全国80个"信易+"应用典型案例；海西州德令哈市卫生健康委员会开展的"信用承诺优化审批服务"入选全国"信用承诺特色案例"。

（二）信用数据在金融领域赋能实体经济发展

青海省以有效纾解长期困扰小微企业发展的"融资难、融资贵、融资慢"问题为出发点和落脚点，推动建设青海省小微企业信用融资服务中心平台（简称"青信融"），打造"信息归集、融资增信、政策支持、融资对接和融资评价""五位一体、闭环运行"信用加融资服务体系，在政银企之间搭起一座互信互认的信用金桥，开创了以信用为核心的小微企业融资综合服务"青海模式"。"青信融"微信小程序，无缝对接统一身份认证系统，让企业在指尖即可一站式融资申请、融资产品智能推荐、企业信用名片展示、贷款进度查询等移动化信用融资服务，很大程度解决了以往银行服务企业覆盖面窄、周期长的问题。同时，聚焦全省"双碳"工作部署，打通国网碳排数据共享渠道，将重点用能企业近三年的碳排放数据全部纳入企业信用360报告并实现动态更新与实时共享，指导金融机构推出"点碳成金"贷，首期便成功为1家大型企业、5家小型企业发放贷款1.79亿元。

"青信融"平台已成为青海企业便利化融资的主要渠道，企业实名注册、发布需求、点选申贷、查询进度以及银行接单、授信均可在手机上"一键式"办理，较传统线下网点审贷、放贷模式效率提高数十倍。同时，"青信融"平台显著降低信贷供给中间成本，促进融资服务减环节、减流程、减时间，助力小微企业"能贷即贷"，服务银行"敢贷、愿贷、会贷、能贷"，显著提升小微企业融资服务效率、创造新的金融服务价值，在稳增长、稳市场、稳就业等方面发挥积极作用，有效助力营商环境优化提升。截至2024年6月底，"青信融"平台正式上线运行已三年有余，平台共梳理解读助企纾困一揽子政策文件286项，收纳展示省垣53家银行业金融机构信贷产品477项，入驻小微企业达5.7万户，撮合融资业务2.1万笔，放款总额突破241.45亿元，年度信贷投放量增速超60%，在稳增长、稳市场、稳就业等方面发挥出积极作用。"青信融"平台先后荣获第二届全省改革创新奖和"全国中小企业融资综合信用服务特色平台"称号。"青海省以科技支撑盘活信用数据，增信赋能普惠金融"作为全国优化营商环境典型经验做法，被国务院办公厅予以通报表扬。

（三）信用数据继疫情防控后又零距助企纾困

2020年初，新冠疫情暴发，青海省以信用数据资源为底座，应急研发、紧急上线"信用健康码"系统（简称"信用健康码"），并根据全省疫情防控需要，不断升级完善扫身份证直接转码、人证测温一体识别、融合国家大数据行程卡、来青返青人员"落地检"、不参加全员核酸检测赋红码等系统服务功能，三年来助力全省打赢多轮次疫情防控攻坚战。截至2022年底，"信用健康码"系统稳定运行1000多个日夜，全省共25.6万家单位、场所和1500万人注册、申领、使用"信用健康码"，疫情防控期间日均扫码量584万人次、峰值达950万人次，日均为各级疫情防控指挥部、各部门提供电话技术支持50多人次、在线协查100多批次，日均应答处置群众咨询申诉1400多件、峰值达2100多件，累计使用量达9.6亿人次，并及时向全国一体化政务服务平台上报7500万人次健康打卡、跨省流动等健康防疫信息。

新冠疫情转入常态化防控后，青海省充分发挥信用数据要素价值，及时对"信用信康码"系统进行转型升级，将疫情防控"场所码"转化为企业"信用码"，将"信康码"转型为"春风行动"，继续为企业群众提供信用服务。按照"青海助企暖企春风行动""1+9"方案，第一时间开发、上线"春风行动"信息化平台，建立问题收集、快速解决、全程跟踪、及时反馈、挂账督办、对账销号闭环工作机制。省市县各级行动办公室充分利用"春风行动"平台，分级设立"问题收集分拨中心"，按照企业反馈问题诉求、助企联络员收集问题、三级中心逐级分拨、本级相关专项组或部门及时研究解决、重大问题按事权逐级上报的流程，打造"企业出题、政府解题"服务模式，一般事项做到即收即拨、即拨即办、即办即馈，重大事项限时办结，为帮扶企业提供政策宣传解读和助企暖企服务，切实为企业办实事、解难题。

（四）信用数据为实施分级分类精准监管提供支撑

近年来，国家在全面加强社会信用体系建设，充分发挥信用在创新监管机制、提高监管能力和水平方面的基础性作用，更好激发市场主体活力，推动高质量发展等方面持续发力。党中央、国务院出台了《关于加快推进社会信用体系建设构建以信用为基础的新型监管机制的指导意见》（国办发〔2019〕35号）等系列政策文件，明确指出要在充分掌握信用信息、综合研判信用状况的基础上，以公共信用综合评价结果、行业信用评价结果等为依据，对监管对象进行分级分类，根据信用等级高低采取差异化的监管措施。

在此基础上，青海省进一步激发信用赋能企业发展动力，深化"放管服"改革，优化信用服务流程，在政务服务、社保服务大厅开设"信用综合服务窗口"，构建便捷高效的"一站式"信用服务体系，为企业群众查询信用状况、信用修复、异议申诉等提供一站式信用服务。充分整合国家信用综合评价结果，优化建立涵盖住房建设、生态环境、税务、海关、交通运输等多个重点领域信用评价分级分类监管，根据信用评价结果和不同风险等级状况，采取差异化的监管措施和激励手段。在"双随机、一公开"监管中，对信用较好、风险较低的市场主体减少抽查比例和频次，对违法失信、风险较高的市场主体提高抽查比例和频次。同时，为不断提升信用服务满意度，及时将信用报告查询系统与政府服务网"好差评"功能贯通，实现查询服务实时评价。此外，相关行业主管部门联合建立"信用修复协同联动机制"，一次性告知修复材料，压缩信用修复异议时限，最大限度实施信用救济，保障信用主体合法权益。

第五节　数据安全保障

数据安全无疑是信用数据要素保障的基础。随着社会信用体系建设的深入推进，信用数据已经成为企业运营、政府治理以及个人生活不可或缺的一部分。信用数据不仅包含了国家机关、事业单位在日常工作中的各类数据，还涵盖了涉及国家机密、公共安全、公民隐私等敏感信息。这些数据的泄露或被滥用，都可能对国家安全和公民权益造成严重影响。在数字化、网络化、智能化的时代背景下，信用数据安全保护已经成为一项重要的战略任务，我们必须采取一系列有效的安全措施和技术手段，从制度、技术、管理等多个层面进行全方位的防范和应对，确保数据在传输、存储和处理、使用过程中的安全性和保密性。

一、建立信用数据安全机制

在数字化日益深入的今天，保障信用数据安全需要打出一套行之有效的组合拳，才能最大限度地保障信用数据安全，保护信用主体合法权益不受侵害。毫无疑问，信用数据管理部门需要建立一套全面、具体且切实可行的数据安全机制，既要明确数据安全保障的目标与原则，还要确定各部门在数据安全中的职责与任务，同时要提出一系列切实可行的保障措施。

（一）设立数据安全管理机构

《中华人民共和国网络安全法》《中华人民共和国数据安全法》等法律法规对数据安全管理提出了明确要求，不仅规定了数据收集、使用、存储等方面的安全规范，也强调了要设立专门的数据安全管理机构，确保数据安全管理的专业性和有效性。数据安全管理涉及技术、管理、法律等多个领域，需要专业的知识和技能。设立数据安全管理机构，可以汇聚专业的数据安全管理人才，形成专业化的管理团队，提高数据安全管理的专业性和水平。

信用数据是企业、组织的重要资产，也是用户个人隐私的重要组成部分。设立数据安全管理机构，可以确保用户数据得到合法、合规地收集、使用、存储和传输，及时发现和处置数据安全事件，减少用户数据泄露、滥用等风险。但随着信息技术的不断发展和应用场景的不断拓展，数据安全面临的挑战也日益复杂多变。设立数据安全管理机构，可以持续跟踪和研究数据安全领域的新技术、新应用和新风险，及时调整和完善数据安全管理策略和措施，确保企业、组织的数据安全。

青海省在成立各级社会信用体系建设领导小组的基础上，逐步在省、市（州）两级设立了信用工作专职机构，通过配备数据安全等专业技术人员，或采取政府购买服务等方式委托第三方专业机构负责信用数据安全防护。同时，按照《信息安全等级保护管理办法》和《网络安全等级保护定级指南》相关要求，建立信用数据安全保护制度，完成"信用青海"平台网站及各市州信用平台网站的网络安全等级保护三级备案，常态化开展安全监测，出具安全风险评估报告，按年度开展网络安全等级保护测评，对发现的安全漏洞和风险及时进行整改，从体制机制和制度建设方面，不断强化信用数据安全保障能力。

（二）制定实施数据安全制度

不同类型的信用数据，其敏感性和重要性各异，需要设定不同的安全管理制度，以确保每一份数据都得到相应的保护。数据安全制度应明确数据访问控制的细节，包括哪些人员可以访问哪些数据，以及访问的权限和限制等，从而有效防止数据泄露和滥用。当然，建立数据备份与恢复机制也是数据安全制度建设中不可或缺的一部分，只有确保数据的可恢复性，才能在遭遇数据丢失时迅速恢复，保障信用工作的正常进行。

数据安全制度是否管用，关键要看能否落地执行。信用数据管理部门需定期对制度执行效力进行审查和评估，并根据评估结果进行修订完善，确保其与时俱进，满足新的数据安全需求。还要通过数据安全制度的执行，推动建立各部门之间密切沟通机制，及时了解各部门在数据安全工作中遇到的问题和困难，提供必要的支持和帮助。同时，为了应对突发数据安全事件，信用数据管理机构还需制定一套完善的数据安全事件应急预案，明确应急处置流程、责任人、资源调配等关键要素，确保在事件发生时能够迅速、有效地应对。

青海省在颁布实施《青海省公共信用信息条例》的基础上，根据《中华人民共和国网络安全法》《中华人民共和国数据安全法》以及政务信息系统安全管理相关规定，依法依规研究制定了信用数据管理相关制度，建立形成了信息保密、安全监测、安全加固、存储介质安全管理、恶意代码防范、数据备份与恢复及应急预案等制度体系，明确数据安全保护的责任主体、管理流程和法律责任，充分运用加密技术、防火墙技术、入侵检测等技术手段，加强对信用数据的监管和审计，确保数据的合法合规使用，为信用数据安全防护提供坚实的制度保障。

（三）组织开展数据安全风险评估

信用数据管理部门应定期开展数据安全风险评估，全面识别、评估和分析数据安全风险。通过评估，可以明确当前数据安全工作的薄弱环节和潜在威胁，为制定精准的应对措施提供依据。例如，对于容易遭受网络攻击的系统和应用程序，应加强技术防范手段，如部署防火墙、入侵检测系统等；对于涉及敏感数据的人员，应加强培训和教育，提高其对数据安全的认识和重视程度。同时，还需建立风险应对的长效机制，定期对风险进行复查和评估，确保应对措施的有效性；对可能发生的网络安全事件，应建立包括编制网络安全事件应急预案、组建网络安全事件应急响应团队、开展网络安全事件应急演练等在内的网络安全事件响应机制，一旦发生网络安全事件，可以迅速启动应急响应流程，及时采取措施减少损失。

相关统计数据显示，通过定期开展数据安全风险评估和制定精准应对措施，可以显著降低数据安全风险，提高数据安全保障能力。在具体实践中，我们还可以借鉴一些成功的案例和经验。例如，一些国家在数据安全保护方面采用了"零信任"的安全策略，即对所有用户和设备都进行严格的身份认证和访问控制，确保只有经过授权的用户才能访问数据。此外，一些国家还建立了专门的数据保护机构，负责对政务数据进行监管和审计，确保数据的合法合规使用。这些经验和做法都值得我们在实践中加以借鉴和应用。

二、制定信用数据安全策略

当今，随着网络技术的迅猛发展，数据泄露、非法访问、恶意攻击等安全事件层出不穷，给企业和个人带来了严重的经济损失和名誉损害。因此，通过制定完善的数据安全策略，来有效抵御各种安全威胁和挑战，提高数据保护能力刻不容缓。例如，采用高强度密码策略、双因素认证和生物特征识别等技术来提高身份验证的安全性；采用基于角色的访问控制和视图授权等策略来限制用户对数据的访问和操作；应采用专业的安全监控软件和适当的审计策略来确保数据的安全性。

（一）身份验证与授权管理策略

在信用数据管理中，确保数据的合法访问和使用是基本安全要求。为此，信用数据管理部门应当建立起一套严格且完善的身份验证和授权管理机制。通过身份验证，我们能够确认每一个访问数据用户身份的真实性和合法性。这不仅仅是一个简单的登录过程，而是包含了对用户身份信息、权限级别、登录时间等多方面的全面验证。授权管理方面，我们需要根据用户的角色和需求，为其分配相应的数据访问权限，并且要对权限进行精细化管理，确保每个用户只能访问到其工作所需的数据，而不能接触到与职责无关的信息。当然，授权管理需要支持动态调整，以便根据实际情况及时变更用户的权限设置。

在众多的身份验证方式中，密码验证虽然便捷，但因其易于泄露和猜测，安全性相对较低。为了提高验证的安全性，人们应采用高强度密码策略，强制用户设置包含大小写字母、数字和特殊字符的复杂密码，并定期更换密码。此外，双因素认证作为一种更为安全的验证方式，通过结合密码和其他验证因素，如手机验证码、指纹识别等，为用户提供了双重保障。生物特征识别技术则利用人体的独特生物特征，如指纹、虹膜等进行身份验证，具有更高的安全性和可靠性。这些技术的应用可以显著降低数据泄露的风险。

"信用青海"平台网站依托青海省统一身份认证平台，对访问使用信用数据的每一位用户进行真实性和合法性认证，只有通过身份认证的个人或法人、非法人组织，才能按照授权访问与其角色相匹配的信用数据。实践反复证明，唯有通过严格的身份验证和授权管理，方能有效地防止未经授权的访问和数据泄露，保障信用数据的安全性和完整性。

（二）访问审计与监控策略

在数据安全管理中，访问审计和监控是及时发现和处理数据安全事件的重要手段。信用数据管理部门应当建立起完善的访问审计和监控机制，确保数据的每一次访问都能被详细地记录和监控。例如，通过记录用户访问数据的行为和日志信息，可以及时发现异常访问行为和安全威胁。这些日志信息可以包括用户的登录时间、操作行为、访问数据的内容等。一旦发现异常行为，数据管理部门可以迅速采取措施进行处理，避免数据泄露和其他安全事件的发生。

同时，实时监控数据的访问和使用情况也非常重要。通过实时监控，数据管理部门可以及时发现和处理数据安全事件，确保数据的完整性和可用性。这种实时监控还可以帮助数据管理部门了解数据的使用情况，为数据管理和决策提供支持。例如，入侵检测系统可以实时检测是否有非法入侵行为，为数据管理人员提供及时的安全预警。

为了实现有效的访问审计与监控，青海省采用专业的安全监控软件，并根据业务需要科学配置入侵检测、数据库审计等安全策略，建立日志记录机制，自动记录用户的访问行为、时间、来源等信息，定期对审计日志进行审查和分析，以发现异常操作和潜在的安全威胁并及时采取措施，确保信用数据安全。

（三）多因素认证策略

在保障数据访问的安全性方面，多因素认证技术是一种非常有效的手段。多因素认证也称为多重认证或多步骤认证，是指用户在访问系统或服务时，需要满足两个或两个以上独立的验证条件，以确认其身份的真实性。

这些验证因素通常包括用户所知（如密码）、用户所有（如手机、安全令牌等）、用户生物特征（如指纹、虹膜扫描等）等多个方面。通过这样多重的认证方式，可以大幅度提升身份验证的难度，进而提升整体的安全性能。

与传统的单一因素认证相比，多因素认证的优势显而易见。传统的单一因素认证，如仅凭密码登录，存在密码泄露、猜测或暴力破解等风险。而多因素认证通过引入多个独立的验证因素，形成了相互补充、相互制约的机制，从而极大地降低了身份被冒用的风险。即使一个因素被破解或丢失，其他因素依然能够提供足够的保护，确保用户身份的安全。

在实际应用中，我们可以根据业务需求和安全要求，选择适合的多因素认证方式。例如，对于高度敏感的业务场景，如查询涉及个人隐私、商业秘密等敏感信用数据时，可以要求用户在登录时除了输入密码外，还需输入手机验证码或进行指纹识别等操作。这样不仅可以提高身份验证的难度，还可以有效防止恶意攻击者通过自动化手段进行暴力破解。

青海省在信用数据安全防护中将多因素认证技术与其他安全措施相结合，建立了更为严密的安全防护体系。例如，引入 IP 地址限制功能，限制用户只能在特定的 IP 地址范围内进行登录操作。同时，采用设备绑定技术，将用户的设备与账号进行绑定，防止账号被恶意登录。这些措施与多因素认证技术相辅相成，共同为数据安全保驾护航。

值得一提的是，随着人工智能、大数据等技术的不断发展，多因素认证技术也在不断创新和完善。例如，基于机器学习的行为分析技术可以通过分析用户的行为模式、登录习惯等信息，进一步提高身份验证的准确性；而区块链技术则可以确保用户身份信息的可追溯性和不可篡改性，为身份验证提供更为坚实的保障。

多因素认证技术作为提高身份验证安全性的重要手段，具有不可替代的优势。在实际应用中，我们应结合自身业务特点和安全需求，选择适合的多因素认证方式，并与其他安全措施相结合，形成全方位的安全防护体系。同时，随着技术的不断发展，多因素认证技术也将继续创新和完善，为我们的数字世界提供更为坚实的安全保障。

三、落实信用数据安全举措

掌握和运用信息网络安全技术、开展安全事件应急演练、强化网络安全意识教育是数据安全保障必不可少的关键举措。最常见的技术莫过于防火墙、入侵检测、数据库审计等，他们就像是一道坚固的安全屏障，能够检查并控制进出网络的流量，防止恶意软件的入侵，保护数据安全。此外，加密技术也是信息网络安全的重要组成部分。在信息传输过程中，加密技术能够将数据转换成一种只有特定接收者才能解读的格式，防止数据被窃取或篡改。当然，随着人工智能、大数据等新技术的不断涌现，未来的信息网络安全将面临更多的挑战和机遇。

（一）防火墙与入侵检测技术

在信用数据安全管理中，防火墙和入侵检测系统扮演着举足轻重的角色。在实际应用中，防火墙和入侵检测系统常常结合使用，形成一个强大的安全防护体系。通过这两者的协同工作，信用数据管理部门可以更加有效地抵御网络攻击和恶意入侵，保障数据的安全性和可靠性。

防火墙，作为网络安全的第一道防线，其重要性不言而喻。青海省将"信用青海"平台网站部署在省政务云平台，在信用数据出入口部署了高性能防火墙设备，时刻监控和控制进出网络的数据流，通过预设安全规则，识别并过滤掉非法访问和恶意攻击行为，确保数据安全。具体来说，防火墙具备以下几个关键功能：

1.访问控制：通过配置安全策略，防火墙可以限制哪些用户或设备可以访问政务网络，以及可以访问哪些资源。这有助于防止未授权的访问和恶意攻击。

2.数据包过滤：防火墙能够检查每个进入或离开网络的数据包，根据安全规则决定是否允许其通过。这有助于阻止潜在的威胁，如病毒、木马等恶意软件。

3.**状态监控**：防火墙可以实时监视网络的状态和性能，确保网络的稳定运行。一旦发现异常情况，如大量数据包拥堵或流量异常，防火墙可以及时采取措施进行防范。

尽管防火墙提供了第一道防线，但仅仅依靠防火墙还不足以完全抵御网络攻击。此时，入侵检测系统（IDS）便成了信用数据安全管理的得力助手。入侵检测系统能够实时监测网络活动，包括网络流量、系统日志等信息。通过深入分析这些数据，IDS能够发现异常行为并发出警报，帮助数据管理部门及时应对潜在的安全威胁。具体来说，IDS具备以下几个重要特性：

1.**异常检测**：IDS能够对网络流量进行深度分析，发现与正常行为模式不符的异常流量。这些异常流量往往意味着潜在的攻击或威胁。

2.**日志审计**：IDS可以实时收集和分析系统日志信息，发现潜在的安全漏洞或攻击行为。通过审计日志，管理部门可以了解网络系统的运行状况和安全状态。

3.**报警响应**：一旦IDS发现异常行为或潜在威胁，它会立即发出警报并通知管理人员。管理人员可以根据警报信息采取相应的应对措施，如断开连接、隔离异常设备等。

（二）数据库审计技术

在信息化时代，数据如同黄金般珍贵，无论是商业机密、个人隐私还是国家机密，都离不开对数据库的安全保护。在众多安全技术中，数据库审计是保护数据库安全的重要武器。简单来说，数据库审计技术就是对数据库中发生的各种操作进行全面、细致、实时的监控和记录。它如同一双锐利的眼睛，时刻关注着数据库的一举一动，将任何可能的风险都纳入监控范围。通过数据库审计技术，我们可以及时发现并阻止各种潜在的威胁，确保数据库的安全稳定。

数据库审计技术具有哪些特点和优势呢？首先，数据库审计技术具有全面性和细致性。它能够对数据库中的所有操作进行监控，包括数据访问、修改、删除等，甚至是管理员的登录和操作记录。这种全面性和细致性使得任何异常行为都无处遁形，为数据库的安全提供了坚实的保障。其次，数据库审计技术具有实时性和高效性。它能够在操作发生的同时，立即进行监控和记录，确保在第一时间发现潜在的风险。同时，高效的审计系统能够迅速处理大量的监控数据，使得管理人员能够迅速做出决策。最后，数据库审计技术还具有灵活性和可扩展性。它可以根据实际需求进行定制和调整，以适应不同数据库和应用场景的需求。同时，随着技术的不断发展，数据库审计技术也在不断完善和扩展，以满足更加复杂和高级的安全需求。

然而，数据库审计技术也面临着一些挑战和困难。比如，如何确保审计数据的完整性和可信度？如何避免审计系统成为新的安全漏洞？这些问题都需要我们不断地探索和研究。在未来，随着大数据、云计算等技术的不断发展，数据库审计技术也将面临更加复杂和严峻的挑战。但只要我们保持警惕和创新精神，相信我们一定能够克服这些困难，为数据库的安全保驾护航。总之，数据库审计技术是守护数据安全的重要防线。在当下和未来的信息化时代中，我们都需要深入地研究和应用这一技术，以确保数据的安全稳定。

（三）安全事件应急响应

高效的信息安全事件应急响应机制是应对网络安全威胁的重要手段之一。在信息化高度发展的今天，网络安全事件对信用数据的威胁日益加剧。为有效应对这些潜在的危机，构建一套完善的信息安全事件应急响应机制显得尤为重要。只有建立完善的应急响应机制、加强技术防范和预警监测工作才能有效地保障信用数据的安全和稳定，才能为社会公众提供更好的信用服务。

一是建立健全网络安全事件应急预案。网络安全事件应急预案是应对突发网络安全事件的基础和前提。应急预案应详细规定事件分类、响应级别、处置流程、责任分工等内容，确保在紧急情况下能够迅速作出决策和响应。预案的制定要基于对当前网络安全形势的深入分析和对潜在风险的全面评估，以确保预案的实用性和有效性。

二是组建网络安全事件应急响应团队。拥有一支专业的应急响应团队是应对网络安全事件的关键。团队成员应具备丰富的网络安全知识和实战经验，能够迅速判断事件性质、分析攻击手段、制定处置方案。此外，团队成员还应具备高度的责任心和使命感，能够在紧急情况下保持冷静、果断地采取行动。为了保持团队的战斗力，还应定期进行技能培训和演练，提高团队的应急处置能力。

三是开展网络安全事件应急演练。应急演练是检验应急预案和团队应急处置能力的重要手段。通过模拟真实的网络安全事件场景，可以让团队成员熟悉应急响应流程和处置方法，提高应对突发事件的能力。同时，演练还可以发现预案中存在的问题和不足，为完善预案提供实践依据。因此，信用数据管理部门应定期开展网络安全事件应急演练，确保团队随时处于备战状态。

四是制定迅速有效的应急响应流程。一旦发生网络安全事件，信用数据管理部门应立即启动应急响应流程。首先，要迅速判断事件性质和严重程度，确定响应级别。其次，要根据预案要求组织相关人员进行处置，及时采取措施控制事态发展。同时，要与相关部门保持密切沟通，共享信息资源，形成合力共同应对网络安全威胁。在处置过程中，要密切关注事件进展情况，及时调整处置策略，确保将损失降至最低。

五是加强技术防范和预警监测。除了建立应急响应机制外，信用数据管理部门还应加强技术防范和预警监测工作。通过部署先进的安全防护设备和系统、定期更新安全补丁和漏洞修复、加强安全审计和日志管理等方式提高系统安全性。同时，要建立完善的预警监测体系及时发现潜在的安全威胁和异常行为并进行处置。这些措施可以有效地减少网络安全事件的发生并降低其危害程度。

（四）网络安全意识教育

数据安全与稳定对于国家、社会乃至每一个公民都至关重要。提高社会公众的网络安全意识是筑牢信用数据安全坚实防线不可或缺的一环。加强网络安全意识教育不仅是提升数据、信息等从业人员网络安全认知的关键途径，更是群防群守预防网络风险、降低安全事件发生频率的有效手段。

各级信用数据管理部门首先要充分认识到网络安全意识教育的重要性，并将其纳入日常工作的重要议程。定期开展网络安全意识教育活动，通过讲座、培训、研讨会等多种形式，向全体干部职工普及网络安全知识，让大家了解网络安全的基本概念、常见的网络威胁以及应对策略。这样不仅能够增强单位内部人员的网络安全意识，还能帮助广大干部职工形成正确的网络安全观念。

在普及网络安全知识的同时，我们还应该注重提高数据管理等关键岗位人员的网络安全防范能力。通过模拟演练、案例分析等方式，让相关从业人员亲身体验网络攻击的过程和后果，从而更加深刻地认识到网络安全的重要性。此外，还应引导干部职工养成良好的网络使用习惯，如不轻易点击来源不明的链接、定期更新密码、及时升级软件、修补漏洞等，减少被网络攻击的风险。

除了提高网络安全意识和防范能力外，加强对网络安全行为管理也是至关重要。信用数据管理部门应制定严格的网络安全行为规范，明确工作人员在网络使用中的权利和义务，规范网络行为。同时，还应建立网络安全监测机制，对干部职工的网络行为进行实时监控和预警，及时发现并纠正不当操作，防止因内部人员不当操作而引发的安全事件。

值得一提的是，网络安全意识教育并非一蹴而就的过程，而是需要持续不断地推进和完善。信用数据管理部门应建立长效机制，将网络安全意识教育贯穿于干部职工整个职业生涯中，让大家始终保持高度的网络安全警觉性。此外，还应加强与相关部门的合作与交流，深入社区、园区、学校、企业、农牧区广泛开展网络安全宣传培训，普及网络安全知识，提升全民网络安全意识，共同构建良好的网络安全社会环境，筑牢信用数据安全的坚实防线。

第三章 数据要素赋能"诚信青海"建设

当前，我国经济体制深刻变革、社会结构深刻变动、利益格局深刻调整、思想观念深刻变化，各种矛盾和问题明显增多，不同阶层、不同群体的利益诉求日益多元化。党的二十大报告指出要健全公民和组织守法信用记录，完善守法诚信褒奖机制和违法失信行为惩戒机制，形成守法光荣、违法可耻的社会氛围，使遵法守法成为全体人民的共同追求和自觉行动。青海省委作出"一优两高"战略部署，提出加快建立以信用为核心的新型监管机制，推进政务诚信、商务诚信、社会诚信和司法公信建设，建设完善覆盖全省信用体系平台，强化跨地区、跨部门、跨领域守信激励和失信惩戒机制。

第一节 诚信建设的重大意义

诚信，即诚实守信，是人内在的品质，也是主客体之间互动关系的行为规范。诚信也是古今中外社会治理的基础因素，加快社会信用体系建设是完善社会主义市场经济体制、加强和创新社会治理的重要手段。中国古代儒家经典著作《中庸》富有哲理地提出"诚者，天之道也。诚之者，人之道也。"的诚信论述。人无信不立，业无信不兴，国无信不强。孔子说："人而无信，不知其可也"，把诚信看成是个人立身处世之本，是人人都应遵循的行为准则。随着社会的发展，信用跃升为社会治理的高级形态，探索以高质量社会信用体系建设助力社会治理现代化的实现路径，促进形成新发展格局，已成为一个重大而紧迫的时代命题。

一、诚信建设的时代内涵

青海省是多民族聚居的省份，同时也是一个多宗教的省份，丰富多彩的民族宗教文化是青海历史的鲜明特色所在。诚实无欺、信守诺言、言行相符、表里如一等基本道德价值观的诚信文化思想，正是青海多民族文化认同与共享的根基和精髓。这也成为新时代"诚信青海"建设的优渥思想"土壤"和脉络传承，深入发掘和弘扬青海高原的优良传统诚信文化，激发全社会参与诚信建设的积极性、主动性，全面完善和强化诚信体系功能，有力推动社会治理能力的提高和创新。

（一）诚信是社会主义核心价值观的基本内容

现代社会中的"诚信"不仅是个人道德的评价尺度，而且是含有物质利益的精神和法律诉求，它与高度发达的现代经济生活的本质相联系，成为维护个人利益与社会利益的有效的宝贵经济伦理。随着社会信用体系建设向纵深发展，诚信建设日益具有全局性、系统性、整体性，在现代契约社会的诸多伦理道德观念中已处于基础性地位。党的十八大报告提出，倡导富强、民主、文明、和谐，倡导自由、平等、公正、法治，倡导爱国、敬业、诚信、友善，积极培育和践行社会主义核心价值观。从社会治理层面看，良好的社会信用环境有助于降低社会交往的风险和成本，减少社会生活中的矛盾、摩擦和冲突。从社会道德层面看，诚信道德，不仅是社会主义核心价值观形成的重要源头，更是社会主义核心价值观倡导的重要内容。

（二）诚信是社会和谐有序运转的润滑剂

诚信友爱是社会主义和谐社会的六大特征之一，其目标就是要实现全社会互帮互助、诚实守信，全体人民平等友爱、融洽相处。伴随着市场经济的迅速发展，我国已进入社会转型期，社会经济结构、文化形态、价值观念等都在发生深刻变化，人与人之间的交往更加频繁紧密，社会组织蓬勃发展，以企业为中心的市场更加活跃，政府职能转变不断引向新的深度和广度，各类社会主体之间的关系前所未有地递进和发展。中国特色社会信用体系建设在促进资源有效利用和合理分配中的独特优势，在构建新发展格局的大框架下，能够发挥提高资源配置效率、公平性、透明度的特殊重要作用。通过加快社会信用体系建设，建立信息共享、联合奖惩、凡办必查等机制，将各类社会主体紧密地联系起来，推动建立良好的信任合作关系，为参与社会治理提供有效载体。

（三）诚信建设是市场经济秩序的稳定器

诚信建设已经成为推动市场经济高质量发展的重要内容。诚信不仅仅是一个人内在品德的体现，更是确保市场经济秩序稳定运行的关键基石。一个诚信的市场环境能够显著增强市场参与者的信心，当市场中的企业和个人都能够普遍遵守诚信原则，恪守诚实守信的行为准则时，消费者和投资者会更加愿意参与市场交易和投资活动，从而激发市场的活力和潜力。相反，在一个诚信缺失的市场环境中，假冒伪劣商品、欺诈行为以及其他不正当竞争手段屡见不鲜，这些行为不仅损害了消费者和投资者的合法权益，还严重破坏了市场的正常秩序。诚信建设能够有效地遏制和预防这些不良行为的发生，从而维护市场的公平、公正和有序运行。这不仅有助于提升市场参与者的整体素质，还能为市场经济的健康发展提供坚实的保障。诚信建设越来越成为社会主义市场经济秩序的"稳定器"。

（四）诚信建设是公民道德建设的重要内容

文明以道德为基，道德以诚信为本。诚信作为公民道德规范其基本内涵是诚实、不欺骗、遵守诺言。它是人的一种最重要的品德之一，是一个社会赖以生存和发展的重要条件。诚信之于个人，不仅仅是一种道德情操，也是孕育其他道德品质的基础。"诚"意味着内诚于己，诚实做人、诚实做事、不欺骗；"信"意味着外信于人，表明人有信用、讲信誉、守信义、不虚假。诚信的品质渗透在生活的各个层面，小到不说谎话，大到忠诚于自己的祖国，都是诚信的不同表现形式。其他的道德品质，如宽容他人、理解他人、平等待人、与人为善等，都离不开诚信的基础。今天，一些社会领域和一些地方道德失范，是非、善恶、美丑界限混淆，拜金主义、享乐主义、极端个人主义有所滋长，见利忘义、损公肥私行为时有发生，不讲信用、欺骗欺诈成为社会公害，以权谋私、腐化堕落现象严重存在。中共中央《公民道德建设实施纲要》提出"爱国守法、明礼诚信、团结友善、勤俭自强、敬业奉献"二十字的公民道德基本规范。明确加强公民道德建设，在根本上以诚信为本、操守为重、守信光荣、失信可耻为基本要求，增强全社会的诚实守信意识。

（五）信用体系是社会治理的主要载体

信用体系建设为社会治理现代化提供了强大的驱动动力。通过构建以信用为基础的新型监管机制，为政府创新监管模式提供重要基础。通过整合政府、社会组织和公民等各方的资源和力量，用信用等级实施分级分类监管，能有效地提高政府部门间的沟通效率，提升政务服务效能、提高监管效率和精准度，可有效解决有限的监管资源和无限的监管兑现之间的矛盾。社会信用体系建设有助于社会治理产生多元化的治理场景。人们在长期社会信用体系建设中，逐步丰富了信用承诺、信用监管、信用激励和约束等多样化的信用手段，实践中，各类信用手段已深刻融入至社区、乡村等治理中，促使社会治理举措更加丰富多元。当前，信用理念和手段已经在金融、商业、社会治理、政府管理等领域广泛运用，展开的信用+政务服务、融资服务、便民服务等"信易+"创新应用场景，正逐渐向小区、园区、商圈、商务楼宇等多元社会治理场景拓展。诚信建设在净化社会风气、提升社会公德、改善市场环境、优化资源配置、完善监管机制等方方面面都具有无可替代的促进作用，是提升社会治理能力不可或缺的重要抓手。诚信建设涉及各类社会治理主体，应用于各个社会治理领域，是构建社会治理体系必不可少的主要载体之一。构建完善社会信用体系，能够有效解决社会的诚信缺失问题，是从社会管理转向社会治理的深刻变革，更意味着将开启政府、社会组织、公民共同参与社会管理的先河。当前，青海进入改革发展的重大机遇期和社会治理的关键期，还面临着维护社会稳定和与全国同步全面建成小康社会的双重任务，迫切需要提升新时代社会治理能力。"诚信青海"建设持续推进，为构建多层面、全过程、广覆盖的青海新时代社会治理体系提供了有力支撑。

二、"诚信青海"建设的重大意义

青海省委十三届四次全会提出建设"五个青海"新目标，是引领全省社会治理体制机制创新的行动路线图。"诚信青海"建设，是实现"一优两高"战略目标的基本要求，是全面落实科学发展观、构建社会主义和谐社会的重要基础，是优化营商环境的主要抓手，是新时代青海社会治理体系和治理能力实现现代化的一个关键支撑。

（一）建设"诚信青海"有利于践行社会主义核心价值观

加强社会信用体系建设，对于促进社会公平正义，融洽社会人际关系，增强社会凝聚力，营造人民群众互信互利的诚信氛围具有重要意义。健全社会信用体系，有利于推动社会主义精神文明建设，构建和谐社会，优化营商环境，提升区域发展软实力。建设诚信青海是满足人民群众对高品质生活期待的迫切要求。人民群众对违法失信现象深恶痛绝，对优化社会信用环境的要求迫切。加强社会诚信建设，规范社会信用体系，强化信用信息应用，不断提升政府和司法公信力，建立各级行政执法部门对市场主体的信用联动监管、惩戒机制，有利于有效遏制违法失信行为，增强市场主体的信用责任意识，促进社会和谐，形成人民群众安居乐业的社会环境，夯实人民群众幸福安康的社会基础。

（二）建设"诚信青海"有利于促进社会文明进步

诚实守信是中华民族的传统美德，加强社会诚信建设，有利于协调人际关系，促进社会公平正义，增强社会凝聚力，营造互信互利的社会氛围，提高全民族的道德水平，形成全社会诚实守信、重信守诺的良好风尚，推动社会主义精神文明建设和和谐社会建设，促进社会的文明进步。建设

"诚信青海",引导和培育全社会形成诚实信用的环境氛围,让多种主体在青海新时代社会治理中发挥应有作用,社会信用体系成为约束市场经济主体的有力工具,成为凝聚社会主义意识形态的理念支撑,有利于促进社会互信,为社会治理、社会和谐奠定良好的基础。

(三)建设"诚信青海"有利于完善社会主义市场经济体制

充分发挥市场在资源配置中的决定性作用,规范市场秩序,降低交易成本,激发市场活力和创新动力,迫切需要打造良好的市场信用环境。建设"诚信青海",有利于营造诚实守信、公平公正的营商环境,是深入推进简政放权,加快政府职能转变,进一步提高行政效能和政府公信力,整顿和规范市场经济秩序、防范和化解经济风险,改善市场信用环境,完善社会主义市场经济体制的重要举措。建设诚信青海是提升区域影响力、竞争力的有效途径,有利于提升经济发展水平的软实力,树立青海省开放、守信的良好形象,扩大青海省企业品牌影响力,树立良好的信誉,提升在国内国际市场的综合竞争力。

(四)建设"诚信青海"有利于提升公民道德水平

加强公民道德建设是一项长期而紧迫的任务,必须适应形势发展的要求,在内容、形式、方法、手段、机制等方面不断努力改进和创新。而一个社会能在公民中普遍地培育起诚信的道德素养,其政治、经济、文化等各方面的关系将会更加协调,人与人之间就会更加平等友爱、融洽相处,社会生活才能更加充满活力、安定有序。相应的,一个人只有诚信做人,诚信地对待工作、家人和社会公众,才可能建立和完善自己的职业道德、家庭美德和社会公德。因此,以诚信为重点,加强公民道德建设,培育社会主义新型人际关系,是构建社会主义和谐社会的一个重要方面,诚信是整个公民道德建设的突破口和着力点。

(五)建设"诚信青海"有利于实现治理能力现代化

社会转型不断加快,利益主体和诉求更加多元化,综合青海省多民族地区等复杂因素，社会治理面临更多挑战，传统管理理念和手段难以从根本上解决诚信缺失问题。诚信建设褒扬诚信、惩戒失信，有利于减少和化解社会生活中的矛盾与冲突，为社会治理、社会和谐奠定良好的基础，成为加强和创新社会治理、提升社会治理能力的有效手段。建设诚信青海，营造良好的全民参与社会治理环境，有利于充分发挥诚信建设在意识形态领域工作的思想引领、舆论推动、精神激励、文化支撑作用，抵消经济落后地区宗教信仰对社会治理的负面性影响，也是实现社会治理方式法治化的内在要求。构建良好的社会信用体系，可以通过信用信息传导系统的运转，将社会各类主体的信用状况予以采集、加工、评级、披露、奖惩等，以褒扬诚实守信者、惩戒信用缺失者，最终实现维护社会秩序的目标。

第二节 全国各地诚信建设情况

党中央国务院高度重视诚信建设，自党的十六大以来，针对社会管理的现状和实际需要，不断提出要加强社会信用体系建设，党的十八大提出加强政务诚信、商务诚信、社会诚信和司法公信建设，将"诚信"纳入社会主义核心价值体系；党的十九大提出推进诚信建设和志愿服务制度化，强化社会责任意识、规则意识、奉献意识，健全环保信用评价、信息强制性披露、严惩重罚等制度；党的二十大提出完善产权保护、市场准入、公平竞争、社会信用等市场经济基础制度，优化营商环境，弘扬诚信文化，健全诚信建设长效机制。

一、总体情况

近年来，全国各地认真贯彻党中央国务院决策部署，大力推进社会信用体系建设，弘扬诚信文化，不断加强诚信建设，完善社会治理规则体系，积极构建新的信用监管体系，信用开始作为资本参与到社会资源的配置中，信用信息与信用数据的应用场景不断拓展，日益成为热点资源，在经济结构调整和社会治理中发挥重要作用。目前，全国诚信建设进入了全面、实质、快速发展的新阶段，必将为完善社会主义市场经济体制、创新社会治理方式提供基础保障，为优化营商环境、提升全社会文明诚信水平增添强劲动力。

（一）诚信建设顶层设计基本形成

2007年，国务院建立社会信用体系建设部际联席会议制度，统筹推进信用体系建设，目前由国家发展改革委、中国人民银行牵头，成员单位达40余家。国家公共信用信息中心于2017年正式组建，有力推动了全社会诚信建设。2014年，国务院印发《社会信用体系建设规划纲要（2014-2020年）》，明确了我国社会信用体系建设的方向、重点领域和关键举措。并相继出台《关于加强政务诚信建设的指导意见》《国务院关于建立完善守信联合激励和失信联合惩戒制度加快推进社会诚信建设的指导意见》《关于加快推进失信被执行人信用监督、警示和惩戒机制建设的意见》《关于加强个人诚信建设的指导意见》《关于全面加强电子商务领域诚信建设的指导意见》《关于实名登记制》等一系列配套的政策制度文件，国家层面诚信建设的政策体系基本形成。

（二）信用立法步伐持续加快

2018年，国家发展改革委、全国人大财经委、司法部、国务院参事室联合启动信用立法工作，将社会信用立法工作列入全国人大常委会立法规划。2024年，国家社会信用体系建设部级联席会议将《社会信用建设法》列入全国2024—2025年社会信用体系建设计划，国家信用立法进程迈出实质性步伐。截至2024年6月，发布国家信用标准80项、信用类行业标准48项，信用类地方标准266项，信用类团体标准300项，信用类企业标准1641项。地方层面，信用立法先行先试取得积极进展，目前湖北、上海、陕西、河北、浙江、青海等26个省市先后出台了地方性信用法规，其中上海市制定了社会信用条例，陕西、浙江、青海等省制定了关于公共信用信息的管理条例，为本地社会信用体系建设提供了强有力的法律支撑。

（三）诚信建设基础不断夯实

全国统一的社会信用代码制度全面建立，为社会信用信息归集共享奠定重要基础，为商事制度改革和"放管服"改革提供重要支撑；建立公共信用信息共享机制，国家信用信息共享平台和信用网站基本建成，形成了法人和自然人两大信用信息基础数据库。2018年底，全国信用信息共享平台归集各类信用信息就超过300亿条，信用查询、异议处理功能水平，成为信用信息汇集交换的"总枢纽"。"信用中国"网站累计访问量超过145亿人次，成为以信用为纽带沟通社情民意、推进信用信息公开的"主渠道"；初步建立信用联合奖惩机制，签署信用联合奖惩合作备忘录51个，制定联合奖惩措施100多项，共有26个领域出台红黑名单管理办法，全国失信惩戒基础措施清单共梳理形成14类、220条具体措施。红黑名单信用信息通过"信用中国"网站集中向社会公开，并在招投标、政府采购、政府资金扶持、政府供应土地等行政事项办理过程中广泛开展信用信息查询和使用；对市场主体按照信用状况实施分类监管，按年度开展涉旅行社、涉金融、医疗机构等重点领域信用主体评价，运用大数据技术刻画企业信用状况，为实施以信用为基础的分级分类监管奠定了基础；广泛推行信用承诺制。向全国推广"证照分离"改革，将审批核准条件和所需材料向社会公告，申请人提交材料并作出信用承诺的，即可当场办理，大幅压缩了办理时间；集中治理诚信缺失突出问题，开展涉及电信诈骗、互联网虚假信息、涉金融、生态环境保护、扶贫脱贫等重点领域专项治理。对失信败德行为进行批评揭露，加强对失信行为处罚结果的跟踪报道，充分发挥舆论监督作用，引导人们加强自我约束。大力推进政务失信专项治理，推动了一大批严重影响政府公信力的案件得到清理，2018年清理政府拖欠账款80多亿元，整改率达99.7%。

（四）诚信建设氛围日益浓厚

国家发展改革委、商务部等部委联合在全国范围内组织开展"诚信建设万里行"主题宣传活动，国内主流媒体分阶段、大规模宣传诚信建设，中央主要新闻单位、各地区主要媒体及重点新闻网站统一开设专栏，阐释诚信建设内涵、解读现行制度政策、介绍当前实践做法、剖析典型案例。

各地区采取多种方式全方位展示信用建设成果，强化人民群众的诚信意识，展现"信用让生活更美好"的生动画面，营造良好的诚信社会氛围。从2018年起，北京、河南、贵州、四川等省就通过专题宣传、新媒体大赛、拍摄微视频、论坛、报刊、光盘等多种形式，全方位、多角度推进"诚信建设万里行"主题宣传。其中，北京与电视台开设信用电视节目。河南省先后举办了"信用市县周""年度诚信建设红黑榜发布""诚信建设万里行""首届信用平台网站建设观摩培训班"等宣传培训活动。贵州省印发《诚信贵州》刊物，每年发放诚信万里行宣传资料7万余份，发放《诚信三字经》2万余册。四川、青海等省通过诚信进企业、农村、机关、社区、校园、军营等活动，让诚信理念深入人心；中央宣传部、国家发展改革委评选"十大诚信之星"并在央视举办发布仪式。共青团中央办"诚信点亮中国"巡回活动。商务部开展"诚信兴商宣传月"活动。教育部在法学一级学科下新设信用风险管理与法律防控专业，培养信用管理专业法律人才。

二、典型做法

从全国范围看，浙江、江苏、广东、上海等先进地区以创新务实的举措先行先试，努力破解社会诚信体系建设难题，大力创建诚信体系，形成了一系列可复制借鉴的成果和经验。

（一）浙江："干在实处，走在前列，勇立潮头"

一是健全组织保障，加强工作协同。2002年，浙江省正式启动社会信用体系建设，成立由常务副省长任组长的信用浙江建设领导小组。2003年，成立公益一类事业单位省信用中心，为加强信用建设技术支撑和人员保障。

二是加强规制建设，注重规范发展。先后出台《浙江省企业信用信息征集和发布管理办法》《浙江省公共信用信息管理条例》《浙江省公共信用修复管理暂行办法》，规范信用信息的归集与披露、信息主体的激励与惩戒，以及权益保护等活动。

三是完善信用平台，夯实发展基础。浙江省公共信用信息平台法人平台于2002年6月建成运行，是全国率先开通的省级法人公共信用基础数据库；自然人平台于2007年2月建成运行。借势数字化转型，完善全省统一的公共信用信息平台，将"信用浙江"网站系统、省公共信用信息平台迁移部署至电子政务"一朵云"，依托省政府统一的数据资源，有效保障信用数据的质量和总量，为省、市、县部门业务系统开展审批服务、执法监管等提供信用服务。特别是杭州市在"最多跑一次"改革中引入信用管理理念，把信用承诺、信用预警嵌入行政审批全过程，对审批流程实施"再造"。义乌市率先推出信用承诺制审批机制，对信用优良的个人通过书面信用承诺替代部分审批材料，简化审批流程，实施"容缺受理"，将"事前管审批"变为"事后管信用"。

四是推广成果应用，强化联合奖惩。通过浙江政务服务网交换平台，提供公共信用数据服务。落实在行政管理事项中应用信用记录和信用报告，为全省各级行政机关工作人员在行政事项中查询信用记录提供便利。加强与法院、检察院以及公安交管、消防部门的合作，有效缓解"执行难"问题，启动全省行贿犯罪档案网上查询工作，并将企业法人交通违章记录和消防领域不良记录纳入信用档案。为金融机构开通授权查询信用档案应用服务，满足金融机构对非信贷信用信息的查询需求。在全省各区市的政务办事大厅开通信用查询服务窗口，为社会提供现场信用查询服务。同时，杭州等主要城市积极推进信用公益、信用就医、信用健身、信用泊位等信用信息的社会应用，将信用塑造成市民便利生活的通行证。

（二）上海：立法先行，建立规范化的社会信用体系

一是社会诚信的制度建设日趋完善。上海是全国最早探索信用的地区，公共信用信息平台、企业信息公示系统、法人库、人口库等建设都走在全

国前列，相关信息的查询量以及信用服务市场都居于全国领先。十多年前就在全国率先出台了个人和企业征信方面的地方政府规章，陆续制定了一些信用制度，2015年出台了规范公共信用信息归集和应用的规章，2017年以《上海市公共信用信息归集和使用办法》为基础，出台《上海市社会信用条例》，对涉及上海市信用建设的各方面做了明确规定，通过更高层次、更加完善的社会信用立法，来保障经济社会更加健康稳定发展。

二是确立社会广泛参与诚信建设的总基调。建立"政府主导、社会协同、公众参与、法治保障的信用工作机制"，坚持政府推动与发挥市场作用、社会共同建设相结合，明确政府在诚信建设中发挥组织、引导、推动和示范作用，鼓励和充分调动社会各方面力量广泛参与，以社会共治手段推进诚信建设，形成推动社会诚信建设的强大合力。

三是信用信息应用效果显著。上海市公共信用信息服务平台面向政府机关、信用服务机构、社会公众和其他企事业单位提供信用信息查询、监测预警和统计分析等服务，在政府监管、社会服务以及行业推进等方面取得了良好实效，政府部门在项目招投标、政府采购和公共资源交易中查询信用信息，减少由于信息不对称性所带来的经济风险。将公共信用信息应用于环境保护、发展改革、人员录用、评优评先、新能源汽车交易等监管环节，推进政府放管结合、优化服务思路转变。浦东新区围绕政府"放管服"改革，按照"信用管终身"的理念，聚焦事前、事中、事后等环节，探索推动事前信用承诺、事中信用综合监管、事后信用联合奖惩，力求形成覆盖企业全生命周期的采信、评信、用信等全过程监管闭环。

四是建立区域合作机制。发挥长三角核心城市作用，结合长三角区域联动良好基础，携手长三角区域，积极推动与其他省（区、市）的信用信息共享和信用评价结果互认，加强重点领域跨区域联合激励和惩戒，构建更为完备的社会诚信体系。

（三）广东：打造独具影响力的信用高地

一是强化信用数据归集共享和公共信用信息平台建设。广东省共享数据量全国第一，并以提升用户体验度为重点，着力完善信用信息平台信用查询、信息公示、异议和修复处理、信用报告打印等基本服务功能。在全国首创全省信用服务"一网通查"机制，实现全省信用查询一体化展示。

二是落地实施信用联合奖惩。将联合奖惩列入全省改革十大创新性、牵引性、改革任务之一，梳理联合奖惩"三清单"，制定《信用联合奖惩工作清单编制指南》和《联合奖惩环节嵌入审批服务流程工作指引》，通过清单模式明确联合奖惩对象及各部门联合奖惩措施。创建"联合奖惩、一键搞定"便捷模式，将信用联合奖惩嵌入省投资项目在线审批监管平台，在不增加行政相对人材料量和审批人员工作量的基础上，实现自动推送信用核查信息、自动匹配红黑名单、自动嵌入奖惩措施、自动汇集反馈实施情况。

三是加快推进信用法规制度建设。制定公共信用信息分类规范、信息目录编码规范，规范信息记录范围、分类标准和数据交换规则，基本建立公共信用信息标准规范体系。印发省公共信用信息平台异议处理工作指引和信用修复工作指引，规范异议信息处理、信用修复处理等的流程和职责分工，逐步完善公共信用服务相关规章制度。同时，所辖各市信用立法工作不断加快，深圳、惠州、汕头等地出台了公共信用信息管理办法等政府规章，为加快推进《广东省社会信用条例》立法工作提供了地方立法实践。

四是扩大信用建设的影响力。税务、人社、教育、旅游、海关、生态环境、交通、水利等部门运用信用监管手段加强行业监管。诚信宣传效果显著，组织开展"诚信宣传万里行"主题宣传。加强诚信理念教育，开展诚信主题实践活动，广泛开展诚信公益广告宣传。通过老百姓喜闻乐见的微视频、白皮书、知识读本、诚信主题地铁专列等形式，开展宣教活动，推动诚信观念深入人心。各地信用建设亮点纷呈。如惠州市被评为全国首批社会信用体系建设示范城市，建设中介服务超市并引入信用管理的创举在全省全国推广。广州公共资源交易中心着力推进公共资源交易信用体系建设，率先研发公共资源交易综合信用指数，获得全国信用应用十大实践成果奖。深圳积极探索信用应用，广泛开展"信易贷""信易租"等应用场景，让信用有价值可变现，被评为全国守信激励创新工作试点城市。

（四）江苏：以信用为核心的新型监管机制

一是建立健全省市两级信用管理机构。江苏较早提出了建设诚信江苏发展战略，2005年成立由常务副省长任组长的省信用领导小组，并成立独立建制、有编制、有职能的省信用办，2008年成立省公共信用信息中心，13个设区市均成立社会信用体系建设领导小组，4个县级试点地区设立了专职信用办或信用信息中心，许多县（市、区）也都建立了信用工作组织机制，形成了领导重视、部门牵头、各方参与、协调推进的良好发展格局。

二是建立社会信用基础性地方性法规。2007年正式施行《江苏省企业信用征信管理暂行办法》和《江苏省个人信用征信管理暂行办法》。陆续出台《江苏省社会法人失信惩戒办法（试行）》《江苏省自然人失信惩戒办法（试行）》《江苏省行政管理中实行信用报告信用承诺和信用审查办法》等规范性文件，信用制度构架基本完善。

三是构建以信用为核心的新型监管机制。2015年江苏省出台《省政府办公厅关于深化信用管理加强事中事后监管的意见》，立足以信用管理制度为保障、信用信息系统建设和信息共享为基础、信用信息和信用产品为依托、信用分类和联动监管为手段，推行事前信用承诺，开展事中信用监管，实施事后联动惩戒，逐步把信用管理机制应用到行政管理的事前、事中和事后的全过程监管中，建立覆盖行政管理全过程的信用管理新模式。信用承诺事项信息全面公示，信用江苏网站公示200多项事前承诺行政权力事项，涉及5万个信用主体，作为事中事后监管的重要依据。各级部门在行政审批过程中引入信用承诺、信用报告和信用审查，普遍推行投资项目承诺代替审批改革。

四是以信用信息和信用产品为纽带，构建守信激励失信惩戒联动机制。开展信用信息共享服务，以信用审查为特色的政府部门应用服务以及面向法人的信用信息查询服务，在财政专项资金分配、政府采购、招投标、评优评先、行业评定、社会治安管理、环境保护与治理、"放管服"与联动监管和企业信用管理贯标等工作中，以及税收征管信息保障、银行信贷风险管理中大力推进公共信用信息应用。

三、经验启示

一是在诚信建设过程中，信用平台网站建设和信用信息归集共享是诚信建设的先导性、基础性工程。信息共享的理念达成共识，信息化程度高，信用数据基础夯实，数据量大、质量较高、内容丰富、覆盖广泛，基础条件完备，为开展信用服务和深化应用奠定了扎实基础。数据的及时性、准确性、完整性确保了信用信息的生命力和使用价值。

二是加快推进信用立法、完善信用法律法规体系是社会信用体系建设的基础工程。涉及各行业各领域的诚信建设是一项长期性、复杂性的系统工程，诚信建设先进省份的经验，都是在信用立法之前充分酝酿，首先研究制定信用信息归集、共享、公示、管理和使用等一系列标准规范和政策制度，为信用立法提供实践依据，在实践中稳步推进，逐步构建起了较为系统的信用建设制度体系，为社会信用体系建设深入推进提供了强有力的法律保护和规章护航。

三是当前，我国社会组织建设取得了长足进步，已然成了一支经济社会发展的重要力量。同时，我们也看到，社会组织发展过程中在制度建设、人员队伍、诚信意识、服务行为等方面仍然存在不健全、不规范等问题，比如诚信缺失问题长期存在，这对承接政府让渡社会管理、激发社会活力带来一定的影响。建立健全社会组织守信激励和失信惩戒机制，积极开展社会组织诚信创建与宣传教育活动，将社会组织守信、守法、履约等正向信息纳入信用记录，对诚信社会组织在年检、税收、承接服务等事项中，给予守信激励；对于严重失信社会组织，依法依规实施联合惩戒。进而推动建立行业诚信自律规约，使社会组织诚信建设经常化、制度化。

四是信用信息广泛应用于政府日常管理和决策分析中，探索建立了事前、事中和事后全过程信用管理手段，以及信用分类监测预警、联合奖惩机制，构建形成"事前准入、事中监管、事后奖惩"企业全生命周期的信用监管应用体系，能有效提升政府监管效率、促进政府职能转变，将联合奖惩系统嵌入网上政务服务平台等业务系统，促进实现"一网通办"。

五是运用互联网和大数据，将诚信体系与网格化智慧管理、政务服务建设等深度融合，以信用为突破口，通过"互联网+信用"，加强和创新社会治理，推进社会治理精细化，社会治理能力、水平和质量得到显著提升。

六是诚信建设把引导和培养人的诚信观念作为重中之重，全体社会主体都是诚信建设的主要参与者、受益者，先进省份的经验证明，只有从根本上树立诚信为本的社会观念，并辅以形式多样、内容丰富的诚信建设活动，才能吸引和调动各类社会主体坚持全社会参与，才能营造全社会共同参与诚信建设的浓厚氛围。

七是政府推动、社会共建。政府和政府部门带头讲诚信，以上率下，突出示范引领作用的同时，充分调动社会各方面力量广泛参与，形成合力共同推进诚信建设。同时，领导重视、机构健全、人员充实是推动诚信建设进入快车道的关键保障。

八是必须注重诚信文化建设。只有诚信理念融入了文化之中，诚信才会真正成为人们的自觉行动。诚信建设的先进省份都十分注重并大力加强诚信文化的研究和发展，引导社会成员形成以诚信为基础，共同一致、彼此共鸣的内心态度、意志状况、思想境界和群体意识，有力支撑了社会诚信建设。

第三节　"诚信青海"建设现状

青海省高度重视诚信建设，在省委、省政府的坚强领导下，全省上下从提高全社会的诚信意识入手，以扎实推进社会信用体系建设为着力点，积极打造"诚信青海"，在体制创新、制度建设、平台构筑、信息归集、推广应用、文化宣传教育等方面扎实有效开展工作，取得了阶段性成果，一些工作走在全国前列，得到了国家认可和肯定，为推进政府职能转变、优化营商环境发挥了支撑性作用，全省以诚信青海建设为"基础桩"的社会治理新格局开始形成。

一、"诚信青海"建设取得阶段性成效

青海省社会信用体系建设虽然起步较晚，与先进省份相比，还有很大差距，但经过近十年的持续建设，在信用工作体制机制完善、信用平台网站建设、信用信息归集共享、信用应用拓展等关键节点上基本实现与国家同步推进的目标要求，"诚信青海"建设水平不断提高、建设成效初步显现，"诚信青海"的知晓度、影响力显著提升。

（一）体制机制建设在探索中前进

1.机制保障方面，2015年初，省政府调整设立了由主管副省长任组长的青海省社会信用体系建设领导小组，统筹协调推进社会信用体系建设工作，2018年成员单位达到70家。多部门联合签署了40多个重点领域的信用联合奖惩备忘录，初步构建起政府、社会共同参与的联合奖惩机制。2018年，青海省委编办批复设立青海省公共信用信息中心，并将社会信用体系建设纳入全省年度目标责任（绩效）考核范围，充分发挥考核的指挥棒作用。制定了实时跟踪、通报约谈、第三方评估与年度目标责任考核相结合的工作机制，强化政策落地，确保各项信用政策落到实处，为"诚信青海"建设提供了有力支撑。

2.制度建设方面，在印发《青海省社会信用体系建设规划（2014-2020年）》基础上，先后制定出台了《青海省关于推进诚信建设制度化的实施意见》《青海省运用大数据加强对市场主体服务和监管的实施方案的通知》《建立完善守信联合激励和失信联合惩戒制度加快推进社会诚信建设的实施意见》《加强政务诚信建设的实施意见》《加强个人诚信体系建设的实施意见》《加快推进失信被执行人信用监督、警示和惩戒机制建设的实施意见》《全面加强电子商务领域诚信建设的实施意见》《关于贯彻落实推进社会信用体系建设高质量发展促进形成新发展格局的实施意见》等配套政策，形成政务诚信、商务诚信、社会诚信和司法公信四大领域基本制度框架，夯实了"诚信青海"建设的基础。

（二）诚信建设工作基础初步形成

1.统一社会信用代码制度全面落实。统一社会信用代码是为每个公民、法人和其他组织赋予的、唯一的、终身不变的主体标识代码，是采集、查询、共享、比对各类主体信用信息的唯一载体，建立统一社会信用代码制度是推动社会诚信建设快速发展的前提。截至2023年底，青海省机关事业单位、社会组织、企业和个体工商户的"赋码""转码"工作全面完成，新注册主体已100%实现"源头赋码、一户一码"，赋码主体总量达到60万户。统一社会信用代码在各领域广泛应用，基本实现"一照一码"走天下。

2.平台网站建设实现全覆盖。青海省充分利用全省电子政务外网和政务云平台等基础资源，按国家统一标准规范建设完成了1个省级、8个市州、45个区县信用平台和网站，形成了以省信用平台为枢纽、信用青海网站为窗口，市州、区县两级信用平台网站为节点，上联国家、横通部门、下接地区的全省信用平台网站"一网通"，具备了面向全社会提供信息发布、数据交换、信息共享、信用公示、信用查询、联合奖惩等"一站式"信用服务能力。青海省采取省、市州、区县三级大集中建设模式的做法得到了国家发展改革委的充分肯定和表扬。

3.信用信息实现有效归集共享。"信用青海"平台网站已与78家省级单位、400余家市州级单位、1100余家区县级单位实现数据对接。在全国范围内率先建设形成了覆盖全省法人单位、自然人两大公共信用信息"基础数据库"，累计收录共享目录13609条，归集入库各类信用信息4.5亿条，开放数据接口 100 多个，调用基础及信用信息超 9000 余万次，向各级成员单位推送共享信息 2 亿条，已成为全省信用信息处理"总枢纽"和政务信息共享交换的重要平台。2021 年，"信用青海"平台网站荣获"全国信用信息共享平台和信用门户网站一体化建设特色平台网站"称号。2022 年，"信用青海"微信公众号关注量超 570 万人，稳居全省政务新媒体第一名，荣获中央网信办"走好网上群众路线百个成绩突出账号"荣誉称号，"诚信青海"社会关注度、影响力大幅提升。

4. 信用应用逐步拓展。多年来，青海省持续推动"凡办必查"机制，以"青海省公共信用信息查询报告"为抓手，在省社保服务大厅、省市两级政务服务大厅开设"信用综合服务窗口"，以"小窗口"汇聚"大信用"，为全省法人单位和社会公众提供信用状况查询、信用修复、异议申诉、信用宣传等一站式、专业化、高质量的信用服务。制定《青海省信用报告一体化查询系统初审、复审工作规范》，指导各地区、各部门在政府资金安排、招标投标、项目审批、评优评先及人事管理等事务中广泛开展信用查询应用，实施分级分类监管，对守信者"无事不扰"，让失信者付出高昂成本。开发上线"好差评"功能，做到信用报告查询"一笔一评"，并将评价结果同步到政务服务网，助力"放管服"改革。仅 2023 年，就为 29580 个自然人和 4460 个法人提供查询服务，出具信用查询报告 34040 份。同时，青海省深入贯彻落实《失信行为纠正后的信用信息修复管理办法（试行）》（国家发改委第 58 号令），紧密衔接发改、市监等职能部门，推进建立"信用修复协同联动机制"，实现信用修复结果互认共享，避免多头修复加重企业负担，并将信用修复异议时限由 5 个工作日压缩至 2 个，最大限度实施信用救济，保障信用主体合法权益。

5. 联合奖惩初显威力。青海省以签署联合奖惩备忘录为抓手，加强"红黑名单"信息共享、公开和应用，着力推进全省守信联合激励和失信联合惩戒制度的建立和完善，初步建立"发起—响应—执行—反馈"的联合奖惩机制，为促进市场主体依法诚信经营，维护市场正常秩序，营造良好社会信用环境奠定了基础。目前，已联合签署了分别针对失信被执行人、失信企业、超限超载、税收违法、A级纳税人、质量、环境保护、青年志愿者、炒信、安全生产、农资、涉金融、海关高级认证企业、海关失信企业、食品药品、统计、财政资金使用管理、盐行业、电子认证服务、电力行业、运输物流行业、石油天然气、房地产等40多个重点领域的信用联合奖惩备忘录。截至2023年底，已累计认定归集失信被执行人、重大税收违法案件、海关失信企业、拖欠农民工工资企业、A级纳税人等"红黑名单"信息4万余条，归集公示联合奖惩典型案例1000余件、修复退出黑名单9000余条。

（三）重点领域诚信建设实现突破

1.政务诚信建设取得新进展。青海省加大各级行政机关政府信息公开力度，积极创新政务公开方式，依据各部门权责清单，向社会全面公开政府部门的职能和行政许可、行政处罚事项目录。大力实施网上政务服务创新工程，加快网上办事大厅建设，全面推行政务信息网上公开，切实做好行政许可和行政处罚等信用信息公示工作，有效增强了行政管理的透明度和政府公信力，提高了广大群众的参与感。出台青海省公务员社会信用体系建设工作方案、公务员信用信息指导目录，探索建立公务员诚信档案，加强公务员诚信教育，强化公务员诚信行政意识，积极打造守法诚信、高效廉洁的公务员队伍。

2.重点行业领域诚信建设取得新突破。先后制定出台了《青海省企业经营异常名录管理暂行办法》《青海省个体工商户纳税信用管理办法（试行）》《青海省房地产开发企业信用评价管理办法（试行）》《青海省保险业信用体系建设工作规划（2015—2020）》等一系列文件，加快建立企业诚信档案，在纳税、交通运输、房地产开发、进出口等重点行业开展企业信用等级评价，法院执行、社会组织管理、公共资源交易、建筑行业、物业管理、环境保护、文化旅游、安全生产、知识产权、教育、纳税、药品等领域出台了信用管理相关制度。2017年青海省被列为全国7个"信用交通示范省"试点省份之一，以行业信用体系建设为重点开展"全国信用交通示范省"省级示范创建工作，逐步开展以信用建设为核心的新型交通领域监管体制。全省农村信用体系建设工作成效明显，截至2023年底，全省超90%的农户建立了信用档案，创评省级信用县13家、信用乡318个、信用村3456个、信用户65.96万户，是全国唯一全省整体推进的"青海模式"。近年来，青海省基本解决执行难领导小组多次召开联席会议，对全省解决执行难相关工作进行了安排部署。目前，在"信用青海"平台与省法院信息系统自动化对接的基础上，实现失信被执行人信息的实时接收、推送、共享，并在"信用青海"网站向社会集中公示、实时动态更新。截至2023年底，"信用青海"平台累计接收失信被执行人信息38673人次，并通过联合奖惩系统为1500家单位进行了实时全量推送共享，为精准实施联合惩戒提供了有力支持。

3.覆盖城乡的信用体系建设加快推进。自2015年6月开始，中经网利用互联网信息技术开展城市信用状况监测排名，对各城市政府门户网站、信用网站、部门网站和全国各大主流媒体网站发布信息进行采集分析并定期通报。西宁市和海东市总体信用状况均长期排在末三位，处于全国相对落后水平。青海省以问题为导向，印发《关于认真做好青海省城市信用建设工作的通知》，省委常委、常务副省长、省社会信用体系建设领导小组组长约谈西宁市、海东市政府主要负责人并提出工作要求，西宁市、海东市从提高信用信息公示率、完善信用"红黑名单"制度、加快培育信用服务市场、加大诚信教育和诚信文化建设、建立健全重大失信事件反馈与处理机制五个方面出发，补齐"短板""底板"，城市信用状况监测排名得到提升，扭转了长期排名靠后的落后局面。同时，农村信用体系建设与"双创"、精准扶贫、乡村振兴、农牧业供给侧结构性改革和支持实体经济战略挂钩，创新推出信用普惠、村级信用共同体、贫困户信用创评及信用修复重建、诚信宣传教育等举措。积极引导新型农业主体、信用农牧户入驻"青信融"平台，借助"信用＋担保（抵押、质押）＋信贷"等金融支农支牧模式，向全省农牧民、贫困户及各类农村经济组织融资授信，有效缓解了"三农"融资难、融资贵问题。

4.重点领域失信问题专项治理初见成效。积极开展政府机构、电子商务及涉金融等重点领域失信问题专项治理，分别成立专项治理工作领导小组并制定具体工作方案，着力对有关失信问题进行摸查、清理和督促整改，对无法整改到位的采取相应风险隔离措施，专项治理工作成效明显。如2018年，对涉及西宁、海东和黄南州15个失信政府机构、17宗失信案件开展治理，在全国政府失信问题履行通报情况中履行率为100%。联合签署《青海省对电子商务及分享经济领域炒信行为相关失信主体实施联合惩戒的行动计划》，推动电子商务持续健康发展。涉金融领域按照"区别对待、分类化解"原则，全面核查失信主体具体情况，找准症结、对症下药。实地走访涉金融黑名单企业开展调研，有序推进信用修复等整改工作。落实采取欠薪责任约谈、欠薪抄告、欠薪企业"黑名单"曝光等一系列措施，专项治理拖欠农民工工资问题。如2018年，就为2.9万名农民工追发工资3亿多元，清欠率达98%，有效维护了农民工劳动报酬权益。

（四）建设"诚信青海"理念深入人心

1.积极营造全社会诚信文化氛围。青海省将诚信建设内容纳入创建文明城市、文明村镇、文明行业、文明单位考核指标，深化思想道德内涵，把诚信建设的要求贯穿到文明城市、文明村镇、文明行业、文明单位等全社会精神文明创建活动的各个环节，发挥文明城市、文明单位的龙头和典型示范作用，积极践行诚实守信规范，相继开展系列诚信宣传教育主题活动，诚信建设水平不断提高。大力推进城市信用建设，有力推动西宁成功创建全国文明城市，海东等6个城市获新一轮提名资格；组织商务领域诚信专题培训，每年开展"诚信兴商"宣传月活动，持续组织开展"文明诚信私营企业""文明诚信个体户"推荐评选，每年推选一批诚信企业和个体户，努力构筑诚实守信的营商环境。截至2018年底，青海省有120家单位荣获全国文明单位，3所学校荣获全国文明校园，20多万户城乡五星级文明户，3000多个各级各类身边好人，全社会诚信意识不断提升。

2.着力加强诚信教育工作。2016年，《青海省诚信文化教育工作五年规划（2016-2020年）》印发实施，坚持诚信铸魂，以德治校，积极开展诚信知识进校园活动，编写出版了校本教材《诚信感恩教育读本》，将诚信教育纳入文明校园测评细则，在青海大学、青海民族大学等多所高校开展信用知识讲座，推动文明校园创建活动在全省大中小学广泛深入开展。启动"诚信点亮中国"全国巡回（青海展）暨全省青年信用体系建设示范活动，举办"青海青年诚信大讲堂"，在青年一代中大力培育和践行诚信观念，营造重信守诺社会氛围。

3.扎实开展"诚信建设万里行"活动。充分发挥宣传媒体作用，多渠道、多层次、多视角宣传诚信理念、诚信文化、诚信事迹，树立诚信典型，以诚信文化引领社会风尚，及时向社会公示受表彰等荣誉信息。加大对守信联合激励和失信联合惩戒的宣传报道力度，依法曝光列入黑名单的严重失信主体和影响恶劣、情节严重的失信案件，社会诚信氛围逐渐形成。2018年与国家同步开展"诚信建设万里行"主题宣传活动，开展"强化诚信意识、唱响信用交通"主题宣传活动，制作发布青海普法微电影《失信的老赖》信用联合惩戒宣传片。深入西宁、海东、海西、海南等地区组织信用宣传培训活动，成功举办"诚信杯"社会信用体系建设知识竞赛。

二、"诚信青海"面临的主要困难和问题

青海省诚信建设相比东部沿海等经济发达省份起步较晚，加之自然地理区位条件差，人口规模小、法人主体少、市场经济活跃度不高、信息化基础差，客观上严重制约着诚信建设的发展步伐。近年来，青海省按照国家统一部署，积极推动"诚信青海"建设开展了大量工作，取得了重要进展，但我们必须要清醒地认识到，全省范围内"建信、守信、用信"的良好局面远未形成，"诚信青海"建设还面临一些突出困难和问题。

（一）社会诚信缺失问题仍然突出

由于法治不健全、道德文化建设滞后、市场经济体制尚不完善，违背法律法规、不执行合同契约、不兑现承诺时有发生，严重扰乱正常经济秩序，降低了经济社会活动的效率，提高了社会交易成本。互联网虚假信息诈骗、电信通讯诈骗、非法集资、法院判决不执行、拖欠农民工工资、造谣传谣、不合理低价游、不遵守公共道德等事件层出不穷，老百姓也是不堪其扰，影响人民群众的获得感幸福感安全感。重大税收违法、骗保、骗贷、骗取政府资金、骗取挪用扶贫款等违法行为屡禁不止，严重影响政府公信力，增加社会治理成本。例如，2018年，有机构发布31省地方政府信用排名中青海省居后，由此产生的信用风险可能加大青海本已艰难的融资操作难度。湟源县高价"富氧水"、大通县548名学生因过期食品中毒、青海省破获的"民族资产解冻"诈骗案、全省尚有1万多名"老赖"拒不执行法院判决等等，都是发生在青海境内的严重失信事件，造成恶劣社会影响，不能不引以为戒。

（二）全社会共同参与的氛围尚未形成

1.思想认识还不到位。"诚信青海"建设理念尚未深入人心，社会各界对诚信建设的重大意义认识存在偏差，部分地区和部门思想认识站位不高、对诚信建设重视不够，还有不知道诚信建设"是什么、干什么、怎么干"，认为诚信建设与己无关，徒增工作负担，没有实际意义，甚至对国家和省委、省政府已出台的相关政策文件不研究、不落实，协同联动力度不够，"诚信青海"建设工作难以形成合力，工作困难重重。

2.诚信宣传教育有待深化。诚信建设既需要政府大力推动，也需要全社会广泛参与。青海省组织开展诚信宣传教育还未形成系统化、规模化，面向各类社会主体的诚信宣传教育活动的内容、形式还不丰富，实践性、针对性、时效性有待加强，电视、报纸、网络等各种媒体舆论对诚信建设宣传和引导力度不够，尤其是青海农村牧区地域广阔、人口居住分散、群众诚信意识淡薄，基层社会治理工作能力不足，诚信宣传教育工作难度更

大，全社会关心、支持、参与诚信建设的氛围还不浓厚

（三）信用体系建设亟待加强

1.体制机制不健全。诚信建设工作是涉及各行业各领域的一项长期性、复杂性系统工程，需要强有力的体制机制做保障。虽然《青海省公共信用信息条例》对信用工作体制机制建设有明确的要求，但青海省除了成立社会信用体系建设领导小组外，仅有省发展改革委、西宁市、海西州、黄南州、玉树州成立信用专职机构，其他市州和各区县都尚未成立相关机构，信用工作大多由临聘或兼职人员承担，对"诚信青海"建设的支撑严重不足，缺乏有效的体制机制来统筹推进信用信息归集共享、联合奖惩、信用监管、信用应用等工作，很大程度上制约了全省诚信建设整体工作的有效推进。

2.信息化水平不高。信息化是诚信建设的有效支撑，信用业务系统是信用工作的基石。良好的信息化建设水平是诚信建设更好开展的基础。相比于东部、中部省份，青海省的信息化建设基础相当薄弱、信息化人才及技术人员严重缺乏，很多行业领域没有业务系统、没有信息化工作人员，很多部门办公还处在纸质流转阶段，行业内、部门内的业务数据根本没有办法实现共享和互联互通，这类问题在市州、区县等农牧地区显得更为突出。

3.资金投入不足。诚信建设是一个涉及全局、长期复杂、工作任务多的系统工程，资金需求量巨大。但目前青海省诚信建设方面尚未设立财政专项资金，业务系统建设、应用建设推广、诚信宣传文化建设、机构人才培育、后续运营保障都缺乏有效资金保障，建设进度缓慢，这都影响了"诚信青海"建设的整体推进。

（四）诚信建设的"基础桩"作用仍未完全显现

1.信用应用不广泛。社会信用体系建设是建立健全群众利益维护机制的重要抓手，信用应用则是提升治理能力的重要途径。目前，青海省信用应用场景不够多、结合不够深，总体应用水平偏低。"凡办必查"的机制尚未全面建立，信用查询在各级部门行政事务办理过程中还没有形成习惯，

没有实现常态化和全覆盖。信用应用闭环没有建立，事前信用承诺、事中信用综合监管、事后信用联合奖惩在"放管服"改革中还没有有效运用，采信、评信、用信等全过程闭环还没有合拢。助力社会治理、惠民便企等各领域应用尚未完全开展，"互联网+信用""贷款、出行、医疗、教育、餐饮、旅游、租赁、就业"等一系列措施尚未启动。

2.奖惩协同联动不到位。联合奖惩是诚信建设的"牛鼻子"，但在抓这个"牛鼻子"的过程中，青海省还存在短板和不足，主要是红黑名单制度尚未制定或制定过粗，红黑名单信息认定归集不及时，信用承诺、信用修复、"黑名单"退出机制不健全，在行政管理过程特别是事中事后监管中全面有效开展联合奖惩应用，联合奖惩应用领域不广、功效尚未充分发挥，在应用领域和应用效果上与先进省份相比还有很大的差距，联合奖惩的激励带动、惩戒威慑的社会效应尚未形成。

3.信用服务市场尚未形成。开展诚信建设工作，除了积极推广信用产品的社会化应用，营造诚实自律、守信互信的社会信用环境，发挥政府机构的作用，还需要更多行业组织和第三方服务机构的参与及投入。近几年，第三方机构在先进省份如雨后春笋蓬勃发展，但是基于青海自然条件和人才、信息化企业的现状，青海本地化第三方机构力量一直没有得到有效发展，服务一直存在短板和不足，信息化建设、信用评估、应用推广、人员培训、诚信宣传没有第三方机构有效支撑，没有建立起完整的"政、研、企"产业链和生态体系。

4.支撑性作用尚未充分发挥。诚信建设是社会治理的重要载体，是新时代社会治理体系和治理能力实现现代化的一个关键支撑。由于舆论报道不够多、建设时间较短、全民参与覆盖面不够广、与网格化管理配合次数少等因素，导致诚信建设在促进社会互信、提升社会公德、减少社会矛盾方面的作用没有被凸显，在创新社会治理方式方面的作用没有被挖掘，对社会治理的支撑性作用没有被发挥。

第四节　"诚信青海"建设路径

党的十八大以来，习近平总书记三次到青海考察，反复强调要持续推进青藏高原生态保护和高质量发展，奋力谱写中国式现代化青海篇章。当前，青海省正在深入贯彻落实习近平总书记对青海工作的重大要求，立足"三个最大"省情定位、"三个更加重要"战略地位和"三个坚持"殷殷嘱托，致力社会治理体系和治理能力现代化建设，明确了"诚信青海"建设新要求，诚信建设由传统的社会道德规范进入了制度化、规范化建设的新时期。

一、总体建设思路

"诚信青海"建设始终以习近平新时代中国特色社会主义思想为指导，深入贯彻习近平总书记关于加强诚信建设的重要指示精神，坚持以人民为中心的发展思想，坚持培育和践行社会主义核心价值观，立足省情实际，以诚信道德建设为基础，以社会信用体系建设为重点，以政务诚信、商务诚信、社会诚信、司法公信建设为主要内容，针对经济社会领域出现的诚信缺失突出问题，集中开展专项治理，建立健全守信联合激励与失信联合惩戒机制，加强诚信宣传教育，营造诚信文化氛围，加快信用法规建设，培育信用服务市场，加快构建以信用为核心的新型市场监管体制，形成全社会诚实守信、重信守诺的良好社会信用生态，为提升青海治理体系和治理能力现代化水平，建设更加富裕文明和谐美丽新青海提供有力支撑。

二、主要发展方向

近年来，青海省紧紧围绕国家《社会信用体系建设规划纲要（2014—2020年）》确定的政务诚信、商务诚信、社会诚信和司法公信"四人"重点建设领域，以法律、法规、标准和契约为依据，以健全覆盖社会成员的信用记录和信用基础设施网络为基础，以信用信息合规应用和信用服务体系为支撑，以树立诚信文化理念、弘扬诚信传统美德为内在要求，以守信激励和失信约束为奖惩机制，以优化营商环境为抓手，持续推进"诚信青海"建设。

（一）强化政务诚信体系

推进政务诚信建设，是推进社会治理体系和治理能力现代化的重要环节，也是政府自身建设的重要内容。要完善依法行政制度，健全科学民主决策机制、权力约束运行机制、政府守信践诺机制和政务信息公开机制，加强对权力运行的社会监督和约束，全面提高政府诚信施政、诚信作为、诚信执法能力和意识，增强决策透明度，提升政府公信力，树立政府公开、公平、清廉的诚信形象，打造诚信政府。充分发挥城市政府在信用建设中的关键作用，把城市作为社会信用体系建设最关键、最核心、最有效的推动主体，完善城市综合服务功能，优化城市发展环境，激发城市发展活力，不断提升城市治理体系和治理能力现代化水平。

（二）构建商务诚信体系

全面加强生产领域、流通领域、金融领域、税务领域、价格领域、工程建设领域、政府采购及招投标领域、交通运输领域、电子商务领域、统计领域、会展广告等领域信用建设，提高商务诚信水平，有效维护商务关系、降低商务运行成本、改善营商环境，促进各类商务主体可持续发展，保障各类经济活动健康、顺畅、高效开展，为建立与经济国际化相适应的市场管理体制和运行机制提供有力支撑。

（三）完善社会诚信体系

加强医疗卫生、社会保障、劳动用工、教育科研、文化体育旅游、环境保护和能源节约、知识产权、互联网应用及服务等领域诚信建设，以及社会组织诚信建设，提高社会组织公信力。加强自然人信用建设，建立完善自然人在经济社会活动中的信用记录，建立个人信息安全、隐私保护、信用修复等机制，积极开展个人信用综合评价工作，促进社会成员之间以诚相待、以信为本，形成和谐友爱的人际关系。在社会管理、公共服务和民生保障领域加强事中事后监管和联合奖惩，优化提升社会管理和民生服务的有效性和公正性，切实提高社会诚信满意度，让诚信成为全社会共同的价值追求和行为准则，促使全省人民公平共享经济社会发展成果。

（四）树立司法公信体系

加强法院、检察院、公共安全领域和司法行政系统公信建设，加强司法执法和法律服务从业人员信用建设，进一步增强人民法院执行工作能力，加快推进失信被执行人跨部门协同监管和联合惩戒机制建设，树立司法权威，提高司法公信力，有效促进被执行人自觉履行人民法院生效裁判确定的义务，切实解决法院执行难问题，促进社会公平正义，形成全社会认同司法、尊崇司法、信赖司法、服从司法的良好局面。

（五）推进运行机制建设

建立健全信用法规制度，完善规范信用信息记录、整合和应用行为的法规制度建设。健全跨地区联动、多部门协同、各领域合力的守信联合激励和失信联合惩戒机制，加强对守信主体的奖励和激励和对失信主体的约束和惩戒。培育和规范信用服务机制，发展信用服务机构，推进并规范信用评级行业发展，推动信用服务产品广泛运用，健全信用信息主体保护机制，建立信用信息侵权责任追究机制和自我纠错、主动自新的社会鼓励与关爱机制，健全信用信息主体权益保护机制，切实有效地保护信用信息主体权益。

（六）加强城乡信用体系建设

将信用作为城市的金字招牌，以企业和个人信用为重点，以信用体系建设为抓手，以创建全国社会信用体系建设示范城市为目标，加强城市信用状况监测，加大信用监管力度，加快推进信用应用，助力解决交通、医疗、教育等方面的痛点难点问题，降低社会运行成本、提高城市管理服务水平，全方位提升城市治理能力和水平。强化"信用青海"信息平台功能，全方位加快全省社会信用体系以及"省、市州、县区"三级信用信息平台向广大农村牧区延伸覆盖。按照"政府主导、人行推动、农商行主办、农牧民参与、部门配合、整体联动、稳步推进"思路，积极推动农牧区信用户、信用村、信用乡等农村主体信用创评工作，加大支农信贷担保政策落实力度，全面开展信用下乡宣教活动。

三、阶段目标任务

青海省在综合分析省内外形势和发展条件的基础上，以2015年出台《青海省社会信用体系建设规划（2014—2020年）》为标志，分三个主要阶段来推进"诚信青海"建设。

第一阶段，到2020年。初步建成与青海经济社会发展水平相适应的社会诚信机制框架，以信用信息资源共享为基础，覆盖全省各地区和重点行业的信用信息管理系统更加完善，信用产品在行政和社会管理事项中得到推广应用，守信激励和失信惩戒机制作用有效发挥，信用服务机构初具规模，社会成员守信意识不断提高，"诚信青海"建设的基础基本打牢，为市场经济繁荣与社会秩序稳定保驾护航，为提升治理能力和治理现代化提供有力支撑。

经客观对照评估，青海省这一阶段的目标任务基本已实现。

第二阶段，到2025年。社会信用基础性法律法规、标准体系、监管体制等基本健全，覆盖全社会的信用信息系统功能齐备、运行良好，公共信用信息充分共享应用，信用产品得到普及应用，信用服务市场体系比较完善，多层次、全方位守信联合激励和失信联合惩戒机制全面有效运行。政务诚信、商务诚信、社会诚信、司法公信取得明显进展，市场和社会满意度大幅提高，全社会诚信意识普遍增强，经济社会秩序显著好转，形成符合社会主义市场经济发展要求的诚实、自律、守信、互信的信用环境，"诚信青海"建设取得显著成效，促使全省人民公平共享经济社会发展成果。

经客观对照评估，到2023年底，这一目标确定的大部分目标已基本实现。例如，《青海省公共信用信息条例》已于2021年5月1日起颁布实施，信用立法工作任务全面完成；印发《关于加快推进社会信用体系建设 构建以信用为基础的新型监管机制三年行动方案》《关于贯彻落实推进社会信用体系建设高质量发展促进形成新发展格局的实施意见》等系列政策文件，以信用为基础的新型监管机制初步建立，分级分类信用监管在各行业领域广泛应用。

第三阶段，到 2035 年。推动"诚信青海"建设向全国水平看齐，实现信用记录和信用报告的广泛应用，信用市场蓬勃发展，信用服务业成为青海省现代服务业重要新兴产业，构建"符合国际惯例、体现青海特色、适应发展要求、组织机构健全、制度标准合理规范，信用平台完善、联合奖惩有序推动、信用理念深入人心"的社会信用体系新格局，"诚信青海"建设迈上新台阶，有力促进社会文明进步，赋能中国式现代化青海篇章建设。

第五节　持续推动"诚信青海"建设的对策建议

完善的市场经济离不开信用体系的支撑，市场经济本质上就是信用经济，信用是市场经济的道德基础和灵魂，在数字化时代，诚信建设对于降低交易成本、稳定市场预期、达成市场交易、优化资源配置具有极端重要的意义。"诚信青海"建设是提升社会治理能力和完善国家治理体系的有效手段，每个人的信用记录成为人与人之间交往和交易的通行证，促使每个人加强自我行为约束，同时社会对每个人有明确的评价体系，社会管理的手段也更有针对性、实效性。

一、提高思想认识，加强顶层设计

"诚信青海"建设是一项长期、复杂而艰巨的系统工程，要从加快推进市场经济发展，营造一流营商环境的高度，切实把社会信用体系建设摆上重要的议事日程，充分调动各方面的积极性，强基础、补短板、求创新、全力打造诚信青海。

（一）进一步统一思想

切实把思想和行动统一到党中央关于加强诚信建设的重大决策部署上

来，提高认识、共同努力，形成上下重视，齐抓共管，政府推动、社会共建、公众参与，加快诚信青海建设的强大合力，推动全省诚信建设工作迈上大台阶。各级党委、人大、政府、政协要将诚信建设工作，与党政建设、经济发展、生态文明、民生改善等重点工作同研究、同部署，合力加快推进诚信青海建设工作。充分发挥各民主党派和工商联在诚信建设中的重要作用。发挥好工会、共青团、妇联等人民团体沟通联系群众的桥梁纽带作用，切实维护人民群众的合法权益。各地区、各部门要树立上下"一盘棋"思想，积极响应，发挥好职能作用，认真贯彻执行省委、省政府安排部署，加强协调配合，落实工作责任。

（二）凝聚诚信青海共识

青海集西部、民族、贫困地区于一身，是国家重要生态安全屏障，省情特殊、责任特殊。精神是青海最宝贵的财富，进入新时代，站在新起点，建设新青海，打造青海精神高地，既是必然选择，更是理性追求。长期以来，"两弹一星"精神、"两路"精神、玉树抗震救灾精神等鼓舞和感召着全省党员干部群众艰苦奋斗、奋勇拼搏，创造了一个个感天动地的发展奇迹。因此，把广大的农牧区精神文明建设与培育践行社会主义核心价值观结合起来，与创建文明村镇、"星级文明户"结合起来，与创建"高原美丽乡村"结合起来，与农牧民群众的脱贫致富结合起来，与农牧区的古建筑和民间文化保护工作结合起来，使农牧民群众在潜移默化中对社会主义核心价值观加深理解，才能更加有力地增强各族干部群众对社会主义核心价值观的认知和认同。

（三）明确努力方向

"诚信青海"建设需要社会各界的共同参与和不懈努力，推动诚信青海建设，关键是要坚定不移持续推进《青海省社会信用体系建设规划（2014—2020年）》落地实施，确保按期完成规划确定的各项目标任务的同时，同步推进下一阶段相关规划方案的研究，进一步将信用体系建设列入

"十五五"规划编制体系的重要内容，科学编制"十五五"社会信用体系建设中长期规划，明确"十五五"乃至今后更长时期诚信青海建设的总体思路、目标任务和阶段性工作重点，发挥规划的引领和推动作用，建立任务书、路线图和时间表，引领全社会树立"立信、守信、用信"理念，持续推动诚信青海建设不断取得新进展新突破，真正为新时代青海省经济社会高质量发展保驾护航。

二、狠抓重点领域，推进诚信建设

着力推进政务诚信、商务诚信、社会诚信和司法公信四大重点领域建设，是"诚信青海"建设的基本要求和主要内容。推进诚信建设，必须以政务领域诚信体系建设为突破，示范引领其他领域诚信建设的全面推进，进而推动政府管理机制创新，激发政府和市场对信用服务的双向需求，逐步建立以信用为核心的新型市场监管机制。

（一）持续推进政务诚信建设

加强政务诚信建设是落实党中央"四个全面"战略布局的关键环节，是建设诚信青海的关键，对进一步提升政府公信力、引领其他领域信用建设、深化供给侧结构性改革、弘扬诚信文化、培育诚信社会具有重要而紧迫的现实意义，有利于促进简政放权、放管结合、优化服务、加快转变政府职能、提高政府效能，有利于建立一支守法诚信、高效廉洁的公务员队伍，树立政府公开、公正、诚信、清廉的良好形象，也有利于营造风清气正的社会风气，培育良好的经济社会发展环境，是推进社会治理体系和治理能力现代化的必然要求。让社会讲诚信，政府首先要讲诚信。政府无信，则权威不立，政府是各类社会主体的表率，公务员群体是所有社会成员的表率。各级政府部门、公务员要充分发挥引领、示范和带动作用，进一步转变工作作风，提高工作效率和管理水平，带头讲诚信，带头作出信用承诺，在履职过程中自觉接受信用监督，切实解决言而无信、朝令夕改、新官不理旧账等失信问题，推动政府职能转变、公信力提升和经济社会发展环境改善优化，提高青海省治理体系和治理能力现代化水平。重点强化以下六个方面工作：

一是全面加强依法行政。恪守法定职责必须为、法无授权不可为要求，依法治理青海。健全完善权力运行制约监督体系，将依法行政贯穿于决策、执行、监督和服务全过程，确保决策权、执行权、监督权既相互制衡又协调运转。健全依法决策机制，将公众参与、专家论证、风险评估、合法性审查、合规性审核、集体讨论决定等作为重大决策的必经程序。加强社会各方对政务诚信的评价监督，实施政务诚信考核评价，将考评结果作为对政府部门和公务员绩效考核的重要参考，形成多方监督的信用约束体系。

二是全面加强政务公开。以公开促公信，推行阳光执政，坚持政务信息"以公开为常态、不公开为例外"原则，除法律、法规、规章另有规定外，全面推行行政许可和行政处罚等信用信息"双公示"，提高政府工作透明度，实现决策、执行、管理、服务和结果全过程公开，保障群众知情权、参与权和监督权，让权力在阳光下运行。

三是建立政府守信践诺机制。把政务履约和守诺服务纳入政府绩效评价体系，把发展规划和政府工作报告关于经济社会发展目标落实情况以及为百姓办实事的践诺情况作为评价政府诚信水平的重要内容。各级人民政府对依法作出的政策承诺和签订的各类合同要认真履约和兑现，不断提升政府依法诚信施政水平和政务透明度，维护守信践诺的良好形象，树立政府公信力和权威性。

四是健全守信激励与政务失信行为的约束惩戒机制。建立公务员诚信档案，依法依规将公务员个人有关事项报告、廉政记录、年度考核结果、相关违法违纪违约行为等信用信息纳入档案，将公务员诚信记录作为干部考核、任用和奖惩的重要依据。纪检监察、司法、人力资源和社会保障、审计等部门及时向信用平台归集各级人民政府和公务员在履职过程中，因违法违规、失信违约受到行政处罚、行政处分、纪律处分、问责处理，以及有失信定论的司法判决等政务失信信息，建立健全各级人民政府和公务员政务失信记录机制。加大对政务失信行为的曝光和惩处力度，追究责任，惩戒到人。深入开展公务员诚信、守法和道德教育，强化诚信行政意识和为民宗旨观念，对公务员在行政过程中懒政怠政，不能严守法律法规和相关制度，以权谋私、失职渎职等行为，特别是严重危害群众利益、有失公平公允、交易违约等行为，要加大查处力度，营造既"亲"又"清"的营商环境。

五是加强重点领域政务诚信建设。加强政府采购、政府和社会资本合作（PPP）、招标投标、招商引资、地方政府债务以及街道、乡镇政务和村（居）务等重点领域政务诚信建设，完善相关领域制度规范，重点建立招标投标信用评价指标和标准体系，规范地方政府招商引资行为，认真履行依法作出的政策承诺和签订的各类合同、协议，建立地方政府信用评级制度和规范的地方政府债务融资举债机制，将违法违规失信行为纳入失信记录并依法进行惩戒。

六是强化政务信用信息共享使用。依托省信用信息共享平台，进一步健全完善与各部门（单位）间的数据接口，在更大范围、更深层次实现各地区、各部门（单位）间基础信息和相关信用信息共享、业务协同，大力推动政府公共信用信息共享交换，打破信息的区域封锁和部门分割，及时全量归集各类政务信用信息，打破各地区、各部门（系统）、各行业（领域）条块分割、信息封锁局面，打通"信息孤岛"，深入推进政务领域公共信用信息共享交换和规范应用。

（二）全面加强商务诚信建设

商务诚信是企业之间、企业与消费者之间和谐关系的体现，提高商务诚信水平是社会诚信建设的重点，是完善市场经济体制的重要基础，是商务关系有效维护、商务运行成本有效降低、营商环境有效改善的基本条件，是各类商务主体可持续发展的生存之本，也是各类经济活动健康、顺畅、高效开展的基本保障。要围绕生产、流通、金融、税务、价格、工程建设、招标投标、交通运输、电子商务、统计、会展广告、中介服务等重点领域，深入推进商务诚信建设。具体来说，从以下八个方面重点突破：

一是建立健全企业诚信制度。建立重点领域市场主体信用档案，实施信用分类管理，加大市场监管力度，坚决查处破坏市场经济秩序的违法犯罪行为，营造诚信市场环境。引导企业增强社会责任感和风险管理意识，提高合同履约率，在生产经营、财务管理和劳动用工管理等环节强化信用自律，自觉抵制失信行为。

二是加强生产领域诚信建设。以食品、药品、日用消费品、农产品和农业投入品为重点，加强各类生产经营主体生产和加工环节的信用管理，建立安全生产信用公告制度，完善安全生产承诺和安全生产不良信用记录及安全生产失信行为惩戒制度。完善企业质量诚信体系，建立产品质量信用信息共享制度，开展生产经营单位的安全生产与质量信用评价，推行质量诚信报告、失信黑名单披露、市场禁入、退出制度和产品追溯制度。

三是加快流通领域诚信建设。完善商贸流通企业信用评价基本规则和指标体系，推进批发零售、商贸物流、住宿餐饮及居民服务行业信用建设，建立健全完善信用记录，开展流通企业信用分类管理。强化反垄断与反不正当竞争执法，加大对市场混淆行为、虚假宣传、商业欺诈、商业诋毁、商业贿赂等违法行为的查处力度，对典型案件、重大案件予以曝光，增加企业失信成本，促进诚信经营和公平竞争。

四是加快金融领域诚信建设。改善金融服务，维护消费者个人信息安全和合法权益。创新金融信用产品，解决中小企业融资难、融资贵等问题。加大对金融欺诈、恶意逃废银行债务、内幕交易、操纵市场、制售假保单、骗保骗赔、披露虚假信息、非法集资、逃套骗汇等金融失信行为的惩戒力度，使"老赖"行为得到根治，规范金融市场秩序。

五是加强工程建设领域诚信建设。制定工程建设市场各方主体和从业人员信用标准，建立科学、有效的建设领域从业人员信用评价机制，将肢解发包、转包、违法分包、拖欠工程款和农民工工资等列入失信责任追究范围，加大对工程建设领域违法失信行为的惩戒力度，及时曝光严重失信行为。

六是推进交通运输领域诚信建设。建立完善综合评价和信用分类监管机制，鼓励各单位在采购交通运输服务、招标投标、人员招聘等方面优先选择信用考核等级高的交通运输企业和从业人员，对失信企业和从业人员，加强监管和惩戒，建立跨行业信用奖惩联动机制。

七是强化电子商务领域诚信建设。进一步落实身份标识和实名登记制度，完善网络交易信用评价机制，全面落实寄递物流企业信用分类监管制度，建立健全信用记录，加强信用协同监管，严厉打击整治制假售假、传销活动、虚假广告、以次充好、服务违约等违法失信行为。打击内外勾结、伪造流量和商业信誉的行为，对失信主体实行行业限期禁入。

八是加强政府采购及招投标领域诚信建设。建立信用记录标准、评价指标及评估机制，将信用评价结果作为供应商和投标人资格审查、评标、定标和合同鉴定的重要依据。建立供应商限期禁入机制，对列入不良行为记录名单的供应商，在一定期限内禁止参加政府采购活动。加强对政府采购当事人和相关人员的信用管理，对相关当事人推行政府采购市场的准入和退出机制，强化联动惩戒。

（三）深入推进社会诚信建设

社会诚信是社会信用体系建设的基础，社会成员之间只有以诚相待、以信为本，才会形成和谐友爱的人际关系，才能促进社会文明进步，实现社会和谐稳定和长治久安。可以从以下几个方面着重推进：

一是建立健全个人诚信记录机制。依托信用平台，以食品药品、安全生产、流通服务、中介服务、会展广告、公共资源交易、教育科研、旅游经营、互联网应用及服务、消防安全、交通安全、环境保护、生物安全、产品质量、税收缴纳、医疗卫生、劳动保障、工程建设、金融服务、知识产权、司法诉讼、电子商务、志愿服务等领域为重点，以公务员、企业法定代表人及相关责任人、律师、教师、医师、执业药师、评估师、税务师、注册消防工程师、环境影响评价工程师、会计审计人员、住房城乡建设执业资格注册人员、资产评估人员、房地产中介从业人员、认证人员、科研人员、科技项目负责人、保险经纪人、保险代理人、保险公估人、金融从业人员、统计从业人员、新闻媒体从业人员、导游等职业人群为主要对象，建立和完善各地区各行业个人诚信记录。

二是规范推进个人信用信息共享使用。推动个人公共信用信息共享。严格按照本单位个人公共信用信息征集目录归集整理本地区、本部门的个人公共信用信息并推送至信用平台，健全完善省公共信用信息共享交换平台自然人公共信用信息数据库，实现个人信用信息和信用评价结果实时推送，信用修复和异议投诉处理，以及应用情况的实时监控、统计、汇总，逐步建立跨区域、跨部门、跨行业个人公共信用信息的互联、互通、互查机制。积极开展个人公共信用信息服务，依法依规及时向社会提供个人公共信用信息授权查询服务，明确各自操作管理权限，规范查询使用行为。建立个人公共信用信息授权查询和身份验证体系，向社会公众提供个人信用信息掌上查询服务。依据个人公共信用信息构建分类管理和诚信积分管理机制，支持有条件的地区将个人公共信用信息载入市民卡，打造"市民信用卡"。如南京在市民卡中链接、应用个人信用信息，凭借南京诚信市民卡，南京市民可享受乘坐公交地铁、银行信贷服务等多种优惠，南京的"诚信市民卡"惠民模式青海省一些地区可直接学习借鉴。鼓励有条件的地区和行业积极推动个人公共信用信息数据库与金融信用信息基础数据库的共享。

三是完善个人守信激励和失信惩戒机制。对信用状况良好的行政相对人、诚信道德模范、优秀志愿者，行业协会商会推荐的诚信会员，以及新闻媒体挖掘的诚信主体建立优良信用记录，在就业、创业等重点领域给予诚信个人重点支持和优先便利。各级行政审批部门在办理行政许可等过程中，对具有优良信用记录的个人和连续三年以上无不良信用记录的行政相对人，制定优先办理、简化程序、重点支持、"绿色通道"和"容缺受理"

等便利服务措施。依法依规对严重危害人民群众身体健康和生命财产安全、严重破坏市场公平竞争秩序和社会正常秩序、拒不履行法定义务严重影响司法机关和行政机关公信力，以及拒不履行国防义务等个人严重失信行为，采取联合惩戒措施。将恶意逃废债务、骗取财政资金、行贿受贿、非法集资、电信诈骗、网络欺诈、金融欺诈、交通违法、不依法诚信纳税、骗取就业创业优惠政策和社会保险基金等严重失信个人列为重点监管对象，依法依规采取行政性约束和惩戒措施。在对失信企事业单位进行联合惩戒的同时，依照法律法规和政策规定对相关责任人员采取相应的联合惩戒措施，将联合惩戒措施落实到人。

四是加强个人信用信息与信用评价结果应用。各级政府部门可率先在城市落户，职称评定，表彰评优，人事考试，干部选拔任职，特殊行业入职，担任企业法人、负责人和董事、监事、高级管理人员，以及出国旅游、乘坐高铁、飞机等高消费方面，查询和应用个人公共信用信息，做到应查必查、凡办必查。研究开发更多应用场景，并重点在商业贷款、商业保险、理财投资、网上购物、婚恋就业等场景中推广应用个人信用评价结果。

（四）加快推进司法公信建设

司法公信是社会信用体系建设的重要内容，是树立司法权威的前提，是社会公平正义的底线。因此，要重点加强以下几方面的工作：

一是健全促进司法公信的制度基础。构建开放、动态、透明、便民的阳光司法机制，保障人民群众参与司法，加强对司法活动的监督。

二是提高执行查控工作能力。加大信息化手段在执行工作中的应用，加快推进网络执行查控系统建设，实现网络化查找被执行人和控制财产的执行工作机制，进一步拓展对失信被执行人和被执行人财产的查控手段和措施。建立完善高级、中级人民法院以及有条件的基层人民法院执行指挥中心和远程执行指挥系统，实现三级法院执行指挥系统联网运行。

三是健全完善失信被执行人名单制度。严格按照法定条件和程序决定是否将被执行人纳入失信名单，确保名单信息准确规范，并加强风险提示与救济。

四是健全完善失信被执行人信用监督、警示和惩戒机制。加快推进失信被执行人信息与各类信用信息的互联共享，充分利用信用平台依法对失信被执行人在特定行业准入、融资信贷、高消费、任职资格、获得荣誉、特殊市场交易等方面采取限制措施，全方位拓展信用联合惩戒范围，迫使其主动履行法律义务。

五是依法规范强制执行行为。健全完善加强执行工作，推进执行联动、信用信息公开和共享、失信被执行人名单、加强联合惩戒等工作的制度规范。

六是执行难问题基本解决。发挥省社会信用体系建设领导小组办公室和省法院的统筹协调力度，及时跟踪掌握工作进展，积极协调解决执行难推进过程遇到的重难点问题，督促检查任务落实情况，推动建立齐抓共管、协同配合的工作机制，形成合力，实现基本解决青海省人民法院执行难的目标。

（五）着力加快城市信用建设

2018年，国家发展改革委、中国人民银行评定杭州市、南京市、厦门市、成都市、苏州市、宿迁市、惠州市、温州市、威海市、潍坊市、义乌市、荣成市等12个城市为全国首批社会信用体系建设示范城市。国家为示范城市的创建、评估工作确立了城市信用建设的目标、内容、结果等一整套工作机制，建立了具有中国特色的城市信用治理模式，形成了一系列可复制、可推广的经验做法。到2023年，全国已开展四批示范城市创建，共评定各级示范城市130个，示范城市中有省会城市、地级市和县级市，为青海省各行政级别的城市提供了学习和参照的样本。

例如，山东荣成市"政府带头、部门联动、社会参与"的信用信息应用模式：将信用信息应用到政府主导的经济社会管理和公共服务全过程中，在政府采购、工程招投标、信贷投放、出口通关等多方面使用信用信息，实施信用分类监管、信用准入、信用承诺、信用加分等信用管理机制。

江苏宿迁市的信用承诺契约化模式：探索以市场化方式解决部分社会矛盾与纠纷，在标准化农贸市场、建筑市场、餐饮、出租车管理等八个事关城市发展和民生改善的重点领域开展信用承诺契约管理。

成都市的跨区域信用联动模式：实施价格领域的跨区域信用联动，与西安、兰州等五个城市联合建立"一带一路"城市价格诚信档案及黑名单制度，还与杭州、宁波等八个城市建立"九城信用联盟"。

常熟市的"非现场执法+信用联动惩戒"大治理模式：把城市管理与信用体系结合在一起，应用"诚信分"管理，将社会法人、自然人违反城市管理行为的失信记录纳入信用管理体系，为坚持崇德向善的价值导向设置信用修复渠道，为失信人提供改正错误、重塑信用的机会，让文明行为得到光大，让不文明的现象得到遏制，占道经营、小广告等一批久治不愈的城市顽疾得到有效治理。

城市信用是一个城市的软实力，是城市发展中不可复制的竞争力。城市信用建设，已经成为我国社会信用体系建设的重要组成部分，既是诚信建设的关键环节，又是城市建设的无形资本和特殊资源，是提升城市形象、增强综合竞争力的有效方式，对于城市发展意义重大。青海省所属的西宁市、海东市、格尔木、德令哈市、玉树市等主要城市（镇）和州府所在地可结合各自经济和社会人文情况，充分利用对口援青和东西部协作机制，学习和借鉴示范城市的模式，主动作为、积极探索，勇于创新，加大城市信用建设力度。

一是加快推动信用大数据建设。围绕重点领域和重点人群，健全完善信用信息平台，加强信用信息采集归集并动杰完善诚信记录，有序推进信用数据共享共用，推进联合奖惩的广泛覆盖和有效落地。

二是加大信用服务和信用产品创新力度。充分通过市民卡、手机客户端等多种便利渠道，在交通出行、积分落户、扶贫济困、医院诊疗、图书借阅、文化休闲等公共服务中为守信主体提供便利优惠,大力推进信用惠民。

三是下力气开展失信问题专项治理。加大对失信行为的惩戒,全面带动相关领域诚信建设,推动形成让"守信者一路绿灯,失信者处处受限"的社会氛围。让更多有信用的企业在经营和融资等方面获得实惠与便利,让更多市民在生活与消费等方面能够更加安全、便利、优惠。

四是积极申报创建信用示范城市。结合各城市实际情况,建设各有特色的城市信用体系,并积极申报创建信用示范城市,力争西宁、海东等人口集中、经济活跃度高的城市信用建设能走到全国先进行列。

三、完善平台网站,夯实工作基础

信用平台网站是建设诚信青海的先导性、基础性工程,承担着互联互通的枢纽作用和应用服务的支撑作用。随着信用查询、联合奖惩、"信易+"等信用应用的普及推广和深入开展,全国信用平台网站建设已进入"以用促建"的加速推进期。青海省信用平台网站建设起步晚、基础弱,与先进省份相比具有较大差距。紧跟国家步伐,以建设诚信青海的现实需求为出发点和落脚点,学习借鉴先进地区可复制、可推广的成功经验,找准实现路径和方法,持续加强省市县三级平台网站建设,补齐短板,夯实基础,是诚信青海建设的永恒课题,需要深入研究,久久为功。

(一)完善平台网站功能

学习借鉴广东省"应用至上、以用促建"的信用平台网站建设理念和"创新信用应用场景、发挥信用价值,最大限度发挥信用平台作用"的成功经验,聚焦青海省信用应用需求,采用大数据、云计算、人工智能、区块链等新技术,持续对各级信用平台网站进行升级迭代,不断优化完善信用联合奖惩、信用查询、信用修复、信用承诺、异议申诉、信用APP、微信小程序等平台网站功能,着力构建信用应用"一触即用"、信用服务"一网通办"、联合奖惩"一键搞定"、监测分析"一图尽览"的便捷高效平台网站新模式,为青海省深入推进信易贷、信易批、信易游、信易行等"信易+"应用和"互联网+民生+信用"等信用惠民便企服务提供有力支撑。

（二）畅通归集共享渠道

浙江省是全国信用信息归集共享的示范省份，其成功经验是充分发挥全省政务信息资源大集中、大汇聚优势，将信用平台接入省政务大数据中心，实现公共信用信息的全口径及时归集共享，既省力又高效。青海省政务信息化基础薄弱，覆盖全省的政务信息资源共享平台尚未建立，不具备统一接入条件。当前和今后一段时期要充分发挥信用平台蓄水池、调节器的枢纽作用，在成功对接公安、税务、发改、法院、市场监管等委办厅局业务系统，实现信用信息自动化归集共享的基础上，要进一步加大信用平台与各级党政机关已有业务系统的融合对接，优先推进与行政服务、公共资源交易、政府采购、项目审批、住房公积金、不动产交易等与企业群众办事密切相关的业务系统的互联互通，逐步拓展信用信息自动化归集共享渠道，将有信息化系统且具备对接条件的各单位，全部接入信用平台，打破壁垒消除孤岛，实现各类信用信息的及时全量归集共享。

（三）全口径归集信用信息

信用信息归集共享难是青海省长期以来面临的突出问题，有相当一部分单位尤其是中央驻青单位、水电气等具有公共管理职能的企事业单位，误认为履职过程中产生的信用信息是本单位的资源，不愿拿出来交换共享，导致各类信用信息无法实现全口径归集共享。江苏省在破解信用信息归集共享难方面推出了成功管用的"清单管理"模式，取得了显著成效，信息归集量已突破100亿条，位列全国之首。青海省可积极学习借鉴江苏经验，根据《青海省公共信用信息条例》相关规定，持续督促各地区、各单位按照省委编办出台的"权责清单"编制本地区、本单位的信用信息共享目录和数据报送清单，汇总形成覆盖全省的"目录清单"，经省政府审定后按年度印发执行。同时，加大对"目录清单"执行情况的督查和考核力度，加大全省法人单位和其他组织、自然人的基本信息、监管信息、涉诉涉裁信息、评级评价等信用信息归集力度，重点加强行政许可和行政处罚、"红黑名单"等信用信息归集共享和公示披露，逐步实现"全覆盖、无遗漏"，逐步建设形成覆盖全部信用主体、所有信用信息类别的基础数据库和主题数据库，确保各类信用信息"应归尽归"。

（四）提升信息质量和价值

严格按照国家标准委已发布的48项社会信用重点国标和6项公共信用信息共享平台建设工程项目标准，加大对已归集到的各类信用信息的标准化治理，全面提升数据质量。以统一社会信用代码为唯一标识，将治理达标的基本信息、良好信息、不良信息等数据整合关联到同一主体名下，推动建立覆盖全省党政机关、企事业单位、社团组织及自然人尤其是公务员、律师、教师、导游、会计从业人员、医务人员、执业药师等重点职业人员信用档案，为各类信用主体精准画像、挖掘分析不同信用主体的关联关系、出具科学严谨的信用报告、开展公共信用综合评级评价等信用应用提供高质量数据支撑。在确保信息安全的前提下，有序向第三方信用服务机构开放公共信用信息，鼓励服务机构在叠加互联网等社会信息后，为信用主体提供第三方综合信用等级评价报告，并在各类经济活动中推广使用，提升信用信息价值。

（五）加强安全管理体系建设

习近平总书记在中央网络安全和信息化领导小组第一次会议上指出"没有网络安全就没有国家安全，没有信息化就没有现代化"，强调"网络安全和信息化是一体之两翼、驱动之双轮，必须统一谋划、统一部署、统一推进、统一实施。"截至目前，青海省已累计归集入库各类信用信息4.5亿多条，建设形成了覆盖全省各级党政机关、社团组织、企事业单位、个体工商户和自然人等信用主体的公共信用信息"基础数据库"，其中包含了大量的法人、自然人的户籍、身份等敏感信息，信息安全管理责任重大、任务艰巨。信息安全是一项系统性工程，青海在推进信用平台网站等建设工作的同时，已从网络安全、归集安全、存储安全、共享安全、使用安全等方面对信息安全建设进行了同规划、同部署、同实施。"三分技术，七分管理"，信息安全在加强技术防御的同时，更应加强制度体系建设。浙江、上海等省市通过信用立法明确信息安全管理的法律责任，江苏省、南京市采用"区块链"等新型技术加强信息安全体系建设。下一步，建议青海省在全面贯彻实施《青海省公共信用信息条例》的同时，尽快建立健全信用信息管理办法等相关制度，规范公共信用信息的归集、披露、使用及其管理活动，加强个人隐私、商业秘密等信息主体权益保护，加大对非法获取、窃取、提供、贩卖个人隐私和商业秘密行为的查处力度，从技术和制度两个维度进一步加强信用信息安全管理。

四、突出信用监管，加强信用应用

2018年，青海省委十三届四次全体会议，明确坚持生态保护优先，推动高质量发展，创造高品质生活，提出加快建立以信用为核心的新型监管机制。加快推进全省社会信用体系建设，实施分级分类信用监管，激发市场主体活力。2019年，国务院办公厅印发《关于加快推进社会信用体系建设构建以信用为基础的新型监管机制的指导意见》，全国各地以信用评级为突破口，逐步将信用应用向惠民便企各领域拓展，"事前管标准、事中管检查、事后管处罚、信用管终身"的新型市场监管机制正在加快形成。强化信用应用，拓展信用应用场景和服务领域，把信用监管机制应用到行政管理的事前、事中和事后的全过程，将是青海省加快构建以信用为基础的新型监管机制的不二选择和有效路径。

（一）全面建立"凡办必查"机制

信用状况查询是最简单、最有效、最普遍的一种信用应用方式，也是能让广大企业群众切身感知到"信用有价"的最佳载体。广东省以提升用户体验度为重点，开通"信用广东"APP和微信小程序，提供信用查询移动端便捷入口，采取人脸识别技术，通过实名认证或授权码安全便捷查询企业和个人信用状况。当前，青海省的"凡办必查"机制尚不完善，信用状况查询在各地区、各部门及社会各界尚未形成习惯，信用状况查询和应用的领域不广、频度不高、效果不佳，企业群众获得感不强。下一步，可积极学习借鉴先进地区成功经验，在各级行政服务大厅开设信用查询窗口，放置信用报告自助查询打印终端，开发"信用青海"APP和微信小程序，并与全省统一身份认证系统融合对接，方便企业群众安全查询和使用信用状况。同时，研究出台全省性"凡办必查"指导意见，深入贯彻执行《公共信用信息查询服务规范》地方标准，推动各级政府部门健全信用信息核查使用制度，逐步将信用信息查询使用嵌入行政管理各领域、各环节，在行政许可、政府投资、招标采购、公共资源交易、评优评先等事项办理过程中，广泛、主动查询各类主体信用状况，并将查询结果作为管理决策的重要参考依据。

（二）深入推进承诺制代替审批改革

按照国家要求，借鉴上海浦东新区先进经验做法，实施"双告知、双反馈、双跟踪"许可办理机制和"双随机、双评估、双公示"政府综合监管机制，在全省"一网通办"改革过程中建立行政审批告知和信用承诺制度，规范信用承诺标准，优化信用承诺流程，拓展信用承诺应用场景。优先在行政审批过程中开展信用承诺"容缺受理"服务，研究制定可开展容缺受理服务的非即办类审批服务事项清单，明确告知承诺的事项范围、规范办理程序，将信用承诺履行情况纳入事中事后监管范畴，确保放开准入与严格监管相结合，同时在各级部门业务办理过程中引入信用承诺、信用报告和信用审查，探索推行承诺代替审批改革，真正实现审批更简、监管更强、服务更优，切实优化行政审批流程和营商环境。

（三）科学开展公共信用综合评价

科学严谨、准确全面地开展公共信用综合评价是深入推进各类信用应用和服务的前提，只有准确研判各类主体信用状况、客观公正做出信用等级评价，才能在事前政务服务、事中事后分类监管过程中精准施策，对信用等级高的守信主体提供"绿色通道""容缺受理"等便捷服务，对信用等级低的失信主体实施联合惩戒，并加大监管力度。浙江省率先在全国实现省内主体的全量公共信用评价，并在项目审批、债券发行申报、"标准地"改革、"双随机、一公开"检查等领域广泛应用评价结果，取得了显著成效。青海省推动各领域信用应用的首要任务，就是要尽快建立基于公共信用信息的信用评价制度，研究制定各行业（领域）信用评级评价办法，科学设置评价维度和模型，通过大数据技术全面刻画市场主体信用状况，开展公共信用综合评价和专业领域评价定级，将评价结果作为事中事后分类监管的重要参考依据。同时，要积极引导各级行政机关、司法机关、公共企事业单位在登记注册、许可审批、行业主管、行政执法等过程中广泛使用信用评级评价结果，并作为"双随机、一公开"检查等事中事后监管的参考依据，将评价结果较差或等级较低的市场主体作为重点监管对象，提高随机抽查的比例和频次，着力构建信用监管闭环。

（四）打造全省信用联合奖惩一张网

信用联合奖惩是诚信建设的核心机制，只有抓住联合奖惩这个"牛鼻子"，诚信青海建设才能活跃起来。广东省成立信用联合奖惩专责小组并出台工作方案，在不改变原有业务流程的基础上将联合奖惩系统嵌入各部门业务系统，点击鼠标一次即可完成一次联合奖惩，取得了良好的应用效果。红黑名单不认定、奖惩措施不执行、典型案例不反馈是青海省信用联合奖惩存在的主要问题。下一步，青海省应以问题为导向，积极学习先进地区经验，以联合奖惩备忘录为抓手，依法依规梳理制定信用联合奖惩措施清单，通过接口对接、IE插件、小程序等方式，将联合奖惩系统嵌入到各备忘录牵头部门和联动执行部门业务系统，力争在不改变原有业务办理流程前提下，实现核查信息自动推送、红黑名单自动匹配、奖惩措施自动嵌入、实施情况自动反馈，打造智能化全省信用联合奖惩一张网，让实施跨地区、跨部门联合奖惩简单易行。同时，加大对信用联合奖惩实施情况的督查考核力度，督促各级行政机关、具有管理公共事务职能的组织依法审慎认定红黑名单，依托各级信用平台及时共享并主动核查使用红黑名单信息，在行政审批、市场准入、资质审核、政府采购、招标投标、财政资金扶持和奖励等行政事项办理过程中，对列入"红名单"的守信主体建立"绿色通道"，优先提供便利服务，对列入"黑名单"的失信主体实施市场性、行业性、社会性约束和惩戒，营造让"守信者一路绿灯，失信者处处受限"的良好信用环境，使守信者获得便利优惠，失信者付出高昂代价，着力构建以信用为核心的新型市场监管体制。

浙江省已在多个领域建立了红黑名单管理制度，将联合奖惩与"最多跑一次"改革紧密结合，建立事前查询分类服务、事中分类监管、事后联合奖惩的全流程闭环式信用监管体系，为守信企业提供绿色通道、容缺受理等便利服务。江苏省在部门办件过程中可以直接查询企业的信用状况，对有黑名单的可以直接进行联合奖惩响应，并自动对应具体惩戒措施。义乌推出的信用承诺制审批机制，按照"你承诺，我先批，事后审，失信惩"的工作思路，对信用优良的企业和个人通过书面信用承诺替代部分审批材料，实施"容缺受理"，先行发放证照，既简化了审批流程，又能将违背承诺主体纳入"黑名单"，实施联合惩戒，从原先"事前管审批"变为"事后管信用"。

（五）拓展信用便民惠企应用场景

青海应充分学习借鉴江苏、浙江、广东等地在"信易+"应用方面取得的成功经验，结合省情实际，优先在行政审批、交通出行、融资信贷、生态环境等领域推进"信易+"应用。"信易批"：将各级信用平台接入本级行政服务大厅，建立"凡办必查"机制，将信用审查作为行政审批的必经环节和重要参考依据，全面实施守信联合激励和失信联合奖惩，开展承诺代替审批试点，在政务中心开设信用服务窗口，提供信用授权互查、异议处理、报告预约等服务，构建以信用为核心的便捷行政审批机制，助力全省"放管服"改革。"信易贷"：加强信用平台与财政、税务等部门及银监、银行、融资担保等金融机构信息系统对接，充分发挥公共信用、纳税信用、融资信用等信息共享的叠加效应，解决信息不对称问题，打消金融机构顾虑，为符合条件的市场主体尤其是民营企业、小微企业提供融资贷款，缓解融资难融资贵问题。"信易行"：探索在公共交通、出租车、网络打车等服务领域，为信用良好的个人提供出行优惠活动，让每一位社会公众参与其中，切身感受信用的价值。信用+生态：结合青海省生态立省战略部署，加大生态环境领域信用档案建设、查询及信用评价结果应用，对环境信用不良的企业在信贷、环保核查、评奖评优、政府采购、相关手续办理等方面予以制约；对环境信用良好的企业提供优先安排使用排污费专项资金、政府采购招投标加分等激励措施。

当然，青海省在稳步推进重点行业领域"信易+"应用的同时，要始终坚持"民生+信用"的监管理念，从解决人民群众最关心最直接最现实的利益问题入手，拓展信用惠民利企应用场景，营造民生领域优良信用环境，提升人民群众的获得感、安全感和幸福感。实施"医疗健康+信用"，建立医疗机构及医务人员信用档案，从严处罚无证行医、非法买卖、泄露信息和制贩假药行为。"教育+信用"，坚决治理在职教师开办课外培训班及校外培训机构存在的无证无照、超纲教学、挂钩入学等突出问题；"养老服务+信用"，开展养老服务信用综合评价，坚决治理欺老虐老等侵害老年人权益的突出问题。"劳动用工+信用"，将拖欠农民工工资的单位纳入"黑名单"，实施联合惩戒，打击各类黑中介、黑用工等违法行为。"房地产+信用"，对房地产开发经营活动中存在严重失信行为的机构及人员建立"黑名单"，并实施联合惩戒。"家政服务+信用"，通过信用惩戒机制督促家政服务人员提升业务素质和服务质量。"食品餐饮+信用"，及时查处百姓反映强烈的食品安全问题，对严重违法失信"黑名单"主体实施行业禁入等联合惩戒措施。

五、培育服务市场，健全信用体系

（一）积极培育信用服务市场

研究制定相关政策，吸引国内外知名信用服务机构落户青海，带动省内信用服务机构发展，培养信用服务专业人才，培育青海信用产业和服务市场，推动建立政府提供基本公共信用服务与服务机构提供市场增值信用服务双轮驱动的信用发展模式。引入信用服务机构参与青海信用建设和监管，在确保信用信息安全的前提下，依法依规向信用服务机构有序开放信用数据，支持认定服务机构参与信用大数据开发、实施信用联合奖惩、提供信用惠民便企服务、出具信用报告、开展课题研究及提供信用修复辅导等服务，鼓励政府部门通过购买和使用第三方信用服务的方式，拓宽信用产品销售渠道。制定出台全省信用服务机构管理办法，建立信用服务机构准入退出机制。建立信用报告规范性审查工作机制，以规范信用服务机构业务行为。成立信用协会，加强对信用服务机构的行业自律管理，提升行业服务能力和公信力，为信用档案建设、备案、资质准入提供信用信息查询和核查服务。积极营造良好政策环境和氛围，开拓信用领域，培育信用生态，满足社会应用和行政应用需求。

（二）提升全社会诚信理念

人是万物之灵，也是道德之灵。经济学家亚当·斯密说："没有公正就没有市场经济。如果追求金钱名利超出对智慧和道德的追求，整个社会便会产生道德情操的堕落，结果是公正性原则被践踏，市场经济趋于混乱。"市场经济是"契约"经济，践约需要健全的社会信用制度作保障。马克思说："竞争和信用是资本集中的两个最有力的杠杆。"商海无涯"信"作舟，市场不仅表现为实际的买卖场所，更有一套法律规则和道德伦理体系，诚信是优化经济环境的最大要素，青海要下大力气用诚信夯实市场秩序的道德基石，完善社会信用体系，让良好信用成为个人第二张身份证。

（三）加强诚信社会组织建设

针对社会组织发展过程中出现的诚信意识淡薄、服务行为不规范等突出问题，要精准施策、靶向发力，持续加强诚信建设，推动全社会组织不断健全体制机制、完善内部管理、规范服务行为。由此可见，强化社会组织诚信建设是建设"诚信青海"的重要组成内容，因此，青海应当深入开展社会组织自律与诚信创建活动，开展形式多样、内容丰富的宣传教育培训，增强组织成员的诚信观念；积极开展社会组织诚信建设突出问题专项整治活动，建立第三方评估机制，加大督导检查力度，健全诚信自律规约，推进信息公开，提升社会组织诚信建设水平。进一步持续加强外部监管，要求社会组织公开年检、财务收支、重要业务活动等信息，及时向社会公开，接受社会监督；同时，加强机制建设，将社会组织遵纪守法情况纳入诚信建设管理体系，对于诚信社会组织，在年检、评估、税收优惠、购买服务等事项中，实行优先办理、简化程序等激励政策。对于失信社会组织，采取限制参与政府购买服务项目、取消财政补助和税收减免资格、降低评估等级等措施，加大惩戒力度。

六、加强宣传教育，营造诚信氛围

（一）弘扬诚信文化

建议青海汲取中华优秀传统文化的思想精华和道德精髓，结合传承弘扬河湟文化精神，加强对信用文化的研究，阐发蕴含其中的讲诚信、重承诺的宝贵品格和时代价值，提炼青海信用精神，培育青海特色信用文化，大力倡导诚信道德规范，弘扬中华民族积极向善、诚实守信的传统文化和现代市场经济的契约精神，构建适应社会主义市场经济发展的诚信文化。结合文明城市创建工作，把诚信教育融入社会公德、职业道德、家庭美德、个人品德教育各方面，贯穿于公民道德建设和精神文明创建全过程。让诚信进企业、农村、机关、社区、校园、军营。开展企业主体诚信教育活动，引导企业转变经营理念，提高自律意识，自觉抵制失信行为，诚信守法经营。强化学校诚信教育，教育部门应把诚信贯穿基础教育、高等教育、职业技术教育、成人教育各领域，落实到教育教学和管理服务各环节，强化契约精神教育、专题法治教育，把诚信嵌入到成人礼、毕业典礼等仪式中，切实加强师德建设，强化诚信执教、为人师表理念，以人格魅力为学生展示"行为示范"。依法依规严肃惩戒学术造假、论文抄袭、考试作弊等失信行为，引导师生以诚立身、诚信做人。充分运用道德讲堂、论坛讲座、展览展示和社区市民学校、公益性文化单位、文化服务中心等阵地，宣传和培育诚信文化。创作弘扬诚信的影视剧、小说和戏曲等文艺作品，做好展演展示，用文化传播和滋养诚信价值理念。

（二）树立先进典型

建议青海充分发挥电视、广播、报纸、网络、手机短信等媒体在公益性诚信宣传活动中的作用，结合道德模范评选和各行业诚信创建活动，树立社会诚信典范，使社会成员学有榜样、赶有目标，使诚实守信成为全社会的自觉追求。大力发掘、宣传诚信人物、诚信企业、诚信群体，发挥先进典型的示范作用，引导全社会见贤思齐。发挥政府的表率作用，加强诚信政府建设，树立诚信政府形象，提高信用体系建设的影响力。深入开展诚信企业创建活动，每年评选一批"诚信企业"，激发诚实劳动、诚信经营的榜样力量。以"信义担当"为主题，开展争创诚信公民活动，挖掘诚信品质。

（三）全面加强宣传教育

建议青海从思想认识的源头上抓起，加强全民诚信意识的教育，狠抓个人信用建设。对社会公民进行社会道德教育，使每一个人都认识到不讲信用可耻，其社会地位将会随着每一次失信行为而降低。重新树立起"一诺千金""诚信为本""有借有还，再借不难"等良好信用意识和观念。对企业要进行经营法规的学习，使企业认识到良好的信用是企业的优质资源，是一笔庞大的无形资产，可以在企业经营出现困难时帮助企业渡过难关，赢得资金，赢得市场，赢得生存。法治与德治并举，在全社会树立起诚实信用的理念，建立起健康有序的经济和社会生活规范。贵州省每年印发8000余册《诚信贵州》刊物，组织上百次诚信宣传活动，开展"诚信座右铭"征集评选活动，创作并赠送《诚信贵州之歌》光盘1万余张。四川省开展以诚信为主题的书画比赛、知识竞赛、专题讲座、文艺汇演等，通过诚信文化宣传，强化人民群众的诚信意识，营造了良好的诚信社会氛围。深圳宝安区深入开展诚信主题活动，抓住"3·15"消费者权益日、"安全生产月"、"诚信兴商宣传月"、"6·14"信用记录关爱日、"12·4"全国法制宣传日、"依法诚信纳税"、"守合同重信用""诚信建设万里行"等主题活动和元旦、春节、"五一"、"十一"等重要时间节点，突出诚信主题，采取丰富多彩的形式，大力宣传诚信经营理念，倡导诚信价值观，在全社会形成强大的舆论攻势，形成宣传声势，营造良好的诚信建设氛围。

七、健全组织体系，提供有力保障

（一）强化组织领导

建议青海从全局和战略高度深刻认识建设诚信青海的重大意义，将社会信用体系建设纳入国民经济和社会发展规划，把党的领导贯穿于诚信青海建设的全过程中。认真落实党中央、国务院及省委省政府的各项决策部署，健全党委统一领导、政府负责、职能部门统筹协调的工作推进机制。建立议事协调机制，统筹推进社会信用体系建设工作；社会信用管理部门负责社会信用工作的综合协调和监督管理，组织拟订各项政策措施并负责协调实施；政府其他部门在职权范围内协调做好社会信用工作；省级信用中心负责全省范围内公共信用信息服务平台的建设、运行和维护，研究公共信用信息标准规范，归集公共信用信息，提供公共信用信息查询、异议处理、监测预警、统计分析等服务，探索平台在促进全省社会信用体系建设、加快政府职能转变和监管方式创新、助力经济转型升级、改善市场信用环境、提升社会治理和公共服务水平等方面的政府应用和市场应用。

（二）健全体制机制

建议青海建立健全各级信用专职管理机构，专职承担社会信用体系建设领导小组办公室的职责，负责拟定社会信用体系建设规划、法规、政策，指导协调部门和地区信用工作，研究解决相关问题，统筹推进全省社会信用体系建设工作。加强省公共信用信息中心人员队伍建设，强化信用平台网站的建设和运维保障，持续做好信用信息的归集共享、标准化治理和安全管理，面向市场主体和自然人提供基本公共信用服务，开展公共信用评价和信用状况查询，受理转办异议申诉，协调开展信用修复，监测预警各地区城市信用状况和营商环境。同步加强各地区、各部门信用工作机构建设，理顺工作体制机制，配齐配强人员队伍，着力推动并抓好各项工作任务落实。

（三）加大政策支持

建议青海加快制定推广使用信用产品和服务的扶持政策措施，鼓励信用信息应用和信用产品开发创新，并在数据库建设、服务收费等方面给予支持。根据社会信用体系建设需要，将应由政府负担的经费纳入财政预算予以保障，对信用信息系统建设、信用标准体系建设等重点领域的资金需求优先安排。鼓励和引导民间资本、社会法人资本、风险投资资本等社会资金投向信用服务市场。

（四）培养专业人才

建议青海鼓励支持省内重点高校设置信用管理专业、开设相关课程或与信用服务机构合作建立学生实训基地。建立健全信用管理职业培训与专业考评制度，加快信用管理师、信用分析师等专业人才培养，组织开展信用管理人员、信用从业人员的继续教育和业务交流培训。建立完善信用专家和专业人才信息库，积极引进国内外高层次信用理论研究专家和信用经营管理高级人才，强化社会信用体系建设的智力支撑。

第四章 信用数据要素×青海实践路径

青海省始终坚持把社会信用体系建设作为一项战略性基础工程来抓，通过信用立法、建设平台网站、编制目录清单、归集共享信息、建立基础数据库等方式，推动信用数据成为记录主体信用状况、实施信用监管、提升信用服务的关键要素，创新多样化应用场景，探索数据要素价值释放路径，促进"诚信青海"在重点领域和关键环节取得积极进展，打造形成了一批信用数据要素青海实践的典型案例，引领带动信用数据要素在优化完善营商环境、赋能全省经济社会高质量发展方面发挥了重要作用。

第一节 探索路径及主要成效

近年来，青海省深入贯彻落实党中央、国务院有关信用工作的各项决策部署，锚定弘扬诚信文化，健全诚信建设长效机制，完善社会信用等市场经济基础制度的目标任务，聚焦信用数据价值挖掘、信用惠民便企服务、释放信用数据要素潜能等具体任务，补齐短板弱项，凝心聚力推动全省社会信用体系建设工作取得了阶段性成效，基本实现与全国社会信用体系建设工作"一盘棋"同步推进的目标，部分工作走在了全国前列，得到国家的肯定和表扬。

一、依法依规推进全省社会信用体系建设

2021年，青海省颁布施行《青海省公共信用信息条例》，是全国第3家出台公共信用信息条例、第11家实现地方信用立法的省份。《条例》对信用信息的归集共享及守信激励和失信惩戒、信息安全和权益保障、法律责任等作出了明确规定，为"诚信青海"建设提供了法律保障。

（一）立法先行

颁布实施《青海省公共信用信息条例》，明确规定了公共信用信息归集、开放、使用等必须遵守的规则，依法依规推进公共信用信息开发利用，激发信用数据要素潜能。

（二）顶层规划

以省委、省政府名义出台《青海省社会信用体系建设规划（2014—2020年）》《关于推进社会信用体系建设高质量发展促进形成新发展格局的实施方案》等系列配套政策措施，建立健全信用工作长效机制，不断培育信用数据要素新动能。

（三）突出重点

以政务诚信、商务诚信、社会诚信和司法公信等重点领域建设为引领，逐步将信用元素融入经济社会发展大局，依法依规查询使用主体信用状况，实施联合激励惩戒，开展分级分类信用监管，释放信用数据要素价值。

二、搭建平台网站夯实信用数据归集共享基础

青海省严格按照国家统一标准规范，采取省级大集中建设模式，一体化实施了1个省级、8个市州、45个区县的信用平台和网站群，构建了以全国信用信息共享平台（青海）为"总枢纽"、"信用中国（青海）"网站为"总窗口"、各地位平台网站为节点的信用数据采集公示网络体系，打造形成了上联国家、横通部门、下接地区的信用服务"一网通"。"信用青海"平台网站、微信公众号分别荣获"全国信用信息共享平台和信用门户网站一体化建设特色平台网站"和"走好网上群众路线百个成绩突出账号"荣誉称号，"诚信青海"的社会关注度、影响力大幅提升。

一是建设省市县"三级一体化"信用平台网站群，形成"信用平台""数据中台""信用网站"三位一体工作闭环，为信用数据依法归集共享、清洗入库、公开公示、授权查询、科学运用等奠定了扎实基础。

二是按年度修订印发《信用信息归集共享目录清单》，实现信用信息目录化、清单化、标准化管理，强化了数据要素的完整性、及时性和准确性。据此广泛汇集融合工商、税务、医疗、社保、科技、环保、水电气等公共信用数据，建立健全信用基础数据库。

三是"信用青海"平台网站群催生数据集聚效应。截至2023年底，平台标准化治理入库信用数据资产4.5亿条，网站访问量达5.77亿次，微信公众号关注量超570万人，信用数据要素规模优势日益凸显。

三、信用数据要素融入政务服务监管全流程

青海省广泛开展"信易批"，在各级政务服务大厅开通信用绿色通道，按照信用综合评价结果，向企业群众提供容缺受理、容缺预审、"容缺＋承诺制"等差异化政务服务。同时，积极引导各市州、区县结合地区实际，开发利用信用数据，拓展信用应用场景，实施分级分类信用监管，不断优化营商环境，推动信用便民惠企服务向基层延伸。黄南藏族自治州探索无感式信易批机制，开展"信用+行政审批"，成功入选2023年全国"信易+"应用典型案例；海西蒙古族藏族自治州探索"信用承诺优化审批服务"，被纳入全国"信用承诺特色案例"。

一是事前审批融入信用承诺。已在住房建设、社会保障、考试考核、中介服务劳动用工、市场监管、社会组织等20多个行业领域实行了证明事项和涉企经营许可告知承诺制，各级政务服务大厅全面推行以承诺制代替审批制、"容缺+承诺制"等审批改革，信用数据要素让便民服务更高效。

二是事中监管融入信用评价。科学设置信用综合评价指标体系，以国家信用评价结果为基准，整合行业领域信用评价等级，对全省市场主体动态开展信用综合评价，在"双随机、一公开"等过程中实施分级分类信用监管，充分发挥信用数据要素价值，让监管更精准、更高效。

三是事后奖惩融入信用查询。探索建立"凡办必查"工作机制，在政务服务大厅、社保服务大厅、市民中心开设"信用综合服务窗口"，为全省法人单位和社会公众提供信用状况查询、信用修复、异议申诉等"一站式"

信用服务。编制失信惩戒措施清单，嵌入重点行业领域业务系统，智能匹配查询主体信用状况，机制化开展信用联合奖惩，信用数据要素让守信者"一路绿灯"、失信者"寸步难行"。

四、信用数据要素为实体经济发展注入新动能

中小微企业融资难融资贵是世界性难题，青海省聚焦这一难题，打造"青信融"平台，以信用数据要素破解企业融资困局，助力企业发展，探索开创了"信用+科技+金融"的"青海模式"。"青信融"平台以全国信用信息共享平台(青海)为底座，建立涉企金融主题数据库，作为全省向金融机构提供公共信用信息服务的"唯一出口"，在信用数据要素促进实体经济发展方面发挥了重要作用。"青信融"平台先后荣获第二届青海省改革创新奖和"全国中小企业融资综合信用服务特色平台"称号，并被国务院列入全国30个优化营商环境典型案例名单通报表扬。

一是信用融资赋能小微企业。充分发挥金融科技和信用数据要素的驱动作用，推动建设青海省小微企业信用融资服务中心平台（简称"青信融"），建立涉企金融主题数据库，实现公共信用数据和金融信用数据、商业信用数据的共享共用和高效流通，多维度动态生成360信用报告，以"数"增"信"纾解小微企业融资难题，激发市场主体活力。截至2024年6月底，平台已为2.1万余户企业投放信用贷款超241亿元。

二是"春风行动"为企业排忧解难促发展。紧紧围绕全省经济社会发展大局，积极推动"信用健康码"系统成功转型为"春风行动"平台，以信用数据为关键要素，建立起问题收集解决、跟踪反馈、督办销号闭环工作，推进各类助企政策直达直享，优化改善营商环境，提振企业发展信心。截至2024年上半年，平台归集企业法人信息12914家，助企联络员10262人、管理员3905人，梳理上报企业疑难问题5141条，办结率达98%。

三是实施信用救济保障主体权益。全面落实国家"高效办成一件事"安排部署，会同相关行业主管部门建立"信用修复协同联动机制"，在"信用青海"网站开设服务专栏，及时公布信用修复指南、流程指引，一次性告知修复材料，将信用修复异议时限由5个工作日压缩至2个，设置专人全程督办落实，线上线下扎实高效办好信用修复"一件事"，最大限度实施信用救济，保障信用主体合法权益。

第二节 实践案例一：信用数据要素×新型监管

信用监管是确保政务服务工作规范、高效、透明运行的重要手段。将信用数据要素贯穿政务服务监管全过程，发挥政务诚信在社会信用体系中的引领作用，有利于提升政务服务质效，营造风清气正的社会风气，是增强政府公信力的有效举措，更是构建和谐社会推动经济可持续发展的关键因素。

近年来，青海省持续发挥政务诚信对其他领域诚信建设的示范和导向作用，积极探索政务服务领域信用体系建设，将政务诚信建设贯穿政务服务和行政监管的全流程，构建以信用为基础的新型监管机制，事前开展信用承诺，事中分级分类监管，事后实施联合奖惩，多渠道、多方式开展信用便民惠企服务，不断释放信用数据要素潜能，全面提升行政效率和服务效能。

一、事前开展信用承诺

建立健全信用承诺制度是中国特色社会信用体系建设的现实需要，是信用主体自律和自我约束的积极信用建设方式，是成本最低、效果最好的信用创新举措。国务院办公厅《关于加快推进社会信用体系建设构建以信用为基础的新型监管机制的指导意见》（国办发〔2019〕35号）指出，要以加强信用监管为着力点，创新监管理念、监管制度和监管方式，建立健全贯穿市场主体全生命周期，衔接事前、事中、事后全监管环节的新型监管机制，不断提升监管能力和水平，进一步规范市场秩序，优化营商环境，推动高质量发展。

（一）信用承诺的概念及定义

"得黄金百斤，不如得季布一诺"。诚信文化源远流长，西汉时期的司马迁曾在《史记》中记录了一个名叫季布的人讲诚信的故事，进而引申出成语"一诺千金"。人无信不立，一个人可以没有聪明才智，但不可以没有诚信的品格；一个人可以没有卓越的成就，但不可以有损害诚信的行为。诚信是人格的基础和精髓，是立身之本，是事业之根。

在现代社会，信用是个人或组织参与社会经济活动的重要资本。一个人的信用记录，一个企业的信用状况，都是其社会信誉的体现。信用承诺则是在此基础上，为了增强信任、降低交易成本、促进合作而产生的一种自律行为规范，是个人或组织在经济、社会交往中对履行一定义务或达到特定标准的行为所做出的保证，是信用体系中的一个重要概念，体现了承诺方的信用水平和履行承诺的意愿。当然，信用承诺也可以定义为个人或组织在与他人或组织进行交易、合作时，对其行为的诚信度、履约能力及未来行为的预期所作出的声明。这种承诺通常伴随着一定的法律责任和道德约束，确保承诺的严肃性和执行力。

由此可见，信用承诺是指承诺人以规范格式向特定主体（行政部门社会公众、特定市场主体行业协会）作出同意履行特定行为的意思表示，是构建以信用为基础的新型市场监管机制的重要内容，是创新社会治理方式、加强事中事后监管的重要举措，是推动市场主体自我约束、诚信经营的重要手段，是深化"放管服"改革、优化营商环境的内在要求。

信用承诺根据实际应用场景可分为审批替代、容缺受理、证明事项、信用修复、行业自律和主动承诺等类型。

（二）信用承诺的类型

人们在实际应用中，通常按照承诺主体将信用承诺分为个人信用承诺、企业信用承诺、政府信用承诺三大类型。个人信用承诺主要包括个人在金融贷款、就业、租赁等方面对个人信用状况的承诺；企业信用承诺主要包括企业在合同签订、产品交付、服务质量等方面对企业信用状况的承诺；政府信用承诺主要包括政府在政策执行、公共服务、资金使用等方面对政府信用状况的承诺。

1.信用承诺分类。目前，青海省事前开展信用承诺主要针对向各级行政机关提出行政事项申请的各类市场主体，包括法人及其法定代表人、个体工商户、其他各类组织和自然人。结合具体行政服务事项，人们通常将信用承诺分为审批替代、容缺受理、证明事项、信用修复、行业自律和主动承诺等类型。

a.审批替代信用承诺：是由各级行政审批机关根据各自权限，研究制定告知承诺书格式文本，在公民、法人和其他组织提出行政审批申请时，行政审批机关一次性告知其审批条件和需要提交的材料、监管规则和违反承诺后果，申请人按告知承诺书格式以书面形式承诺其符合审批条件，由行政审批机关作出行政审批决定。

b.容缺受理信用承诺：是市场主体在申请办理行政审批事项时，主要申报材料齐全且符合法定要求，但次要申报材料欠缺时，主管部门当场一次性告知需补正的材料、时限和超期处理办法，申请人作出相应承诺后，按照正常流程办理。在承诺期限内，申请人补正补齐所欠缺材料后，予以办结。

c.证明事项告知信用承诺：是指行政机关在办理有关许可登记等事项时，以书面形式（含电子文本）将法律法规规定的证明义务、证明内容以及不实承诺的法律责任一次性告知申请人（涉及国家安全等不宜公开证明事项除外），申请人书面进行承诺，已经符合告知条件、标准和要求并愿意承担不实承诺的法律责任，行政机关不再向其索要有关证明，并依据书面承诺（含电子文本）予以办理。按照最大限度利民便民原则，在户籍管理、市场主体准营、资格考试、社会保险、社会救助、健康体检、法律服务等方面，率先推行。

d.信用修复信用承诺：是各级行业主管部门在开展信用修复工作时，应要求失信主体承诺一定时间内不再产生新的失信行为，违反信用承诺的，将在一定时间内不被给予信用修复的机会。修复型信用承诺模板按全国统一标准执行。

e.行业自律信用承诺：是由各重点行业领域根据行业特点，统一制定行业自律承诺格式文本，组织行业从业人员作出承诺，加强行业自律，严守职业道德，并报送至省信用平台。

f.主动信用承诺：是引导市场主体在"信用青海"网站主动作出综合信用承诺、产品服务质量、招投标、业绩公示等专项承诺，公开声明产品服务标准、质量、践诺履约等，接受社会各界监督。

2.信用承诺书类型。青海省根据国家要求，结合省情实际，研究推出行政类信用承诺书、市场类信用承诺书、行业类信用承诺书三个类型的信用承诺书。

a.行政类信用承诺书是指社会主体向行政机关提交的规定格式的信用承诺书。分为审批替代型、容缺受理型、信用修复型。

b.市场类信用承诺书是指市场主体向社会公众或特定市场主体出具的信用承诺书。

c.行业类信用承诺书是指从加强行业自律角度，行业监管部门和行业协会商会组织行业内市场主体作出的信用承诺。

3.信用承诺书内容。根据承诺书类别及承诺事项编制标准格式，承诺书主要由四部分内容组成。

a.承诺人基本信息：主要包括社会主体（企业法人及非法人组织、个体工商户、自然人）名称、证件类型、证件号码。

b.承诺事由：即进行信用承诺的原因。

c.信用承诺内容：主要包括严格遵守国家法律、法规和规章，全面履行应尽的责任和义务；自身能够满足办理该事项的条件标准和技术要求；对于尚未提供的材料，能够在规定期限内予以提供，并符合法定形式和标准；提供的所有资料均合法、真实、有效，无任何伪造、修改、虚假成分，并对所提供资料的真实性负责，严格依法开展生产经营活动，主动接受行业监管，自愿接受依法开展的日常检查等。

d.承诺人签章：由法人及非法人组织签署机构名称，及法定代表人（负责人）或授权人名称；个体工商户签署机构名称及经营者姓名；自然人签署本人姓名。

示例：

失信行为纠正后的信用信息修复承诺书

"信用中国"网站：

我单位（单位全称：＿＿＿＿＿＿，统一社会信用代码：＿＿＿＿＿＿，法定代表人姓名：＿＿＿＿＿＿）被＿＿＿＿＿＿（行政决定机关名称）处以行政处罚，决定书文号：＿＿＿＿＿＿＿＿，现申请提前终止公示行政处罚信息，我单位郑重承诺如下：

一、已纠正失信行为，并按照行政处罚决定机关规定和行政处罚决定书要求，履行处罚决定书项下相关义务；

二、所提供资料均合法、真实和有效；

三、严格遵守国家法律、法规、规章和政策规定，依法守信从事生产经营活动，自觉接受政府、行业组织、社会公众、新闻舆论的监督，积极履行社会责任；

四、若违背上述承诺内容，自愿接受有关违背承诺情况通报和公示，并承担相应责任；

五、同意将本承诺和践诺信息作为我单位信用记录，由"信用中国"网归集并合规应用。

单位名称：　　　　　（盖章）
年　月　日

（三）全面实施事前信用承诺

以信用为基础的新型监管机制，是贯穿事前、事中、事后全生命周期的监管机制。事前监管环节，重点要通过建立信用承诺制度，全面推广实施信用承诺，提高市场主体依法诚信经营意识，加快以信用承诺为前提的许可事项办理进度，发挥信用要素价值，提升行政服务效率和公众满意度。

1.国家层面的决策部署。国务院办公厅《关于加快推进社会信用体系建设构建以信用为基础的新型监管机制的指导意见》提出，要建立健全信用承诺制度。明确指出，要在办理适用信用承诺制的行政许可事项时，申请人承诺符合审批条件并提交有关材料的，应予即时办理。申请人信用状况较好、部分申报材料不齐备但书面承诺在规定期限内提供的，应先行受理，加快办理进度。书面承诺履约情况记入信用记录，作为事中、事后监管的重要依据，对不履约的申请人，视情节实施惩戒。要加快梳理可开展信用承诺的行政许可事项，制定格式规范的信用承诺书，并依托各级信用门户网站向社会公开。鼓励市场主体主动向社会作出信用承诺。支持行业协会商会建立健全行业内信用承诺制度，加强行业自律。

2.地方层面的贯彻落实。青海省对标对表国家《指导意见》，制定出台了《关于加快推进社会信用体系建设构建以信用为基础的新型监管机制三年行动方案》《关于投资项目"容缺+承诺制"审批改革试点的指导意见》《青海省全面推行证明事项告知承诺制工作实施方案》等政策文件，按照依法依规、互联共享、改革创新、协同共治的基本原则，明确工作目标，制定具体任务，以信用数据要素为抓手，建立告知承诺制证明事项和涉企审批事项目录清单，在多个行业领域深入开展"容缺受理""容缺审批""告知承诺"，加强事前环节信用监管。

此外，《青海省公共信用信息条例》多项条款对信用承诺也作出了明确规定，例如，第十四条规定：将在行政管理和公共服务中作出信用承诺的信息，纳入公共信用信息目录的其他信息中；第十五条提出：鼓励信息主体以声明、自主申报、信用承诺等形式，向公共信用信息工作机构提供公共信用信息，信息主体应当对信息的真实性、准确性、完整性负责。

3.具体举措和取得的成效。青海省在省市县三级政务服务大厅全面推行以承诺制代替审批制、"容缺+承诺制"等审批改革，通过编制信用承诺服务事项清单、加强政务服务领域信用承诺、拓展信用承诺应用领域、建立信用承诺问效制度等举措，切实减少了证明事项材料，大大压缩相关项目办理时间，提升了行政事务办理时效，信用数据要素让便民惠企服务更高效。

a.编制信用承诺服务事项清单。青海省根据权责清单，梳理可开展信用承诺的行政许可事项清单，明确适用范围和使用规则，分行业领域制定格式规范的信用承诺书，通过各级政府门户网站和信用网站向社会公开，在办理适用信用承诺制的行政许可事项时，提供审批替代型信用承诺服务，广泛开展事前信用承诺。

b.加强政务服务领域信用承诺。青海省在省市县三级政务服务大厅开通信用绿色通道，对信用良好的企业群众，在政务服务过程中，按照已梳理的事项清单，分类提供容缺受理型，容缺预审型、告知承诺型等差别化服务。

c.拓展信用承诺应用领域。青海省在各级信用网站开通信用承诺专栏，支持行业主管部门、协会商会建立健全行业内信用承诺制度，鼓励各类市场主体主动在线承诺，逐步推动自主自愿型、信用修复型和行业自律型信用承诺实现全覆盖。重点在消费领域引导企业主动作出"保质量、保物价、保供应"信用承诺，加强企业自律，承担社会责任，做诚信守法企业，回应消费者的关切。

d.建立信用承诺问效制度。青海省要求行业主管、市场监管部门及时将各类市场主体的信用承诺书及践诺情况纳入信用记录，推送到各级信用平台，关联到相关主体名下，依法依规公开并接受社会监督，对违背承诺、搞虚假承诺甚至坑蒙拐骗的，视情节严重程度实施相应惩戒，确保放得开、管得住。

实践证明，在事前监管环节，青海省通过推进承诺制代替审批制、"容缺+承诺制"审批改革等举措，使得信用要素在创新审批方式、提升审批效率、优化营商环境、深化"放管服"改革等方面发挥了积极作用。截至2023年底，青海省已在住房建设、社会保障、考试考核、中介服务、劳动用工、市场监管、社会组织等20余个行业领域，广泛实行证明事项和涉企经营许可告知承诺制。

二、事中分级分类监管

加强信用监管是提升现代化治理能力和治理水平的重要手段，是完善社会主义市场经济体制的关键一环，是"放管服"改革的重要举措，是优化营商环境的重要保障。深化"放管服"改革，只有"管得好，才能放得开"。青海省按照党中央、国务院决策部署，在各部门通力合作下，在各地区积极开拓下，以信用为基础的新型监管机制加快形成，在事中监管环节，全面建立市场主体信用记录，鼓励市场主体自愿注册信用信息，开展公共信用综合评价，大力推进信用分级分类监管。

（一）信用让分级分类监管更精准

分级分类监管是指监管机构依据监管对象的业务性质、规模大小、风险水平等因素，将其分为不同的类别和等级，并针对不同类别和等级的监管对象实施差异化的监管策略和措施，通过分级分类监管可提高监管效率和效果。

让守信者"降成本、减压力"，让失信者"付代价、增压力"是施行信用监管的根本目的。随着经济的发展和社会的进步，监管对象日益多样化和复杂化，传统的"一刀切"监管模式已难以满足实际需要。分级分类监管作为一种更加精细化、个性化的监管方式，能够更好地适应不同监管对象的特点和需求，提高监管的针对性和有效性。进行科学信用评价，开展分级分类监管，实现"精准"信用监管的有效措施。

相比较而言，传统监管模式是对所有监管主体平均用力，监管成本高，市场主体压力大、受干扰多。以信用为基础的新型监管机制可根据市场主体不同信用状况，采取差异化的监管措施。比如，对信用好、风险低的市场主体，降低抽查比例和频次。对违法失信、风险高的市场主体，提高抽查比例和频次，列入重点信用监管范围，使监管力量"好钢用在刀刃上"，从而做到"让守信者降成本、减压力，让失信者付代价、增压力"，实现对守信者无事不扰，让失信者时时不安。

（二）信用让分级分类监管更规范

市场经济是信用经济，信用是市场主体安身立命之本。国家市场监督管理总局召开经营主体信用监管标准体系重要标准研制推进会时指出，推进经营主体信用监管标准化，是引导和推动经营主体高质量发展的重要保障，是建设全国统一大市场的重要抓手，是构建新型监管机制的重要支撑。要系统谋划，加强信用监管标准体系的规划设计，要把握关键积极推进信用监管重点标准研制，要务求实效不断提升信用监管标准体系建设水平。

信用评价是分级分类监管的基本依据。青海省严格贯彻执行《经营主体信用承诺实施指南》等6项信用监管国家标准，研究制定《小微企业融资信用评价规范》等地方标准，建立健全经营主体信用监管标准体系。以公共信用综合评价和行业信用评价为主要依据，合力构建信用评价模型，及时对企业做出信用评价，达到信用评价对企业全覆盖，以支撑分级分类监管。结合第三方机构和行业协会商会的评价结果，深入开展事中分级分类监管，以标准化为手段推动建立信用监管长效机制、强化信用监管规则统一，优化信用监管制度供给，巩固经营主体信用体系建设成果。

政府相关行业主管部门，以信用综合评价结果为参考，根据不同企业的不同信用状况实施差别化监管措施。例如，多部门联合开展"双随机、一公开"时，对于信用状况好、风险小的市场主体，合理降低抽查比例和频次，尽可能地减少对市场主体正常经营活动的影响；对于信用状况一般的市场主体，则执行常规的抽查比例和频次；对于存在失信行为、风险高的市场主体，则增加抽查比例和监管频次。从而达到对守法诚信的企业"无事不扰"、对违法失信的企业"利剑高悬"的分级分类监管目的。实践证明，开展事中分级分类监管，既能使守法诚信经营的企业降低被监管成本，同时也能使政府降低行政成本，有利于提高监管效能。

示例：青海省《小微企业融资信用评价规范》关键指标设计如下：

1.评价对象。评价对象为青海省行政区域内有融资需求的小微企业、个体工商户、新型农业主体等。

2.评价指标。小微企业融资信用评价指标包括基础分指标、加分指标和减分指标。

基础分指标：$Gn = \sum^{n} Gi \times Qgi \times G\max \div 100$

加分指标：$Pn = \sum^{n} Pi \times Qpi \times P\max \div 100$

减分指标：$Rn = \sum^{n} Ri \times Qri \times R\max \div 100$

3.等级划分。小微企业融资信用等级根据评价结果得分划分为12个信用等级，6个分档，等级从高到低划分为AAA、AA、A、BBB、BB、B、CCC、CC、C、DDD、DD、D。如下表：

表 4-1 信用等级

序号	分值区间	信用等级标志	信用等级（中文）
1	[900，1000]	AAA	极好
2	[800，900]	AA	优秀
3	[750，800]	A	
4	[700，750]	BBB	良好
5	[650，700]	BB	
6	[600，650]	B	一般
7	[550，600]	CCC	
8	[500，550]	CC	较差
9	[450，500]	C	
10	[400，450]	DDD	极差

（三）信用分级分类监管实践路径

青海省通过全面建立企业信用状况综合评价体系，以信用风险为锚点优化配置监管资源等一系列举措，将信用评价融入事中监管。各监管部门按照行业特点，科学设置信用评价指标、方法、标准、权重和等级，建立信用评级评价指标体系，结合国家、省信用综合评价结果，开展行业领域信用评价。并将评价结果运用在食品药品、工程建设、招标投标、安全生产、消防安全、医疗卫生、生态环保、价格、统计、财政性资金使用等重点领域，实施信用分级分类监管，提升监管的精准性和有效性。同时，以分级分类检查结果为依据，深入开展失信专项治理，着力解决群众反映强烈的重点领域诚信缺失问题。

1.编制目录清单有效归集信用信息。青海省根据国家信用信息归集共享标准和目录，结合部门权责清单，按年度编制信用信息共享目录和数据报送清单并动态更新。同时按照目录清单，及时全量向信用平台归集报送各类信用信息。

2.开展信用记录建档留痕专项行动。重点在生态环保、纳税、住建、交通、文旅等重点领域开展信用记录建档留痕专项行动，在注册登记、资质审核、信用监管、政务服务等过程中，全面记录市场主体信用行为，并将相关信息及时准确推送到信用平台，多维度建立健全信用档案，确保各类主体信用状况可查可溯。

3.整合健全信用信息记录。以统一社会信用代码为标识，通过纵向破除"数据烟囱"、横向打通"信息孤岛"，解决信用信息条块分割问题，将分散在各地区、各部门的各类信用信息归集关联到同一主体名下，整合形成完整的市场主体信用记录，通过信用平台向有关部门共享使用，通过信用网站及相关部门门户网站依法依规向社会公开。

4.畅通自主填报信用信息渠道。在信用网站开通市场主体自主填报系统，规范自愿注册流程和格式，鼓励市场主体通过网站自愿注册资质证照、市场经营、合同履约、社会公益等信用信息，并对信息的真实性公开作出信用承诺，授权信用平台网站对相关信息进行核验、整合、共享与应用。

5.引导市场主体自主填报。大力开展信用信息自愿注册政策解读与宣传推广活动，引导市场主体尤其是存在失信行为、公共信用综合评价较低、被列入重点监管对象名单的企业，以及信息少的中小微企业，主动填报信用信息，完善信用记录，开展信用修复，改善信用状况。

6.持续强化信用综合评价。建立涵盖各类市场主体的公共信用评价指标体系，积极开展全覆盖、标准化、公益性的公共信用综合评价，定期将评价结果推送至相关政府部门、金融机构、行业协会（商会）参考使用，并依照有关规定向社会公开。

7.充分运用信用评价结果。加强信用平台与相关部门执法监管、行政处罚等平台系统实现对接，及时将公共信用评价结果载入市场主体信用档案，生成信用报告并推送至相关政府部门、金融机构、行业协会（商会）参考使用。结合公共信用综合评价结果，建立行业监管部门信用评价模型，探索开展行业信用评价，为信用监管提供更精准的依据。

8.建立信用分级分类监管制度。出台行业主管、市场监管部门信用分级分类监管措施，在查询使用市场主体信用档案、信用报告基础上，以公共信用综合评价结果、行业信用评价结果等为依据，通过事前查询，按不同主体信用等级对监管对象进行分级分类监管，实施差异化监管措施，对守信者"无事不扰"，让失信者付出高昂成本。

9.积极推进信用分级分类监管。全面落实"凡办必查"机制，在开展政务服务监管过程中，主动查询运用企业信用状况，对信用较好的市场主体，降低抽查比例和频次，无事不扰；对信用一般的市场主体，进行常态化监管；对违法失信、风险较高的市场主体，按照失信行为造成后果的严重程度，适当提高抽查比例和频次，加强日常监管、限制融资和消费，限制享受优惠政策、评优表彰，依法依规实行严管和惩戒。

10.开展信用消费专项行动。结合分级分类监管，制定行动计划，以信用促进消费升级，广泛开展惠民便企信用应用。面向城市商圈、特色小镇、商业街区、乡镇社区等消费集中区域，重点在商场、酒店、餐饮、景区等公共场所，引入守信激励机制，培育"信用街区""信用商户"。挖掘推广"信用＋乡村振兴"应用场景，积极建立特色农产品溯源机制。加强与蚂蚁金服、美团、腾讯等互联网平台合作，研发移动端信用应用，以"信用健康码"推广为契合点，融入信用消费理念，升级"信用青海"移动端平台功能，拓展信用消费领域。

截至2023年底，青海省已研究建立了6大维度、19个子类、29项指标组成的信用综合评价模型，实现对全省市场主体信用综合评价的全覆盖。评价结果已在政务服务，公共资源交易、房地产建设、物业管理、卫生健康、企业环境评价等多个领域广泛应用，职能部门按不同主体信用等级对监管对象进行分级分类监管，实施差异化监管措施，对守信者无事不扰，让失信者付出高昂成本。

示例：青海省积极创建全国信用交通示范省，认真落实国家社会信用体系建设相关要求，建立完善分级分类信用监管机制，出台《关于进一步规范公路建设招标投标领域信用评价应用工作的通知》（青交函〔2024〕10号），将信用等级分为AA、A、B、C、D五个等级，按信用等级实施差异化监管，对高信用等级企业采取简化监管措施，而对低信用等级企业则加大监管力度。通过这一系列措施，不仅提升了企业信用意识、减少了违规行为，更重要的是提高了行政监管效能。实施分级分类的精细化信用监管，有助于营造更加公平、透明的营商环境，促进企业诚信经营，推动行业健康发展。

三、事后实施联合奖惩

信用联合奖惩是指多个部门或机构协同合作，针对个人或企业的信用状况，实施相应奖励或惩戒措施的一种社会信用体系机制。联合奖惩通常依托于信用信息的共享和应用，通过跨部门的信息整合和联动，形成一种综合的激励和约束机制。习近平总书记强调，要建立和完善守信联合激励和失信联合惩戒制度，加快推进社会诚信建设，充分运用信用激励和约束手段，建立跨地区、跨部门、跨领域联合激励与惩戒机制，推动信用信息公开和共享，着力解决当前危害公共利益和公共安全、人民群众反映强烈、对经济社会发展造成重大负面影响的重点领域失信问题，加大对诚实守信主体激励和对严重失信主体惩戒力度，形成褒扬诚信、惩戒失信的制度机制和社会风尚。

（一）实施联合奖惩的政策基础

党的十八大以来，党中央、国务院对社会信用体系建设作出一系列决策部署，《国务院关于印发社会信用体系建设规划纲要（2014—2020年）》，配套出台《国务院关于建立完善守信联合激励和失信联合惩戒制度加快推进社会诚信建设的指导意见》（国发〔2016〕33号）等政策文件，提出"褒扬诚信、惩戒失信"的总体要求。国家发展改革委、中央文明办、最高人民法院、工业和信息化部、公安部、财政部、生态环境部、交通运输部、商务部等部委，依据有关法律法规、规章及规范性文件，制定印发了50多部守信联合激励和失信联合惩戒合作备忘录，为依法依规实施信用联合奖惩提供政策支持。

青海省结合省情实际，制定印发了《青海省社会信用体系建设规划（2014—2020年）》《关于建立完善守信联合激励和失信联合惩戒制度加快推进社会诚信建设的实施意见》（青政〔2016〕93号）等政策文件，并在国家联合奖惩备忘录的基础上，进一步研究制定了40多部本地区守信联合激励和失信联合惩戒合作备忘录。强调，要以联合奖惩为手段，营造诚信社会环境；以联动协同为抓手，建立共同治理格局；以依法依规为前提，保护当事人合法权益；以重点领域为突破口，统筹推进信用体系建设。

《青海省公共信用信息条例》单独成章对"激励和惩戒"相关事项作出了明确规定。例如，《条例》第二十三条指：省人民政府发展改革部门应当会同信息提供主体，依照法律法规和国家有关规定，确定联合激励和惩戒事项、对象、措施和实施主体等内容，并向社会公布。未经公布的激励和惩戒措施不得实施。失信惩戒措施实行清单制管理，采取失信惩戒措施应当严格按照国家失信惩戒措施基础清单和本省失信惩戒措施补充清单执行。

同时,《条例》在第二十五条、第二十六条中,对信用状况良好的信息主体采取的激励措施和对失信信息主体可以采取的惩戒措施作出明确规定;在第二十七条中明确严重失信主体名单信息主体不良信息的列入范围;在第二十八条中对严重失信主体名单的惩戒措施进行补充。

（二）信用联合惩戒要"过罚相当"

失信代价低、惩罚轻是失信问题高发、频发、复发的重要原因。以信用为基础的新型监管机制就是大幅提升失信成本的监管机制,但也要"过罚相当",既要避免重过轻罚,也要防止轻过重罚。国务院办公厅印发的《关于加快推进社会信用体系建设构建以信用为基础的新型监管机制的指导意见》"对症下药""靶向治理",指出要依法依规建立联合惩戒措施清单,实现精准治理。

国家出台政策文件采取这些措施的主要目的提高失信成本,让监管长出"牙齿",从根本上解决失信行为反复出现、易地出现的问题。具体来讲:一是让失信者付出失信记录广泛共享,因而有可能处处受限的成本。二是让失信者付出依法依规公示失信信息,接受社会监督、市场监督、舆论监督的成本。三是让涉及严重违法失信行为的失信者付出被列入"黑名单",承受跨地区、跨行业、跨领域失信联合惩戒的成本。四是让涉及极其严重违法失信行为或与国计民生安全攸关领域的失信者付出在一定期限内甚至永远被实施行业禁入、逐出市场的成本。比如,国家要求以食品药品、生态环境、工程质量、安全生产、养老托幼、城市运行安全等与人民群众生命财产安全直接相关的领域为重点,对造成重大损失的失信主体及其相关责任人,依法依规在一定期限内实施市场和行业禁入措施,直至永远逐出市场。五是让失信行为的责任主体、责任人付出依法依规被问责的成本。

《青海省公共信用信息条例》对联合奖惩的实施作出严格规定,指出省人民政府发展改革部门应当会同信息提供主体,依照法律法规和国家有关规定，编制并定期更新本省失信惩戒措施补充清单。采取失信惩戒措施的，应当书面告知实施理由、依据和救济途径。被采取失信惩戒措施的信息主体，有权进行陈述和申辩。失信惩戒措施应当与失信行为的性质、情节和社会危害程度相适应。

（三）青海省联合奖惩的实践路径

信用信息共享，特别是失信信息的充分共享是实施信用监管的基础。《国务院办公厅关于加快推进社会信用体系建设构建以信用为基础的新型监管机制的指导意见》提出，要充分发挥全国信用信息共享平台和国家"互联网+监管"系统信息归集共享作用，形成全面覆盖各地区各部门、各类市场主体的信用信息"一张网"。青海省制定出台《关于加快推进社会信用体系建设构建以信用为基础的新型监管机制三年行动方案》要求，依托"信用青海"平台网站，将市场主体基础信息、执法监管信息等与全国企业信用信息公示系统（青海）、政务服务网、公共资源交易平台、政采云等相关部门业务系统直连互通，按需共享信用数据，支撑形成数据同步、措施统一、标准一致的信用监管协同机制。

1.依法依规认定惩戒对象名单。青海省对照国家有关部委制定的失信联合惩戒对象名单管理制度，建立健全名单认定、异议申诉和退出机制，在事前、事中监管环节获取并认定失信记录，以相关司法裁判、行政处罚、行政强制等处理结果为依据，按程序将涉及性质恶劣、情节严重、社会危害较大的违法失信行为的市场主体纳入失信联合惩戒对象名单，推送至"信用青海"平台实施联合惩戒。

2.建立重点关注名单纳入机制。青海省严格执行国家重点关注对象名单制度，在食品药品、安全生产、金融、养老、教育、文化、家政等重点领域建立重点关注名单，对存在失信行为但严重程度尚未达到失信联合惩戒对象认定标准的市场主体，纳入重点关注对象名单，实施与其失信程度相对应的严格监管措施。

3.充分共享使用名单信息。青海省以统一社会信用代码为标识，及时将国家反补和青海省认定的失信联合惩戒对象名单、重点关注名单关联至市场主体名下，推送到各地区、各部门共享使用。

4.打造信用联合奖惩业务闭环。青海省建立完善全省统一的智能化信用联合奖惩系统，梳理制定联合奖惩对象名单、奖惩措施、服务事项"三清单"并动态更新，以系统嵌入、服务接口、IE插件等多种方式，向各地区、各部门提供自动化对接服务，打造联合奖惩发起、响应、执行、反馈的全自动业务闭环。

5.提高信用联合奖惩执行效率。青海省将信用核查、联合奖惩嵌入各级审批服务、公共资源交易、投资项目在线审批等部门监管信息系统和业务流程，实现信用状况的无感知查询和联合奖惩的自动化执行，提高信用联合奖惩落地执行效率和便捷性。

6.落实重点领域失信惩戒措施。严格贯彻执行国家和青海省已签署的系列失信联合惩戒备忘录，对照备忘录确定的联合惩戒对象、具体惩戒措施和实施方式，在食品药品、生态环境、工程质量、应急管理、养老托幼等与人民群众生命财产安全直接相关的重点领域，实施严格监管，加大惩戒力度。

7.落实市场和行业禁入措施。青海省对拒不履行司法裁判或行政处罚决定、屡犯不改、造成重大损失的市场主体及其相关责任人，依法依规在一定期限内实施市场和行业禁入措施，直至永远逐出市场。

8.深入开展失信联合惩戒。青海省聚焦实施惩戒力度大、监管效果好的失信惩戒措施，包括依法依规限制失信联合惩戒对象招标投标、政府资金及项目安排、享受税收优惠等行政性惩戒措施，限制获得授信、乘坐飞机、乘坐高等级列车和席次等高消费的市场性惩戒措施，以及通报批评、公开谴责等行业性惩戒措施，形成行政性、市场性和行业性等惩戒措施多管齐下，社会力量广泛参与、协同联动的失信联合惩戒大格局。

9.追究失信市场主体及相关人员责任。青海省建立健全责任追究机制，对被列入失信联合惩戒对象名单的市场主体，依法依规对其法定代表人或主要负责人、实际控制人进行失信惩戒，并将失信惩戒典型案例推送信用网站予以公开曝光。

10.追究失信机关事业单位、国有企业及相关人员责任。青海省要求机关事业单位、国有企业出现违法失信行为并被列入失信联合惩戒对象名单的，要通报上级主管单位和审计部门，并在一定范围内公开；工作人员出现违法失信行为的，要通报所在单位及相关纪检监察、组织人事部门。

11.深入开展失信问题专项治理。青海省按照国家统一安排，持续开展经济社会重点领域失信问题专项治理和政务失信专项治理行动，重拳治理失信突出问题，采取有力有效措施加快推进整改。

12.督促失信市场主体限期整改。青海省坚持"谁认定、谁约谈"原则，要求认定部门定期梳理汇总需要限期整改的失信主体清单，依法依规启动提示约谈或警示约谈程序，督促失信市场主体履行相关义务、消除不良影响，并将约谈记录载入信用平台，关联到失信市场主体名下。

13.落实好信用修复制度。青海省认真贯彻落实国家信用修复相关制度，制定行政处罚信息信用修复工作规范，进一步强化信用修复主体责任，明确失信行为类别、严重程度及公示期限、修复流程、材料和异议处理等事宜，规范线上线下信用修复业务流程、操作步骤和处理时限，为切实保护失信主体权益提供制度保障。

14.完善多级联动修复机制。制定出台《青海省高效办成信用修复"一件事"工作方案》，依托国家信用修复平台，建立完善省市（州）两级"协同联动、一网通办"信用修复机制。通过信用核查、作出信用承诺、完成信用整改、接受专题培训、提交信用报告、参加公益慈善活动等方式，为失信市场主体提供高效便捷的信用修复服务。修复完成后，各地区、各部门按程序及时停止公示失信记录，终止实施联合惩戒措施。

15.保护市场主体权益。依托"信用青海"平台网站，畅通异议投诉渠道，制定相应操作流程规范，对市场主体提出异议的信息，尽快核实并反馈结果，经核实有误的信息及时予以更正或撤销。因错误认定失信联合惩戒对象名单、错误采取失信联合惩戒措施损害市场主体合法权益的，积极采取措施消除不良影响。

16.探索信用大数据监管。青海省鼓励各地区、各部门依法依规与大数据机构合作，有效整合公共、市场、互联网等各类信息，研究建立信用大数据监管风险模型，实现信用监管数据可比对、过程可追溯、问题可监测。运用大数据技术，及时动态掌握市场主体经营情况及其规律特征，及早发现防范苗头性和跨行业、跨区域风险，主动发现和识别违法违规线索，杜绝随意检查、多头监管等问题，有效防范危害公共利益和群众生命财产安全的违法违规行为，实现"进一次门、查多项事"。

17.加强信息安全保护。青海省全面落实信用信息数据安全和个人信息保护的主体责任，督促各地区、各部门建立完善信息安全管理和保护制度，加强信息安全基础设施建设，建立健全信息安全监控、容灾备份和灾难恢复等安全系统，组织开展网络安全攻防演练，提升安全防护能力，保障信息系统正常运行，确保信用信息安全。严肃查处违规泄露、篡改信用信息或利用信用信息谋私等行为，严防信息泄露篡改。

（四）信用联合奖惩典型案例

信用信息公开，是质量最高的信息共享和效果最好的失信惩戒。青海省在事后实施联合奖惩过程中，依托"信用青海"网站，在充分公开行政许可、行政处罚"双公示"信息的基础上，将行政强制、行政确认、行政征收、行政给付、行政裁决、行政补偿、行政奖励和行政监督检查等行政类信息全部公开，从"双公示"拓展到"十公示"，实现"应公开、尽公开"。同时，将守信联合激励和失信联合惩戒典型案例，主动向社会公开，形成了强大的震慑力。

案例一：青海XXX工程有限公司拖欠农民工工资被纳入失信名单

2022年6月15日，肖某某、郭某某等14人向西宁市城西区人力资源和社会保障局反映在西宁市范围内多个家庭装饰装潢中青海XXX装饰工程有限公司拖欠工资157.7万元。经调查，该公司法定代表人为马某某，实际主要责任人为程某某。目前该公司已经关闭，程某某电话联系不上，欠薪问题属实。

2022年7月6日，西宁市城西区人力资源和社会保障局在青海XXX装饰工程有限公司原注册地址门口张贴送达了《城西区劳动保障监察责令改正决定书》（城西区人社劳监令字202200032号），逾期该公司未履行支付义务。2022年7月29日，西宁市城西区人力资源和社会保障局依法对青海XXX装饰工程有限公司下达《拖欠农民工工资失信联合惩戒对象告知书》（城西区人社监失信告字〔2022〕02号）。2022年8月10日，西宁市城西区人力资源和社会保障局依法对青海XXX装饰工程有限公司下达《拖欠农民工工资失信联合惩戒对象决定书》（城西区人社监失信决字〔2022〕02号），将青海XXX装饰工程有限公司列入联合惩戒对象。

2022年8月22日，西宁市城西区人力资源和社会保障局依法将该案以涉嫌拒不支付劳动报酬罪移送西宁市公安局城西分局。

案例二：落实联合激励 促进企业发展

青海XX建筑材料厂是一家新型建材生产销售的小型微利企业，公司注册资本100万元，从业人数25人。2017年，该公司打算申报青海省著名商标，但因小企业产品知名度不高，要想申报著名商标难度很大。在了解到相关情况后，省国税局立即查询了该企业近2年的纳税信用情况，经查，该企业在前两年度均被评为A级纳税人，纳税信用良好。随后，省国税局在省工商局评选2016年度青海省著名商标工作中，联合省地税局向省工商局推荐了青海XX建筑材料厂等30家纳税信用良好的A级纳税人.青海XX建筑材料厂被评为2016年度青海省著名商标企业后，顺利拿下了这笔大单子。

青海省税务、发展、财政等29个部门联合签署了《青海省关于对纳税信用A级纳税人实施联合激励措施的合作备忘录》，为多部门联合激励工作奠定了坚实的制度保障。《合作备忘录》明确了40项措施，对诚信示范企业予以重点支持、优先选择、优先办理，实施"容缺受理"，在政府投资项目、银行信贷方面都给予了重点支持。《合作备忘录》的实施，推动建立了部门间有效的横向沟通机制，形成了各领域信用建设成果的叠加效应，基本形成了守信企业"路路畅通"的信用激励大格局。

第三节　实践案例二：信用数据要素×融资服务

中小微企业作为主要市场主体，是实体经济高质量发展的根基。然而，中小微企业"融资难、融资贵"问题，却是长期困扰其成长发展的世界性难题。实践证明，融资难融资贵的背后是采信难、获客难、评信难和风控难。我国围绕这一痛点，出台了一系列顶层设计文件和政策措施，以融资信用为抓手，着力纾解小微企业融资难题。

党的二十大报告将社会信用体系建设确定为市场经济的一项基础制度。2022年，中央办公厅、国务院办公厅印发《关于推进社会信用体系建设高质量发展促进形成新发展格局的意见》，强调要"扎实推进信用理念、信用制度、信用手段与国民经济体系各方面各环节深度融合""积极探索创新，运用信用理念和方式解决制约经济社会运行的难点、堵点、痛点问题"。

青海省聚焦小微企业"融资难、融资贵、融资慢"等问题，以信用大数据为关键生产要素，超前谋划建设了青海省融资信用服务平台，在信用赋能金融服务、优化融资环境、拓宽融资渠道等方面先行先试、大胆创新，开创了以信用为核心的小微企业融资服务新模式，探索出一条具有青海特色的"信用＋科技＋普惠金融"创新应用新路子，在稳增长、稳市场、稳就业等方面发挥了积极作用。

一、"青信融"平台设计思路

党中央、国务院高度重视中小企业健康发展，出台了《关于加快推进社会信用体系建设构建以信用为基础的新型监管机制的指导意见》（国办发〔2019〕35号）、《关于印发加强信用信息共享应用促进中小微企业融资实施方案的通知》（国办发〔2021〕52号）、《关于推进社会信用体系建设高质量发展促进形成新发展格局的意见》（中办发〔2022〕25号）等一系列政策文件，要求金融机构加大信用贷款投放力度。青海省委、省政府深入落实国家扶持小微企业发展战略，超前谋划部署"青信融"平台建设，省政府常务会、省委深改会专题审议《青海省小微企业信用融资服务中心平台建设方案》，并由两办正式印发实施，着力打造"信息归集、融资增信、政策支持、融资对接和融资评价""五位一体、闭环运行"融资信用服务体系，从供需两端加强和改善小微企业金融服务，激发实体经济活力。

（一）指导思想

以习近平新时代中国特色社会主义思想为指导，全面贯彻党的十九大、党的二十大精神，坚持和完善我国社会主义基本经济制度，以推动高质量发展为主题，以金融服务实体经济为宗旨，以深化供给侧结构性改革为主线，以改革创新为根本动力，推动有效市场和有为政府更好结合，打造公平和谐营商环境，畅通小微企业融资服务循环，提升小微企业可持续发展能力。

（二）建设目标

开发建设青海省小微企业信用融资服务中心平台及配套门户网站、手机APP和微信公众号，创建符合青海省情、全国领先的小微企业信用融资服务平台，确保对小微企业的金融服务得到切实改善，融资规模稳步扩大，融资效率明显提升，融资成本逐步下降并稳定在合理水平，小微企业融资难、融资贵问题得到有效缓解。

（三）基本原则

——政府引导，市场运作。更好发挥政府对小微企业融资风险补偿、政策激励等方面的引导作用，充分发挥市场在小微企业金融服务中的决定性作用。

——防控风险，服务实体。注重建设和运行的安全性，加强信息安全、信贷风险等管理，切实防范各类风险。把为实体经济服务作为出发点和落脚点，更全面满足小微企业金融需求。

——双轮驱动，分工负责。省政府主导建设，省发展改革委和人民银行青海省分行共同牵头，省发展改革委协调对接政府部门，人民银行青海省分行协调对接金融部门，相关部门协同参与，明确各部门责任分工，合力推动平台建设落地。

——分步实施，持续完善。按照《青海省省级政务信息化项目建设管理办法》（青政办〔2020〕38号）要求，坚持问题导向，加强和规范平台建设，注重统筹，边探索、边实施、边完善，分步骤精准有序推进方案落实落细。

二、"青信融"平台基本架构

"青信融"平台是青海省社会信用体系建设中，将信用数据要素融入金融领域，打造的"信易贷"创新应用。平台从信息归集、融资增信、政策支持、融资对接和融资评价等方面，打通融资断点，疏通融资堵点，破解融资难点，缓解融资痛点，查补融资盲点，打造"五位一体、相互促进、闭环运行"的小微企业融资信用平台。总体功能架构如下图所示：

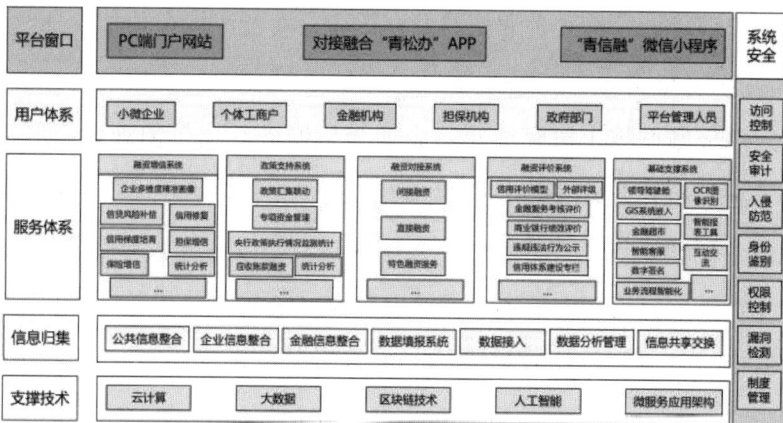

图4-1 "青信融"平台总体功能架构图

（一）信息归集

1.整合公共信息。依托"信用青海"平台网站，结合小微企业信贷业务实际需求，以管用、实用、有效为出发点，及时整合市场监管、税务、司法、社保、海关、科技、民政以及水电气等涉小微企业的公共信用信息数据，打通部门间的信息孤岛，并将整合、加工、清洗后的数据精准定向提供给金融机构，降低融资服务的信息成本。

2.整合企业信息。依法依规推动小微企业通过"青信融"平台，自主填报应收应付账款、银行现金流、企业主个人财产等基本信息。利用金融科学技术，比对校验行业部门和小微企业自主填报数据，海量清洗数据，确保数据准确性，建立小微企业信用信息大数据库。

3.整合金融服务信息。广泛归集金融机构支持小微企业的服务产品信息，创新小微企业征信产品，支持完善金融信用信息基础数据库。

4.建立健全小微企业信用信息归集、共享、查询机制。研究制定相关数据目录、采集管理等标准，规范共享信用信息的范围和方式，明确信用信息保密义务和责任，建立向金融机构推荐白名单制度。共享支持商业银行合法合规查询，复核确认小微企业资质，规避基层信贷员道德风险，降低小微信贷的审核成本，提高信贷审核效率。共享支持青海股权交易中心合法合规查询，提升小微企业债券发行效率，防范小微企业债券违约风险。

（二）融资增信

1.运用金融科技手段赋能小微企业金融服务。支持商业银行利用"青信融"平台可视化展示的小微企业圈层关系和多维画像，对小微企业开展授信评估，便利续贷、首贷等。深入挖掘整合小微企业客户融资关联关系，改造信贷审批发放流程，打通小微企业融资"最后一公里"。

2.强化信贷风险补偿政策支持。由省级财政设立小微企业信用贷款风险补偿资金，充分发挥财政资金对小微企业信用贷款的信用增进、风险分散、降低成本等方面的作用，激励银行业金融机构通过"青信融"平台为更多小微企业提供信用贷款支持。对省内银行业金融机构通过"青信融"平台发放的小微企业信用贷款形成的本金实际损失，经相关程序认定后，银行业金融机构与信用贷款风险补偿资金按7：3比例分担。

3.推进信用修复工程。对有信用瑕疵的小微企业，依据公共信用信息修复管理相关规定和人民银行青海省分行关于开展小微企业信用修复工作的相关规定，采用小微企业自主申报和平台数据相互佐证，开展分类修复，改善小微企业信用信息，使其满足贷款条件。

4.开展梯度培植工程。对"青信融"平台上具有较好成长潜力，但暂时不具备信贷融资条件的小微企业，根据行业政策要求，有针对性筛选推荐给相关行业主管部门，地方政府和园区孵化器建立小微企业综合培育池，进行重点培育培植。对进入培育池的小微企业，加大信用培育、辅导咨询和服务力度，提升其信用状况和信用等级。

5.强化担保增信措施。加强银企担和银税互动，推动"青信融"平台与省信保集团、省农担公司等担保公司深化合作，构建"政策性担保＋平台数据""国家融资担保基金＋平台数据"等模式，提升各类担保资金使用效率，提高风险控制水平，为小微企业提供高效融资增信服务。

6.发挥保险增信作用。引入保险机构入驻"青信融"平台，发挥保险增信分险功能，构建"银行信贷＋保险资金＋平台数据"小微企业贷款模式。探索通过保单信息、贷款保证保险等方式，为小微企业提供保险融资增信，鼓励保险直投对小微企业给予资金支持。

（三）政策支持

1.推进政策汇集联动。完善小微企业政策发布、解读和舆情引导机制，归集各类小微企业政策支持信息，统一在"青信融"平台发布，打破政银企信息不对称。及时发布市场准入负面清单、项目审批等信息，支持小微企业健康发展。探索提供小微企业政策信息数据定制服务，提高"青信融"平台融资对接转化率和政策支持实效。

2.提高专项资金使用效益。设计前端和后台相结合的系统布局，缩短政策传导链条，提高政策性资金直达率。"青信融"平台是前端，为涉及小微企业发展的相关政府行业专项资金，提供查询、统计、分析、评估和公示等配套服务；相关行业主管部门作为后台，由各相关部门按原渠道、原流程分别对各自专项资金进行审核管理，加强线上沟通协调及信息共享。

建立财政贴息等有关专项资金与商业银行信贷联动机制，降低小微企业融资成本。

3.强化差别化货币信贷工具支持。将银行业金融机构对平台小微企业融资支持，作为货币政策工具支持与信贷政策导向效果评估的重要参考。从宏观审慎评估、央行评级、再贷款、再贴现、直达工具等方面给予倾斜支持，引导商业银行增加小微企业信贷投放。引导政策性银行充分运用低利率的抵押补充贷款（PSL）等资金，支持科技创新、生态环保、乡村振兴等领域的小微企业降低融资成本。指导各市州和园区加强与政策性银行资金、保险资金合作对接。

4.支持商业银行与核心企业加强合作，拓宽小微企业融资渠道。鼓励民营、国有大企业支持小微企业在"中征应收账款融资服务平台"开展应收账款融资。在同等条件下，对参与应收账款融资的核心企业优先安排项目扶持资金。国有资产监管部门要将参与和推进应收账款融资纳入主管国有企业的绩效考核范围，有效防范和处置拖欠小微企业账款问题，对推进成效明显的国有企业在评优评先方面加大支持。

5.建立信用激励和惩戒机制。对在"青信融"平台获得贷款后按时履约还款付息的小微企业，平台予以及时公布，并向金融保险等融资担保机构推荐，在信贷额度、利率、保险费率、担保费率等方面给予优先支持。建立小微企业失信等级风险评估机制，对失信小微企业，按照失信等级程度，采取不同的禁止措施。

（四）融资对接

1.促进间接融资撮合。支持商业银行研发符合小微企业特点的各类特色融资产品，在线发布、审核、授信和放款管理。支持小微企业在线发布融资需求，智能匹配信贷产品，融资流程进度全程可视化跟踪。支持开发性、政策性银行对小微企业专项信贷额度的精准落实。

2.推动平台互联互通。以"青信融"为总平台，对接不动产登记信息系统、中征应收账款融资服务平台、商业银行信贷系统、政府采购系统等相关系统平台，形成"1+N"平台服务体系，进一步提高小微企业融资效率。

3.开展直接融资支持。完善小微企业上市挂牌培育机制，为主业突出、规范运作的小微企业上市提供便利。推动优质小微企业到区域性股权交易市场进行股权登记托管，利用股权质押方式进行融资。支持更多符合条件的小微企业登陆多层次资本市场，鼓励符合条件的主体发行适合小微企业融资需求的债务融资工具。引导上市公司、天使投资、私募股权投资基金、创业投资与小微企业对接，带动小微企业共同发展。

4.完善和优化小微企业服务体系。推进小微企业服务产业发展，引导服务机构提供规范化、精细化、个性化服务。支持探索建立续贷中心、首次贷款中心、确权中心等子平台，引导大企业结合产业链、供应链、价值链、创新链为小微企业提供配套服务。积极帮助小额贷款公司利用平台数据优势，助推小额贷款公司遵循"小额、分散"的原则发放贷款。

（五）融资评价

1.建立商业银行服务小微企业的考核评价。将商业银行支持小微企业融资成效，作为考评奖励的重要参考，对支持小微企业力度大、时效快的商业银行给予业务对接、授予荣誉称号等正向激励。探索建立小微金融区域环境评价体系，评价辖区内金融服务小微企业水平、融资担保、政府部门信息公开和共享、账款清欠等。强化评价结果应用。

2.建立服务反馈机制和反欺诈风控措施。建立政府、金融机构、小微企业的常态化对接交流机制，加强金融服务快速响应机制，设立小微企业人工智能咨询窗口，畅通小微企业表达融资诉求渠道，充分发挥工商联和行业商会的作用，参与金融服务小微企业等实体经济营商环境评价工作。对小微企业和金融机构内外勾结、弄虚作假、骗贷骗补、恶意逃废债等违法违规的行为，一经查实，平台实时公布并联合惩戒。对于低成本融入资金而挪用套利的小微企业，经商业银行报告，人民银行将其纳入征信系统。

3.建立事后监管监测评价机制。支持监管机构跟踪监测小微企业政策落实，评估支持小微企业再贷款再贴现实际投放情况。推动地方法人银行机构探索建立授信尽职免责负面清单制度，督促商业银行优化内部信贷资源配置和考核激励机制，单列小微企业信贷计划，改进贷款服务方式。

三、"青信融"平台实践路径

"青信融"平台依托"信用青海"数据中台，整合各行业（领域）全量公共信用信息，多维度全景式为小微企业建立信用档案，构建以信用为核心的融资信用服务平台。平台充分运用科技金融手段，以"数据+信用"建立信息中心、"政府+市场"促进信用增进、"政策+资金"整合多方资源、"银行+企业"搭建金融超市、"激励+约束"优化金融生态等方式，在政银企之间搭建起来的一座信用金桥。

（一）"数据+信用"建立信息中心

"青信融"平台以"数据+信用"建立信息中心，打造集门户网站、信用大数据、金融产品池、政策措施库、便捷化服务于一体的融资信用模式，最大限度满足银行数据增信、精准获客、提升服务等现实需求。

1.高质量归集公共信用信息。"青信融"平台以"信用青海"大数据为基座，研究制定涉企信用信息归集标准，建立全流程标准化治理体系，及时有效整合加工市场主体各类信用信息，持续提升信用数据质效。以中小微企业、个体工商户融资业务需求为导向，在依法依规、确保信息安全的前提下，持续扩大信用信息归集范围，精选纳税、社会保险费和住房公积金缴纳、进出口、水电气、不动产、知识产权、科技研发等信息纳入共享范围，实现涉企信用信息"应归尽归"，"自上而下"打通部门间的信息孤岛，降低银行信息收集成本。同时，对涉企信用信息实施清单式管理，制定印发68项涉企信用信息归集共享目录清单，实现涉企信用信息共享清单数据100%归集。

2.归集整合涉企金融信息。"青信融"平台发挥融资对接业务优势，逐步归集金融机构信贷产品、放贷、还款等涉中小微企业融资的业务信息，支持完善金融信用信息基础数据库建设。目前，"青信融"平台已与青海银行、中国银行青海省分行、浦发银行西宁分行、中国工商银行青海省分行4家银行内部业务系统完成对接，双向共享中小微企业基本信息、信贷信息、信用保险类信息以及非信贷信用信息等数据，创新融资业务"一站式、不见面、网上办"实践，实现信用融资"一网通办"。青海省财政"政采云"通过"青信融"平台与人民银行总行中征系统对接，"一键授信、一键放款"便捷化程度进一步提升，为中小微企业提供综合信用增进服务。

3.企业自助补充报送业务信息。积极引导中小微企业入驻"青信融"平台，鼓励企业通过"自愿填报+信用承诺"等方式补充完善自身信息，畅通信息共享渠道，并与行业部门数据进行比对校验，进一步提升数据准确性。

4.整合治理各类涉企信息。推动建立自动采集和实时更新机制，确保信息归集的准确性、时效性和完整性。完善信息采集标准规范，对信用信息、金融信息、企业信息进行清洗比对、整合治理、关联入库，以企业统一社会信用代码为标识，将治理达标的各类信息关联到企业名下，健全中小微企业信用档案，多维度为中小微企业提供信用画像，截至目前已为青海省13.2万户中小微企业建立信用档案。

5.建立健全融资信用主体数据库。以统一社会信用代码为标识将分散在各部门的碎片化涉企信息串成线、连成面、织成网，通过挖掘分析信用大数据建立融资信用主题数据库，实时更新、累计入库5050余万条涉企公共信用信息，采取数据加解密、脱敏技术和联合建模、隐私计算、授权查询、接口核验等方式，供金融机构规范授信放贷使用。以"数"增"信"，为商业银行提供中小微企业全息高清信用画像和展示多维圈层关系的360信用报告，最大限度满足金融机构利用涉企信息快速精准获客、创新信用贷款产品、开展线上信贷审批、贷后管理等业务需求。创新开发"穿透式查询"功能，方便各银行调用企业信息，实现由以往的"企业跑腿"变为"数据跑路"。

（二）"政策+资金"整合多方资源

"青信融"平台充分借鉴"苏州模式""台州模式""粤信融""天府信用通"等地区先进经验，在传统公共信用信息归集共享、融合撮合对接功能基础上，创新开发政策支持功能板块，有效汇集中央政策、地方服务与金融支持。探索建立中小微企业融资支持政策发布、解读和受理机制，充分运用人工智能等新兴科技，将复杂的政策文件转化为结构化政策措施，按行业类别、所在区划、需求类型等为中小微企业精准匹配和推送，实现政策措施汇集联动，支持各部门加强专项资金管理，助推各项纾困政策措施直达实体经济。

1.整合汇集全省惠企政策。"青信融"平台及时全量汇集、发布各行业领域涉企相关政策和市场准入负面清单、项目审批等信息，对政策文件进行解读，逐条梳理分解为企业易得易懂易用的结构化政策措施，建立健全中小微企业政策措施库，已梳理解读全省助企纾困一揽子政策文件309个、措施1000多项。充分发挥平台的政策智能匹配、精准推送作用，为中小微企业提供政策信息定制化服务。同时，客观统计分析政府部门涉企政策的覆盖面和支持度，作为评估政府部门政策是否精准落地实施的参考。

2.智能精准匹配推送政策。"青信融"平台持续优化惠企政策线上发布、解读和受理机制，赋予入驻平台企业及发布政策措施结构化标签，利用大数据关联算法，根据行业类别、需求类型、贴息补助等"标签"，精准向中小微企业推送相应支持政策，有效缩短政策传递的路径，确保政策能够更精确、更直接地服务于中小微企业。

3.实施专项资金闭环管理。平台采取前端应用和后台管理相结合的系统布局设计，提升专项资金使用效益。平台前端应用为相关行业主管部门专项资金，提供查询、统计、分析、评估和公示等配套服务；平台后台管理为专项资金提供授权管理功能，由各相关部门按原渠道、原流程分别对各自专项资金进行审核管理，加强线上沟通协调及信息共享。建立财政贴息等有关专项资金与商业银行信贷联动机制，降低中小微企业融资成本。

4.充分释放政策红利提升融资可得性。积极争取人民银行总行从宏观审慎评估、央行评级、再贷款、再贴现、直达工具等方面给予青海省倾斜支持，通过叠加担保、贴息、专项资金等扶持政策，引导商业银行增加中小微企业信贷投放，放大政策效应。并充分利用"青信融"平台全景式综合分析研判，及时反馈政策资金执行情况，跟踪评价政策实施效果，促进财政奖补、金融惠民、产业扶持等政策形成合力，全面、及时、多视角地掌握企业运行情况以及涉企政策实施成效，积累经验并总结研判区域性、行业性发展状况，针对性地制定、调整政策，提升政府服务和金融监管能力，有效提升了中小微企业信用融资的可得性。

（三）"政府+市场"促进信用增进

发改会同财政、工信、人行、工商联等政府部门，研究制定"青信融"平台信贷风险补偿扶持政策，设立风险补充资金池，充分发挥财政资金杠杆作用，引导金融机构加大信贷投放力度，推动建立"有为政府"和"有效市场"良性互动机制，为中小微企业融资增信。

1.建立财政性风险补偿资金池。针对性制定出台《青海省小微企业信用融资服务中心平台信用贷款风险补偿资金管理办法（试行）》，试行三年后，修订印发《青海省中小微企业贷款风险补偿资金管理办法》，建立配套的信贷风险补偿、信用联合奖惩、承诺追踪问效、分级分类监管、联动信用修复等信用管理制度。由省财政在"青信融"平台设立首贷、信用贷风险补偿资金池，"十四五"期间每年度安排1亿元资金注入，对省内银行业金融机构通过"青信融"平台发放的小微企业首贷、信用贷款形成的本金实际损失，经相关程序认定后，政银按照4∶6共担信贷风险。采取先补后追方式，对通过"青信融"平台放贷后产生的不良贷款本金，政府按40%

先给银行业金融机构予以补偿，再按程序进行追讨。这种通过"几家抬"风险共担的模式，既能很好地激发财政、货币、产业政策协同配合作用，也能最大限度地发挥财政资金对小微企业信用贷款的信用增进、风险分担、降低成本等作用，进一步调动了金融机构"敢贷、愿贷、能贷"的积极性。截至2023年底，风险补充资金池已注入财政资金2亿元，先后有5家银行发起685.74万不良贷款的风险补偿申请。

2.充分发挥担保保险增信作用。"青信融"平台借力第三方服务机构，引入保险、担保机构，打通线上业务流程，推动优质中小微企业到区域性股权交易市场进行股权登记托管，利用股权质押方式进行融资，增强保险担保信用增进功能，完善多元化、多层次、全方位、全周期风险缓释机制，形成"以信获贷、以贷促信"的良性循环。

3.深入实施信用培植工程。"青信融"平台利用大数据技术，根据法律法规、行业扶持政策、信贷政策、培植方案等要求的指标项和对应企业的数据画像进行精准对比，形成相适应的信用培植计划，企业根据培植计划，完善相关信息，完成相关任务，获得相应信用积分，晋升相应信用评定等级。将暂无信用记录但具有贷款意愿、成长潜力较好的平台企业用户，推荐到相关行业主管部门进行重点培植，加大信用培育、咨询服务力度，提升信用状况和信用等级。平台动态跟踪评估企业信用培植状况，及时将培育达标的中小微企业移除培育池，并在信用评价系统的信用评估报告和精准画像图谱展示中专门标识，供相关行业主管部门和各融资服务主体参考使用，发挥中小微企业信用培植功能，从政策支持、信用融资等各个层面提升中小微企业贷款获得率。

4."主站+子站"延伸融资服务链条。青海省充分发挥金融机构营业网点和基层党组织点对点服务群众的优势，依托"青信融"平台试点建设了西宁市城西区"甘霖工程"实体化子站，打通信用融资服务"最后一公里"，探索形成"双基联动云办公"服务模式，零距离为企业提供便捷融资服务。例如，"甘霖工程"通过开展融资扫街行动，实施信用城区创评等一系列举措，促进有为政府和有效市场深度融合，主动对中小微企业和个体工商户上门服务，推动政策"甘霖"有效转化为信贷"及时雨"，打造普惠金融改革试验区创建的"青海案例"。截至2023年底，"甘霖工程"已组织金融机构深入社区、行政村、重点商圈，走访个体工商户、小微企业41746家，发放贷款3171笔、金额24.24亿元。

（四）"银行+企业"搭建金融超市

"青信融"平台创新推出"银行+企业"发展模式，搭建了线上便捷高效的金融产品超市，鼓励青海辖内商业银行研发符合中小微企业特点的各类特色融资产品，支持中小微企业在线发布融资需求，平台为企业智能匹配信贷产品，实现融资流程进度全程可视化管理。

1.打造线上金融超市。在"青信融"平台开设金融超市专栏，集中展示金融机构发布的各类金融产品，供企业自由点选申请。平台在企业完成注册并同意授权数据使用权限的情况下，利用归集到的涉企信用信息数据结合特定算法，向企业智能推荐信贷产品。企业也可以按照自己的需求通过不同的维度，如贷款地区、贷款方式、还款方式、贷款类型等进行筛选，快速定位金融产品，一键式地发起申请。

"青信融"平台金融超市上线以来，大力支持金融机构依托平台在线研发"智能化、网络化、定制化、信用化"产品，创新打造"政采贷""银税贷"等纯信用、纯线上、秒批秒贷产品，定制开发独具青海特色的信贷产品，金融超市的辐射效应不断放大。截至2023年底，平台已入驻全省所有银行、小贷、保险、担保、股权交易等各类金融机构52家，金融超市上架各类信贷产品478个，其中"拉面贷""虫草贷""枸杞贷"等青海特色金融产品300多个。

2.平台创新开通抢单功能。入驻"青信融"平台的中小微企业用户可根据自身需要，发布贷款需求。金融机构可在线对企业发布的融资需求进行抢单。中小微企业发布的融资需求满24小时，无金融机构抢单的，平台将根据企业类型、信贷需求、机构分布等信息，为企业智能推荐一家金融机构受理。金融机构抢单或通过智能派送获得的企业融资订单需求，需在3个工作日内给出明确答复是否可以进入申请贷款的下一个流程，对不能继续业务跟进的，金融机构要回复具体原因并将企业订单退回，金融机构3个工作日不进行业务办理和退回的企业订单需求，平台会自动派送给其他金融机构办理，同一订单智能推送受理3次未成功的，此订单将不再被推送，以对接未成功进行失效处理，中小微企业修改需求后可重新发布需求。

3.智能推送信贷产品。"青信融"平台根据中小微企业注册时填报的基本信息，自动识别企业类型（标签），在金融机构已发布的金融产品中进行智能筛查，把最符合中小微企业的10款产品推送至中小微企业端，通过展示界面呈现给中小微企业，帮助中小微企业自主快速申请信贷产品。若推荐的信贷产品不符合企业需求，企业也可按照贷款利率、贷款期限、贷款种类（抵押、信用等）等条件对信贷产品进行筛查。若企业未筛查到所需金融产品，还可以通过平台发布贷款需求。

4.发布"个性化"融资需求。"青信融"平台开发中小微企业"个性化"融资需求发布功能，通过订单全程跟踪和金融产品清单智能推荐，快速响应中小微企业多样化融资需求，基于智能模型算法，为中小微企业500万元以下"首贷"和"续贷"开辟线上绿色通道，有效解决"过桥""倒贷"问题。

5.推出掌上指尖便捷功能。"青信融"开发上线微信小程序和APP，设置了用户注册、首页、个人中心、金融超市、融资增信、政策支持、融资对接等功能，推出指尖一站式办理融资申请、产品智能推荐、企业信用名片展示、贷款办理进度查询等移动融资服务，实现企业"查信""用信""申贷"掌上指尖办理。

（五）"激励+约束"优化金融生态

"青信融"平台打造"激励+约束"优化金融生态，建立了政银企融资互评机制，构建全方位、立体化、多层次、高视角的信用融资综合评价指标体系，畅通融资诉求表达渠道，支持政银企开展常态化互评互促，及时发现问题并预警提示，以评价结果为依据制定差异化推荐机制和算法，对信用好评高的金融机构和企业给予正向激励，形成闭环逻辑链条。

1.开展融资信用服务考核评价。"青信融"平台通过抽取商业银行在本平台发放的贷款总额、笔数、支持中小微企业的数量、发放信贷产品的类型数量、审核时长等数据信息，为商业银行的服务效能、支持力度做一个量化的评价，为每个入驻的商业银行生成一个绩效评价报告，实现商业银行对中小微企业金融服务的考核评价。并将考评结果作为正面激励商业银行向小微企业提供融资服务成效的主要依据。创建小微金融区域环境评价体系，重点针对区域内融资服务水平、政府信息公开和共享等进行评价。强化评价结果应用，推动地方政府和园区深化"放管服"改革。

2.实施常态化金融防风险监管。强化金融服务快速响应机制，设立中小微企业人工智能咨询窗口，畅通中小微企业表达融资诉求渠道。如发现中小微企业、金融机构存在内外勾结、金融欺诈、骗贷骗补等违法违规行为，经有关部门核实，平台会实时公布并进行联合惩戒。如经商业银行上报发现小微企业低成本融入资金而挪用套利，人民银行会进行监管并纳入征信系统。此外，平台会对违规违法行为公示。通过对接公共信用信息平台，自动抓取金融类的典型行政处罚案例，如企业和金融机构内外勾结、弄虚作假、骗贷骗补、恶意逃废债等违法违规的行为、低成本融入资金而挪用套利的中小微企业违法行为等，通过在平台主页中进行滚动展示，对其他金融活动参与主体起到警示作用。

3.动态监测评价信用状况。根据涉企数据归集情况和融资信贷需求，科学设计企业信用评价模型的指标、权重及算法，对企业进行信用评价，并生成信用评价报告，建立双向评价功能模块。信用评价模型采用成熟、先进、实用的建模技术，同时可结合具体的业务，根据不同的地区、行业等配置出不同的模型，能够随着业务、需求的变化而进行适应性的配置，满足不同的应用场景。同时，平台引入外部机构评价机构，对入驻中小微企业、担保公司、小贷公司等开展信用评级工作，入驻平台担保公司、小贷公司按相关规定直接通过平台发布评级需求，完成评级业务。中小微企业可根据自身需要自愿申请评级。

4.实施信用联合奖惩。"青信融"平台依托政府采购、公共资源交易、不动产、纳税、社保、公积金、用电等核心数据，形成基于公共信用综合评价的企业推荐机制，为银行分批推送潜在客户名单，创新开展白名单推送机制，设置"黑名单"一票否决功能，引导形成跨地区、跨部门、跨领域守信联合激励和失信联合惩戒机制，大幅减少银行客户经理贷前调查工作量，精准获客的能力得到提升，助推金融机构提高信用甄别和风险识别水平。建立中小微企业融资监测长效机制，引入央行信贷政策导向评估，做好中小微企业贷款"量""价"监测考核，实现社会信用体系建设在融资领域改革创新的新突破。坚持数据"可用不可见"原则，不断完善风险预警体系，确保数据归集传输、治理存储、共享使用全生命周期安全。

四、"青信融"平台主要做法

"青信融"平台依托"信用青海"归集整合各行业领域全量公共信用信息，打破信息壁垒，多维度为小微企业建立全景式信用档案，动态监测实时生成企业360信用报告，在融资信贷过程中为企业增信，以信用赋能提升金融服务实体经济质效。

（一）顶层超前谋划，搭建功能体系完备的融资服务平台

2021年初，《青海省小微企业信用融资服务中心平台建设方案》经省政府常务会、省委深改会审议通过后以两办名义印发执行，明确由省发展改革委、人民银行青海省分行双牵头，会同各职能部门成立工作专班，统筹

推进"青信融"平台建设，同年6月25日平台正式上线运营。2023年，青海省聚焦打造信用融资生态圈，制定印发了《"青信融"平台提质增效专项行动方案》，按照夯实基础、强化能力、提升服务、赋能实体经济的原则，明确了近三年目标任务，出台了7项23条具体措施，聚力推动"青信融"平台持续健康发展。

（二）多渠道归集数据，挖掘信用数据价值为企业增信

以金融机构补充数据使用需求为导向，制定印发了68项涉企信用信息归集共享目录清单，实现登记注册、年报、纳税、社保、司法、水电气等与企业生产经营和信用状况密切相关信息的"应归尽归"，以统一社会信用代码为标识将分散在各部门的碎片化涉企信息串成线、连成面、织成网，建立健全金融主题数据库。动态实时生成企业360信用报告，为银行提供全息高清信用画像、多维圈层关系，全方位满足小微企业多样化融资需求，释放信用信息经济价值。

（三）梳理解读政策措施，变企业找政策为政策找企业

"政策+资金"推动政策精准直达落地，建立惠企政策线上发布、解读和受理机制，为入驻平台的企业和发布的政策措施均打上结构化标签，通过大数据关联算法，按行业类别、需求类型、贴息补助等"标签"为小微企业智能推送支持政策，缩短政策传导链条，助推政策直达市场主体。发改、财政、工商联等7部门联合出台《青海省中小微企业贷款风险补偿资金管理办法》，在"青信融"平台设立2亿元财政性风险补偿资金池，政银按照4∶6共担信贷风险，有效激发了金融机构"敢贷、愿贷、能贷"的积极性。

（四）突出地方特色，打造全线上便捷高效的金融超市

积极推动"青信融"平台与青海银行、中国银行、浦发银行3家金融机构内部业务系统及央行应收账款融资平台、省税务局"银税贷"系统等的直连对接，探索开展信用融资"一网通办"。支持金融机构依托"青信

融"平台创新开发融资产品和服务，开发线上信贷审批、贷后管理、风险预警等智能化模型，创新打造"政采贷""银税贷"等纯信用、纯线上、秒批秒贷产品，定制开发独具青海特色的信贷产品，相继推出"拉面带""虫草贷""枸杞贷"等特色金融产品400多个。

（五）拓展服务范围，有效纾解小微企业融资"堵点"

开发上线"青信融"微信小程序、"青信融"APP，实现指尖一站式办理融资服务。经常性组织开展"青信融"平台进企业、进园区、进商圈系列宣传推广活动，积极引导个体工商户、农牧户、新型农业经营主体、中小微企业等市场主体入驻平台，不断拓展平台服务范围。同时，依托"青信融"平台在西宁市城西区试点建设了"甘霖工程"实体化子站，打通融资服务"最后一公里"，组织金融机构深入社区、行政村、重点商圈开展"扫街"活动，零距离为小微企业提供便捷融资服务。

（六）"点碳成金"，信用大数据助力绿色金融发展

青海省聚焦全国"双碳"工作部署，通过"青信融"平台打通与国家电网碳排放数据的互通链路，将重点用能企业碳排放数据全部纳入信用报告，指导省内金融机构创新推出"点碳成金"信贷产品，已为473家企业建立碳账户，发放碳账户挂钩贷款42.97亿元，利率最大下浮165个BP，为企业节省利息支出473.3万元。

五、"青信融"平台应用成效

"青信融"平台是青海省深化金融供给侧结构性改革的重要成果，有效贯通了"信息归集、融资增信、政策支持、融资对接和融资评价"融资服务全流程，形成"以信获贷、以贷促信"的良性循环，在改善小微企业信用融资服务、助推政府职能改革、优化营商环境等方面取得了显著成效。截至2024年6月底，入驻中小微企业5.78万户，收纳展示省垣几乎所有银行、小贷、保险、担保、股权交易等银行业金融机构的492项金融产品，撮合融资业务21400多笔，放款总额突破241.37亿元，从供需两端有效纾解

小微企业融资难、融资慢、融资贵的现实问题。并以独具青海特色的多元化、线上化、内容化、数字化金融服务新生态模式，先后荣获第二届青海省改革创新奖和国家发改委"全国中小企业融资综合信用服务特色平台"称号，并作为全国优化营商环境典型案例被国务院通报表扬。

（一）地方融资环境得到明显改善

"青信融"平台有效释放信用数据要素价值，双侧降低企业和金融机构融资服务的信息成本，特别是与金融机构信贷系统的"一张网"的融合，使企业申请贷款更加便捷，金融机构受理业务更加高效。通过银企互评、央行信贷政策导向效果评估和信用体系建设等不同层次的评价，将中央和地方支持小微企业的政策精细化传导，引导更多的资源、资金流向小微企业。同时，金融监管部门及相关政府部门依据平台数据，对金融机构、企业进行差异化支持，促进小微企业信用意识不断提高、金融机构服务的水平、范围、内容不断扩充，融资环境不断优化。

（二）企业融资获贷体验度显著提升

"青信融"平台通过优化升级，全方位提升服务小微企业信用融资的便捷性、友好性和体验度。企业只需要用手机拍摄营业执照、法人身份证即可完成实名认证注册并可直接登录使用各级政务服务网，实现"一处注册、处处使用"。点选申贷更加便捷，通过信贷产品分类推荐功能，企业可自动接收到所属行业紧密相关的信贷产品，便利企业快捷选择并提出融资需求。即时响应更加高效，企业发布的融资需求即时"调度分拨"，各银行通过"抢单接单""轮巡对接"等多种撮合方式在线受理，响应反馈的实效性大大提升。

（三）银行信贷业务和金融服务效率明显提升

"青信融"平台具备融资撮合、政策赋能、白名单推荐、全景式综合分析研判等功能，使金融机构实现精准获客。银行通过"穿透式查询"功能调用企业相关数据，真正实现数据多跑路，企业少跑腿。基于政府采购、公共资源交易、不动产、纳税、社保、公积金、用电等核心数据，初步形成了基于公共信用综合评价的企业推荐机制，为银行分批推送潜在客户名单，大幅减少银行客户经理贷前调查工作量，精准获客的能力得到提升。平台极速发布模式，有效降低产品宣传推广成本。实现融资"一网通"的青海银行、中国银行、浦发银行通过数据互联共享，成功构建线上线下相结合的全新高效信贷流程。

（四）服务方式实现新突破营商环境持续优化

依托"信用青海"平台汇集的行政许可、行政处罚，司法判决等公共信用信息，使得政府信用监管更便捷高效，特别是上线资金补偿、追偿流程等模块，更直接构建了以信用为基础的新型监管机制。通过平台"贷前"为金融机构提供定制化的精准评价服务、"贷中"动态评价信用状况、"贷后"动态监测、及时预警信用状况，使得守信激励和失信惩戒更加容易得到执行，服务小微企业变得更加精准。积极搭建省级节点，首批融入全国一体化融资综合信用服务网络，获得国家层面中小微企业融资服务资源变得丰富直接，使得政府对小微企业的政策支持更快捷。同时通过平台，政府部门可更全面、及时、多视角地掌握企业运行情况以及涉企政策实施成效，改善政策针对性，提升政府服务效能，使得决策参考更为科学合理、及时高效。

第四节 实践案例三：信用数据要素×疫情防控

2020年初，一场突如其来的新型冠状病毒感染疫情在全球范围内迅速蔓延，给人类社会带来了前所未有的挑战与考验。肆虐的疫情不仅威胁着人类的生命安全和身体健康，也对全球经济、社会结构、生活方式乃至国际秩序产生了深远影响。面对这一全球性公共卫生危机，全球不同国家和地区迅速响应，共同投入到了一场漫长而艰巨的疫情防控战役之中。面对严峻复杂的疫情防控形势，中国始终坚持以人民为中心的发展思想，迅速采取果断措施，坚持"外防输入、内防反弹"总策略和"动态清零"总方针，实施严格的封控、隔离、检测等措施，有效遏制疫情扩散。同时，根据疫情形势变化，不断调整优化防控策略，在确保疫情不出现规模性反弹的基础上，出台一系列减税降费等政策措施，积极推动经济复苏，恢复社会正常生产生活秩序。

青海省委、省政府坚决贯彻执行国家疫情防控、复工复产等各项政策措施，以"信用青海"为底座，紧急部署建设全省统一的"信用健康码"系统，发挥信用数据要素价值，压紧压实疫情防控和经济发展"两手抓、两促进、两不误"工作责任，为全省人员有序流动、复工复产复市、推动经济复苏、恢复正常社会秩序保驾护航。"信用健康码"是信用数据要素在社会治理、民生领域的典型应用案例，连续三年助力青海省打赢多轮次疫情防控阻击战，为全省乃至全国疫情防控作出了不可替代的巨大贡献。

一、"信用健康码"总体设计

"信用健康码"按照国家有关疫情防控信息系统建设相关标准，以"信用青海"为底座，充分利用青海省电子政务云平台、电子政务外网等软硬件资源，发挥信用平台网站全量归集自然人身份信息、市场主体登记注册信息、守信信息、失信信息等信用数据的优势，由青海省发展和改革委员会牵头设计建设的健康码系统，是青海全省统一且唯一用于新冠疫情防控的信息化支撑系统。

（一）系统总体架构

"信用健康码"采用面向服务的总体体系架构设计，系统内部各功能模块采用松耦合，系统部署在青海省电子政务云平台。系统总体由基础设施层、数据支撑层、业务应用层等三层架构，以及运维开发体系、安全体系、标准规范体系等三大保障体系构成。总体架构如下图所示：

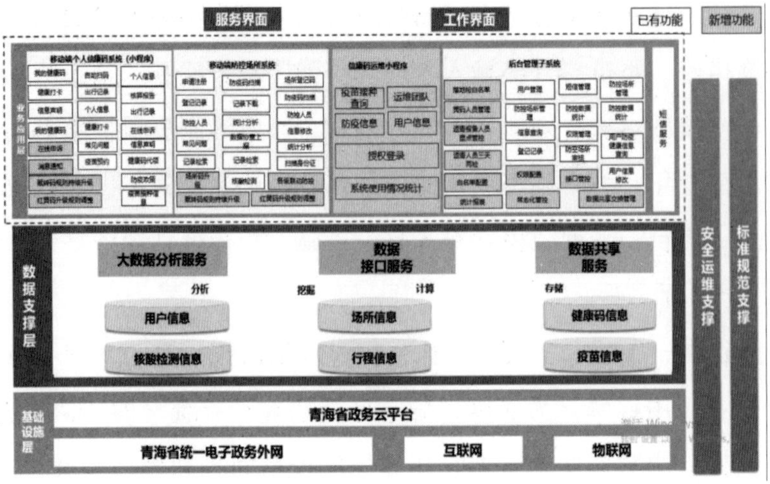

图4-2 "信用健康码"系统总体架构图

1.**基础设施层**：充分利用青海省电子政务云平台的计算、存储、网络、安全等资源，不重复建设机房。

2.**数据支撑层**：以"信用青海"为底座，建设通用服务支撑平台，主要提供大数据分析服务、数据接口服务、数据共享服务等通用服务，起衔接信息资源层与业务应用层的桥梁作用。主要包括用户信息库、场所信息库、健康码信息库、核酸检测信息库、行程信息库及疫苗信息库等。

3.**应用层**：建设"信用健康码"系统相关功能，以及"信用健康码"小程序。主要包括健康码申领、扫码、亮码及各级联动防控、赋码规则、场所码、核酸检测、疫苗接种等应用功能模块。

4.**安全保障**：主要包括终端安全、网络安全、应用安全、数据安全与集中管控等。

5.**运维管理**：主要包括资产管理、用户管理、终端管理、网络管理、应用管理及安全管理等。

6.**标准规范**：主要包括总体技术规范、网络技术标准、应用技术标准及安全技术标准等。

（二）系统部署架构

"信用健康码"依据应用架构现状并结合方案快速落地的可行性，采用容灾热备的方案支撑系统应用在云环境中实现故障的快速切换，以达到业务连续性的目标。系统采用双活生产中心架构部署建设，其中，生产中心1和生产中心2的计算、存储、网络、安全等资源均按1∶1进行配置，确保主备用"信用健康码"系统的数据一致性和业务连续性。系统部署架构如下面各图所示：

1."信用健康码"系统总体部署架构图：

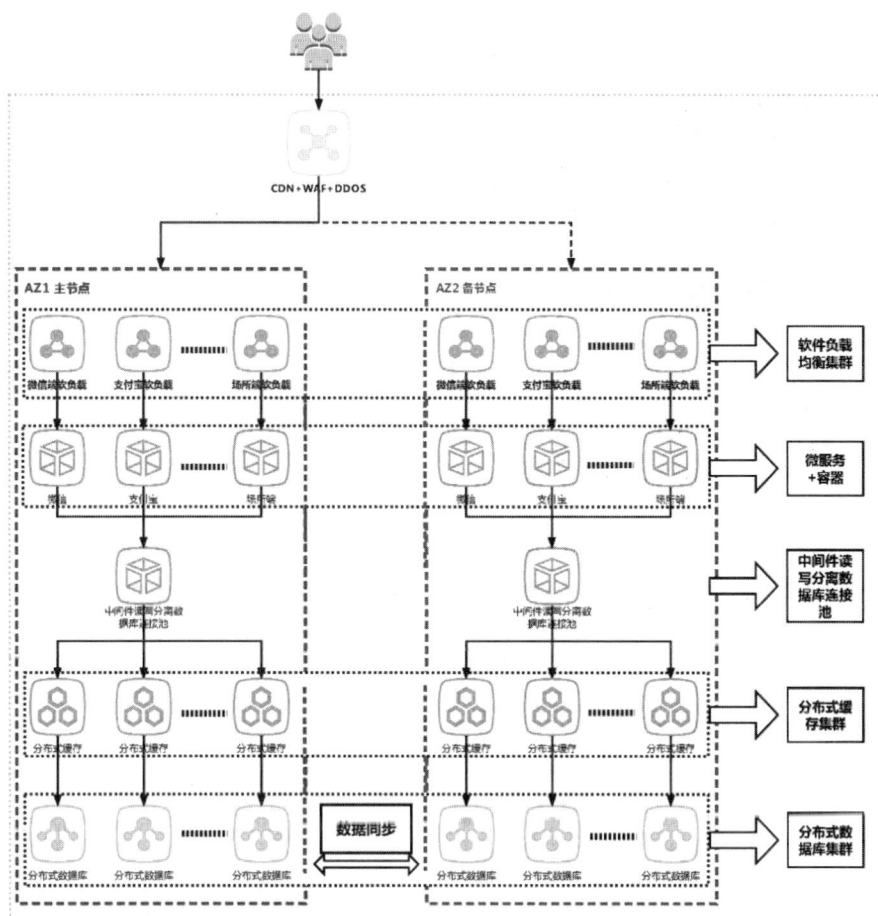

图4-3 总体部署架构图

2."信用健康码"系统数据库部署架构图:

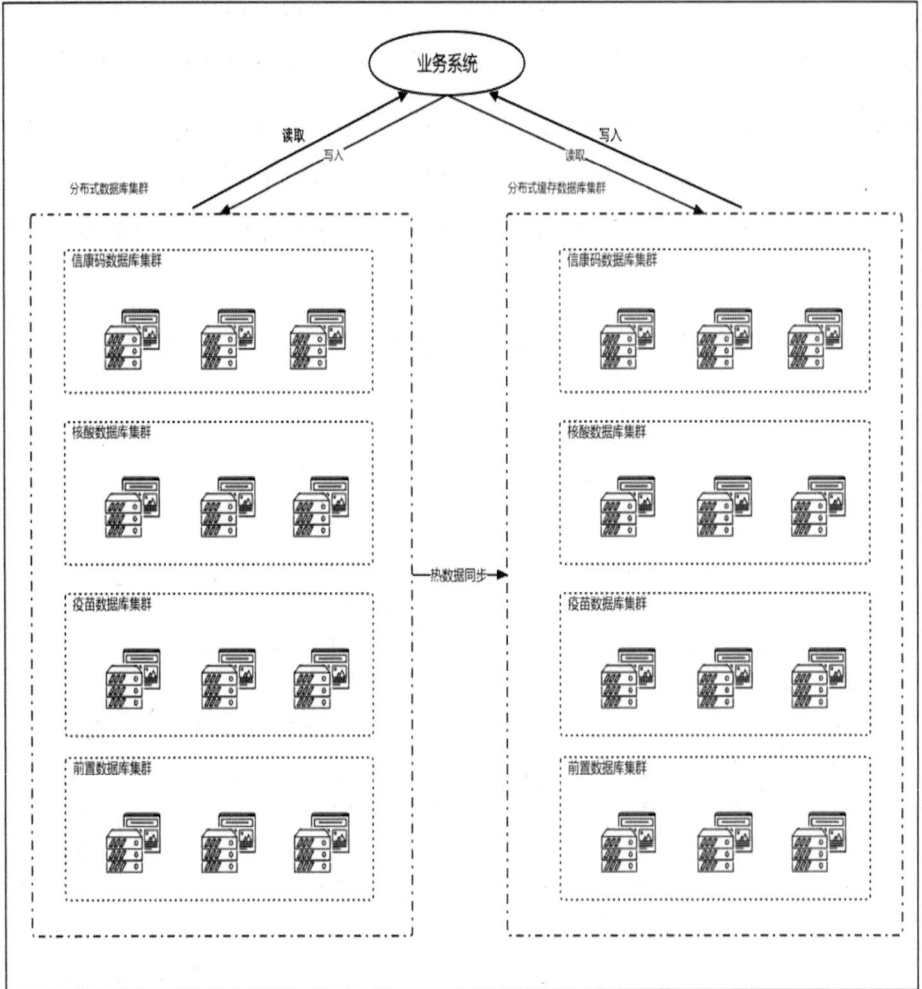

图4-4 数据库部署架构图

3. "信用健康码"系统应用软件部署架构图：

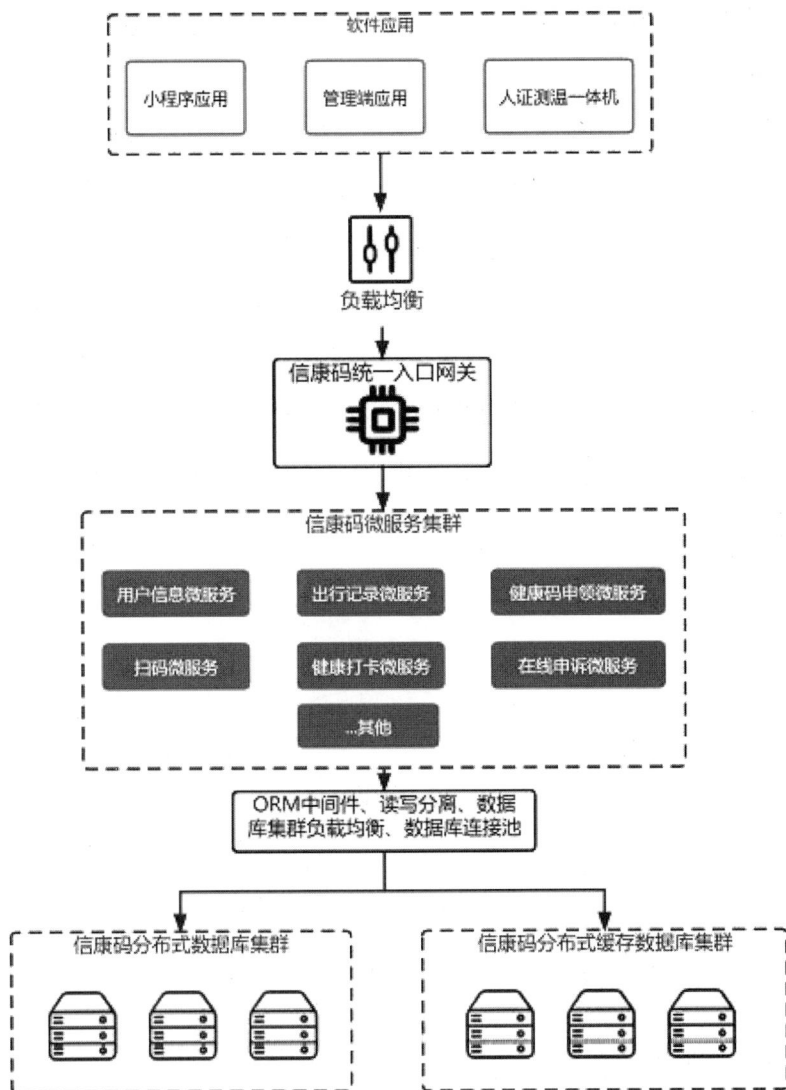

图4-5 应用软件部署架构图

（三）系统网络架构

"信用健康码"系统，充分依托青海省电子政务外网资源，按照"双活"生产中心设计，采取云主机+裸金属服务的混合云部署方式，规划系统网络架构。这种架构形式，可运用智能域名解析技术，将完成申请备案的

"信用健康码"唯一域名指向双生产中心的互联网地址，既能实现两个中心前端应用和后端数据库的逻辑隔离，又能实现扫码请求与赋码数据调取的高效快速响应。

疫情期间，"信用健康码"系统多次遭受境内外黑客的恶意攻击。为提升网络安全防护能力，"信用健康码"系统在电子政务外网互联网统一出口部署防火墙、IPS、网络审计、网络安全威胁监测、终端防护、漏洞扫描、VPN、堡垒机、日志审计、WEB应用防火墙、数据库审计、抗DDOS等安全设备和策略的基础上，在云端进一步强化部署分布式DDOS高防和云WAF等安全系统，对"信用健康码"业务流量进行实时监测和近源清洗，采取多重防护手段保障"信用健康码"业务的可用性和安全性。

网络架构如下图所示：

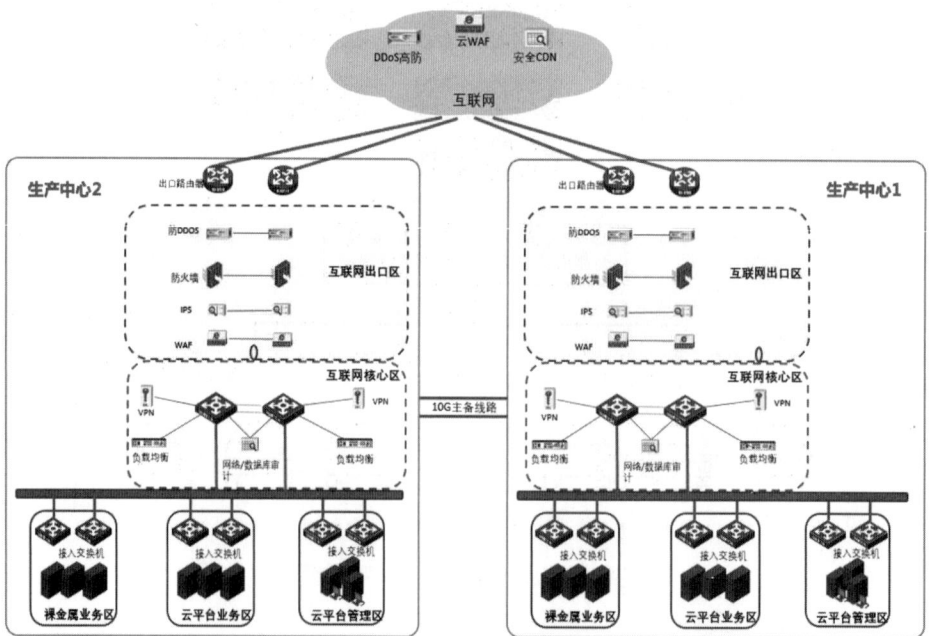

图 4-6 网络架构图

（四）系统业务架构

"信用健康码"系统是申领健康码、健康打卡、自查健康码状态、疫苗接种、核酸检测等日常亮码扫码、结果查询的重要防疫系统，主要业务由申请注册、我的健康码、核酸报告、疫苗接种记录、自助扫码、健康打卡、出行记录、个人信息、信息声明、常见问题、在线申诉、信康码代领等前端应用模块，以及用户管理、防控场所管理、短信管理、数据统计、信息查询、权限管理等后台管理业务模块构成。

系统业务架构如下图：

图4-7 业务架构图

二、"信用健康码"技术路线

"信用健康码"按照国家对疫情防控要求，遵循领域行业标准规范，基于成熟、可靠的技术架构，合理应用云计算、分布式、SOA、中间件等先进技术，采用面向服务、低耦合架构设计，确保应用框架可灵活扩展，能够通过功能组合、服务组合快速适应疫情防控政策的调整。系统采用Java、JavaScript语言开发，主要技术包含基于微服务架构生态的系统架构设计、基于微服务的应用系统集成、基于API Gateway应用统一入口、基于Netflix Hystrix的限流熔断、基于Docker的应用容器化引擎、基于Jenkins的自动化打包部署、基于Git/SVN的版本控制、基于MySQL的关系型数据库、基于MQ的消息队列、基于Rsync的文件同步、基于Nginx的软负载均衡、基于

CDN 的网络加速。

（一）基于微服务架构生态的系统架构设计

"信用健康码"系统通过使用微服务架构技术，将应用程序构建为独立的组件，并将每个应用程序进程作为一项服务运行，使用轻量级 API 通过明确定义的接口进行通信。便于"信用健康码"系统各项服务模块进行独立更新、部署和扩展，以满足对应用程序特定功能的需求。

（二）基于 J2EE 开放标准体系结构设计

"信用健康码"系统采用 J2EE 开放标准体系结构设计方法，能为分布式应用软件提供在各种技术环境下有效共享平台资源的支持，进而提高系统的可移植性、安全性、可伸缩性、负载平衡和可重用性。系统采用基于扩展标记语言（XML）的数据交换、统一的安全模式和灵活的事务控制，能有效支持跨平台应用、支持面向服务（SOA）架构、支持构件化开发。

（三）基于 API Gateway 应用统一入口网关设计

"信用健康码"系统采用先进的微服务架构设计，使得每个微服务都能以 RESTFUL API 的形式对外提供服务。在 UI 设计方面，通过设置一个统一的入口进行 API 调用，来满足在同一个页面上显示来自不同微服务数据的应用需求。采用 API Gateway 充当多个服务大门，利用系统的统一入口，可同时通过 API Gateway 对其他 API 进行管理/调用。两个生产中心具有独立的统一入口网关，也就是两个统一入口网关，可采取硬件负载均衡和软件 Nginx 方式，实现数据流量的动态管控和调度。

（四）基于 Netflix Hystrix 的限流熔断设计

"信用健康码"系统采用限流熔断技术，处理分布式系统的延迟和容错，当在一个依赖出问题的情况下，不会导致整体服务失败，避免级联故障，提高分布式系统的弹性，确保服务调用方的线程不会被长时间占用，避免故障在分布式系统中蔓延。当某个微服务的调用响应时间过长，或者不可用进而占用越来越多的系统资源时，系统能及时进行服务熔断和服务降级处理，能有效解决此类问题引起雪崩效应。

（五）基于Docker的应用容器化引擎设计

"信用健康码"系统采用Docker开源的应用容器引擎设计，将应用程序与基础架构分开，实现软件快速开发交付。借助Docker，与管理应用程序相同的方式来管理基础架构。利用Docker的方法来快速交付、测试和部署代码，减少编写代码和在生产环境中运行代码之间的延迟。

（六）基于Jenkins的自动化打包部署设计

"信用健康码"系统采用持续集成（CI）在整个软件开发生命周期内的设计理念，侧重于保证代码质量，缓和和稳固软件的构建过程。开发团队利用此方法，可有效应对软件构建自动化、构建可持续的自动化检查、构建可持续的自动化测试、生成后续过程的自动化等问题。

（七）数据库选型设计

一是分布式关系型数据库。采用MySQL等关系型数据库，借助于集合代数等数学概念和方法来处理数据库中的数据，主要以行和列的形式存储数据。由于"信用健康码"系统服务事项主要是结构化数据，事务流程规范，因此将事务型操作较频繁的政务服务事项库、办件过程信息库等，采用关系型数据库设计。二是分布式缓存数据库Redis。采用开源的、基于Java/C语言编写、可持久化提供多语言API的Key-Value类型的内存数据库Redis。Redis最大的特色是支持保存List链表和Set集合的数据结构，而且还支持对List进行各种操作，具有高性能并发读写的能力。与Memcached只能保存1MB的数据相比，Redis单个内存块的最大限制是1GB。对于数据变化快、数据大小可预见且数据结构在以后的扩展和变化中较稳定的高性能读写操作和运算，例如：数据分析、实时数据搜集、实时通讯等，都考虑采用Redis进行数据存取。

（八）基于中间件的读写分离和储存同步技术设计

"信用健康码"系统业务复杂，在高并发的场景下，基本都是读远远大于写，如果数据库读和写的压力都在同一台主机上，将会导致系统性能下降。利用主从数据库来实现读写分离，分担主数据库的压力。例如，在多个服务器上部署Mysql，将其中一台设置为主数据库，其他为从数据库，实现主从同步。其中主数据库负责主动写的操作，从数据库只负责主动读的操作，很大程度上避免数据丢失的问题，同时减少数据库的连接，减轻主数据库的负载。在实际部署中，利用青海省电子政务云资源，逐步提高数据库的物理性能，在主服务器上执行写入和更新，再从服务器上向外提供读功能，按照应用需求动态地调整从服务器数量，达到调整和优化整个数据库性能的目的。

分表分库类的中间件，主要有两种形式向应用提供服务。一种是以JDBC的jar包形式为Java应用提供直接依赖，Java应用通过提供的JDBC包实现透明访问分布式数据库集群中的各个分库分表；另一种是为应用部署独立的服务来满足应用分库分表的需求，在这种方式下通过标准JDBC访问Proxy，Proxy根据Mysql标准通信协议对客户端请求进行解析，还原应用SQL请求，通过访问数据库集群将得到的结果根据Mysql标准通信协议编码返回给客户端。分布式数据库分表分库中间件的主要有Cobar、Mycat、td-dl、drds、ddb等技术。

数据库同步中间件涉及数据库之间的同步操作，可以实现跨（同）机房同步以及异地容灾备份、分流等功能。可以涉及多种数据库，处理之后的数据也可以以多种形式存储。数据库与数据库之间会有数据迁移（同步）的动作。同类型数据同步原理比较简单，比如MySQL主备同步，只要在数据库层进行相应的配置即可，但是跨数据库同步比较复杂。

三、"信用健康码"实践路径

"信用健康码"系统以需求为导向，结合国家和青海省疫情防控政策，边建设边完善、边运行边开发，三年间共进行了2次大版本升级改造和数十次功能优化，有力支撑了全省疫情防控工作的高效开展。到2022年底，

"信用健康码"系统先后开发建设了后端疫情防控平台、移动端"防控场所"、移动端"个人健康码"、疫苗接种信息展示、疫苗接种预约、融合通信大数据行程卡等主要功能模块，有效对接国家政务服务平台及有关部门业务系统，上线微信版、支付宝版、云闪付版、青松办APP版等多个版本的移动端应用程序，推出了"信用健康码"代领、"信用健康码腕带"、"扫身份证转码"、人证测温一体机等多项便民服务举措，实现了"信用健康码"红黄绿码、实名认证、零接触登记、健康打卡、代办代领、身份证直接转码、与国家互联互通、"行程码"融合、疫苗预约、展示疫苗接种信息、汇聚全省核酸检测结果、展示核酸检测信息、来青返青人员"落地检"、不参加全员核酸检测赋红码等，克服了数万人同时扫码出现的瞬时高并发、恶意网络攻击导致的扫码慢、全国核酸检测结果信息不同步等多重困难，圆满完成了多轮次急难险重的疫情防控任务。

（一）疫情初期应急开发，紧急上线第一版"信用健康码"

2020年2月20日，青海省应急开发上线第一版"信用健康码"系统，因操作简便、无接触、可追溯等特点得到社会公众的广泛认可，迅速成为全省疫情防控和复工复产的主要信息化系统。3月18日，青海省按照全国"电子健康码"统一标准，通过集中力量技术攻关，对"信用健康码"系统进行了首次升级改版，先后完成18个接口的开发对接，打通全国数据链路，实现与国家一体化政务服务平台的互联互通，按统一规则生成红黄绿码。同步开通"信用青海"微信公众号、微信小程序、支付宝小程序3个便捷通道，方便社会公众快速申领认证"信用健康码"，实现了"信用健康码"跨省互认通行和外省（区、市）"健康码"在青海省的互信互认，使青海成为首批实现与全国所有省（市、区）电子健康信息互通互认的省份之一。

（二）根据疫情防控政策调整，按需动态开展小版本升级

2021年3月，青海信用健康码系统开发上线"疫苗接种信息展示"功能，对接青海省疾控疫苗接种系统，通过后台大数据共享交换，"信用健康

码"系统实时自动获取全省群众疫苗接种信息，已注射新冠疫苗群众扫码亮码时可同步显示本人疫苗接种信息，可查看疫苗名称、第一剂接种日期及第二剂接种日期。展示个人疫苗接种信息既有利于疫情常态化防控人员追踪管理，又可便利本人自查健康状态、提醒第二剂疫苗接种时间，还可以证明疫苗接种情况。7月初，"疫苗接种信息展示"功能进一步升级，接种第一剂疫苗后绿码周边显示紫色边框，接种第二剂疫苗后绿码周边显示金色边框，绿码中心还显示"信用青海"吉祥物"小诚"（牦牛）和"小信"（藏羚羊）的卡通形象，更加直观清晰。

为稳妥有序推进新冠疫苗接种工作，减少公众排队时间，避免人群聚集，预防新冠肺炎，尽快建立全民免疫屏障，2021年6月，青海信用健康码系统开发上线"疫苗接种预约"功能，为广大群众提供新冠疫苗接种线上预约服务。群众可通过"信用青海"微信公众号、支付宝"新冠疫苗"小程序进入新冠疫苗接种专区，填写个人基本信息、阅读并同意新冠疫苗接种的知情同意书、申报个人健康情况、完成手写电子签名后，选择接种点和接种时间进行预约。

为抓好常态化疫情防控，进一步便利群众出行，满足机场、火车站等重要交通枢纽核验通信行程卡信息的要求，2021年7月，青海省主动对接全国一体化政务服务平台，实现"信用健康码"与国家"通信大数据行程卡"信息互通，极大减轻了群众重复填报信息的负担，有效解决"码上加码"问题，跻身全国少数几个在健康码上融合"通信大数据行程卡"的省份行列。用户申领"信用健康码"后，点击下方"通信大数据行程卡"专栏，无须再次输入手机号，一键获取验证码即可查询并证明本人近14天内有无到访中高风险地区相关情况，无须额外提供证明或再行操作全国一体化政务服务平台，进一步便利群众"一码通行"。

（三）面对复杂疫情防控形势，完成第二次大版本升级

2022年5月份，"信用健康码"系统打通"国家卫生健康委新冠肺炎核

酸检测数据查询服务接口"，实现外省核酸检测结果跨地区在青海省健康码便捷查询。8月31日，青海省公共信用信息中心会同省疾病预防控制中心，打通全省核酸检测结果向中国疾病预防控制信息系统上报通道，实现区域核酸检测结果留存在本地、其他核酸检测结果自动上报功能，20天内自动上报核酸检测结果190余万条，成功率99.99%。9月19日，"信用健康码"新增"核酸结果上报"功能，当群众有跨省份流动需求时，支持本人在"信用健康码"页面点击"上报核酸检测结果"按钮，实现个人核酸检测结果及时报送到中国疾病预防控制信息系统，减轻国家核酸检测系统数据收集的压力，进一步提升核酸检测结果共享效率。

2022年8月份，青海省根据国家新冠肺炎疫情防控指挥部"外防输入、内防反弹"总策略、"动态清零"总方针和"六稳""六保"等重大战略部署，为有效应对全省严峻复杂的疫情防控形势和艰巨的复工复产任务，启动了"信用健康码"系统大版本升级改造，即在"信用健康码"现有系统（"信用健康码"1.0系统）的基础上，规划建设"信用健康码"2.0系统。

"信用健康码"此次大版本升级的主要建设目标：一是提升系统稳定性。保证"信用健康码"系统安全平稳运行保障工作，在组织管理、技术架构、承载能力、运行维护、网络和数据安全五个方面同步改善及优化升级，达到服务疫情防控、方便群众、科学合理、安全稳定的目标；二是提升并发能力。扩容"信用健康码"系统的计算、存储资源，新建"信用健康码"小程序，新增缓存功能，提升"信用健康码"系统业务承载能力、加强建设"信用健康码"系统高可用能力；三是提升系统安全性。搭建生产中心"双活"系统，扩建网络资源、安全资源，建立"集中监控、集中维护、统一管理、提前预警"的全链路监控运维系统，对"信用健康码"系统的全链路监控保障，对"信用健康码"相关的网络设备、计算资源、存储资源、应用、数据库、接口、中间件、安全防护情况进行全面监控，辅助系统运维工作能力。继续发挥"信用健康码"在全省疫情防控和经济社会发展、复工复产复学等各阶段的关键作用，持续保障全省疫情防控和经济社会发展工作"两手抓、两推进、两不误"工作要求，为各级疫情防控部门、各单位场所、广大群众的防控工作、生产生活、日常出行提供便利服务。

2022年11月，"信用健康码"2.0系统上线运行，全面完成了"信用健康码"系统软件的升级改造、计算存储资源的升级扩容，新建了"信用健康码"双活系统和全链路监控系统等既定目标任务。打造形成了更加安全稳定的"信用健康码"同城异地灾备中心，"信用健康码"系统的承载力、便捷性、稳定性、安全性得到全面提升。

四、"信用健康码"应用成效

"信用健康码"是经受过三年疫情实战考验和洗礼的信用数据要素×疫情防控的典型应用案例，为青海省抗击新冠疫情、复工复产、恢复正常生产生活作出了巨大贡献。

2020年初，正当全国人民喜迎新春之际，一场突如其来的新型冠状病毒感染疫情，打破了欢乐祥和的节日氛围。青海省委、省政府迅速作出安排部署，由省发展改革委会同省卫生健康委等相关部门，按照应急开发、迅速上线、逐步完善的原则，依托"信用青海"平台网站，发挥全量归集信用数据优势，集中优骨干员力量，经过一周的突击攻坚，于2020年2月20日紧急部署上线第一版"信用健康码"系统，是全国最早一批开放使用电子健康码的省份之一，也是最早一批实现与国家政务服务平台对接并与全国各省（区、市）"健康码"实现互信互认的省份之一，在全省统筹疫情防控和经济社会发展、复工复产复学的关键时期发挥了重要作用，取得了积极成效。

（一）全省统一使用"信用健康码"，解决"层层加码"问题

疫情防控战役打响后，青海省始终严格贯彻落实国家疫情防控相关政策要求，研究制定一系列具体政策措施及管理制度，大力清理整顿省垣各地区相继推出的各类疫情防控码，导致的"层层加码"等问题。一方面，积极推动各地区各有关部门全面开展清理规范工作，重点清理擅自建设运

营、安全要求不达标、信息不互认、数据重复采集的疫情防控码。另一方面，进一步加大"健康码"省级统筹力度，依托"信用健康码"整合各类疫情防控码。明确规定全省统一使用"信用健康码"，对省内各地区、各部门已使用的各类健康码一律停用，同时采取强力措施，严格督导落实，及时停用了疫情防控初期个别地区、部门推出的"海西州健康码""西宁市城东区健康码""公安卡口健康码"，实现全省统一使用"信用健康码"的目标要求，为全面落实国家提出的各地健康码全国互通互认、人民群众"一码通行"等政策要求奠定了坚实基础。

（二）融入全国疫情防控码规范体系，实现跨省互认

"信用健康码"自上线运营以来，始终严格落实"健康码"全国互通互认、"一码通行"相关要求，多管齐下融入全国疫情防控码规范体系。一是执行国家陆续出台的技术标准规范，积极衔接国办电子政务办及省有关部门，持续对信用健康码系统进行升级，迅速与国家政务服务平台和实时更新的全国新冠肺炎疫情相关数据库实现对接，打通全国数据链路，按统一规则生成红黄绿码，并能够识别按国家标准生成的各省健康码，在方便群众便捷申领认证"信用健康码"的基础上，快速完成"信用健康码"跨省互认通行和外省（区、市）健康码在青海省的互信互认，最短时间内迅速完成与全国一体化政务服务平台的全面融入对接。二是积极落实互认政策，推动各地区落实"健康码"信息互信互认机制和规则，明确跨地区流动人员"健康码"信息在各地区可信可用，切实便利人员出行和跨省流动。三是加大全国"健康码"的推广使用力度，做到凭全国一体化政务服务平台"健康码"无异常信息或各地区"健康码"绿码即可在省内各交通卡口、居住小区、车站、医院、公园等场所通行，不要求外省市群众必须申领和出示到访地的"信用健康码"。

（三）坚守疫情防控第一线，确保"信用健康码"安全稳定运行

青海省持续加强信息网络安全的督促检查，采取有效措施及时排查整

改各类风险隐患，不断提高"信用健康码"运行的安全稳定性：一是进一步提高"四类人员"、无症状感染者、出院患者、复阳病例、核酸和抗体检测等相关数据纳入"健康码"共享的时效，依托全国一体化政务服务平台及时与各地区"健康码"共享，进一步提高"健康码"判断的准确性。二是建设全链路监控系统，进一步提升"信用健康码"系统的运行保障能力，切实做好实时监测、故障应急处置，确保系统安全平稳运行。三是加强值守确保"信用健康码"安全平稳运行。青海省组织专业团队，全年 7×24 小时不间断保障运维"信用健康码"，全天候接听处置公众咨询申诉，按需优化升级系统功能，助力全省打赢多轮次疫情防控阻击战。四是按需拓展系统功能。根据全省疫情防控需要，升级完善扫身份证直接转码、人证测温一体识别、融合国家大数据行程卡、来青返青人员"落地检"、不参加全员核酸检测赋红码等系统服务功能，不断提升公众使用便捷性和体验度。五是迎难而上敢啃"硬骨头"。2022年4月、5月、8月、10月青海省连续暴发多轮新冠肺炎疫情，"信用健康码"注册量、扫码使用量连续暴增，青海省公共信用信息中心派出党员先锋突击队驻守扫码密集现场，值守政务云机房，有效应对境外恶意网络攻击，及时排查处置各类安全隐患，确保系统安全稳定运行。六是高效支撑疫情防控。"信用健康码"客服团队每天接听1800多个热线电话、处理2500多个在线申诉，积极协助各级指挥部第一时间查询密接、次密接人员出行轨迹、核酸结果、赋码转码等信息，为流调溯源、隔离管控提供精准的信息支持。

（四）落实安全责任，切实保障"信用健康码"数据安全

青海省严格落实国家《关于做好个人信息保护利用大数据支撑联防联控工作的通知》（中网办发电〔2020〕5号）、《关于进一步做好联防联控和复工复产中数据安全与个人信息保护工作的通知》（中网办发电〔2020〕6号）、《突发公共卫生事件个人信息保护规则》等文件精神，由省发展改革委会同省委网信办、省公安厅、省卫生健康委等职能部门，不断强化"信

用健康码"信息安全。一是推动各地区各有关部门落实中央网信办印发的《突发公共卫生事件个人信息保护规则》要求，强化"信用健康码"数据安全责任。二是进一步加强对"信用健康码"数据使用监管，强化问责机制，及时查处第三方平台违法违规行为，严防数据泄露，禁止第三方平台留存用户隐私数据。三是坚持最小范围原则，采集个人信息仅限本人实名、身份证号、手机号、实测体温等疫情防控必要数据，使用中必须经过脱敏处理并严格限定用途。四是全力推进等保测评工作，在完成大量检测、系统完善等工作基础上，组织网络安全等级保护定级评审会，开展多轮等保测评，整改完善系统漏洞，确保"信用健康码"系统通过网络安全等保三级备案和测评。五是全面完善安全制度，制定印发了《关于成立青海省公共信用信息中心信息安全工作组的通知》《青海省信用健康码系统应急演练预案》，研究制定了《青海省信用健康码系统日常安全管理制度》《青海省信用健康码系统运维管理制度》等管理制度，严格执行信息安全保护有关法律法规和工作制度规范要求。六是持续强化日常安全监测，多次邀请国家计算机网络与信息安全管理中心青海分中心开展安全防护检查、系统扫描、渗透测试、风险评估，邀请省公安厅网安总队现场监督检查，邀请信息安全公司对信用平台网站开展渗透测试，对"信用健康码"系统持续开展日常安全监测。八是着力加强人员安全培训、应急演练，通过组织开展突发事件应急培训、安全突发事件应急演练，持续加强工作人员信息安全保护能力和风险防范意识，严防系统和数据安全风险。

三年疫情，"信用健康码"系统在全国保持了信息安全零事故记录，在保障社会公众安全有序出行的同时，其身份信息、行踪轨迹等隐私信息得到了很好的保护。

五、"信用健康码"创新举措

"信用健康码"充分发挥信用数据要素价值，在做好疫情防控的基础上，创新开展系列信用消费活动，相继推出"青信通""青信游""青惠购"

等信用应用系统，积极推动复工复产复市，激发恢复经济活力，为全省高效统筹疫情防控和经济社会发展提供了有力保障。

（一）创新举措保障群众出行需求、提升通行效率

青海省为全面贯彻落实《国务院办公厅关于切实解决老年人运用智能技术困难的实施方案》及2021年全国春运电视电话会议有关精神，依托"信用健康码"着力保障人员跨地区流动，解决老年人和其他使用智能手机存在困难的人群在出行、就医、消费、办事等场景中无法充分享受智能技术带来的便利问题，深入研究、持续完善系统功能，除了全省统一推行"信用健康码"、认可国家政务服务平台健康码及外省健康码、亮码通行以外，升级推出了"信用健康码"代领、手环腕带、"手机扫身份证自动转换信用健康码"、身份证+测温+健康码一体化等功能，极大便利了各类人群使用"信用健康码"，确保了人民群众能够跨地区流动，大幅提升了通行效率，缩短了等待时间，避免了人员大量聚集，减少了人员接触。

（二）融入信用监管机制，突显"健康码"信用特性

青海省依托"信用青海"平台上下贯通、覆盖广泛，拥有全省全量法人和自然人数据库的优势，在"信用健康码"系统研发过程中，通过发布通告、印发通知等形式，建立了规范化的运维管理工作机制。充分发挥信用监管机制效能，明确将虚假申报或冒用他人"信用健康码"、个人隐瞒传染疫病史、重点疫病区旅行史、与传染病患者或疑似患者接触史、逃避隔离医学观察等行为依法纳入失信记录，并依法依规予以惩戒，对触犯疫情管控法规的将依法处理。例如，疫情防控期间，对个别商超门店、药店等哄抬粮油米面、蔬菜水果及防疫药品、物资等行为，进行了速查速办，第一时间将处罚结果纳入市场主体信用档案，并在"信用青海"网站进行集中公示。

（三）创新推出"信用消费码"，信用要素激发消费活力

2020年4月，青海省政府制定出台《惠民暖企健康消费实施方案》，就

进一步发挥"信用健康码"防控作用,保障居民健康出行,促进信用赋能扩大消费等方面作出部署,并于"五一"至"国庆"期间组织开展了一系列形式多样的主题促消费行动。通过加强与省内金融机构合作,在"信用健康码"中融合进店扫码登记、信用商户甄选、商家信用展示、消费券领取、账单优惠结付、信用评价等功能,拓展研发了"健康消费""融资信贷"模块,将"信用健康码"转型为"信用消费码",为全省企业和消费者发放各类让利信贷产品、投放惠民消费券,叠加商户优惠促销,推动复工复产和达产达效。行动期间,全省约3万户餐饮、百货、零售等各类商家门店和118.5万人次参与,合计发放暖企信贷6.85万笔、约428.41亿元,直接拉动零售业和限额以上大型商超销售额明显增长,较早实现了全省消费加快回暖。

(四)"健康码"成功转型"春风行动"平台,零距离开展助企暖企服务

2023年初,全国疫情防控转入常态化管理后,青海省启动了助企暖企"春风行动",成功将"信用健康码"系统转型为"青海助企暖企春风行动"信息化平台,建立起问题收集、快速解决、全程跟踪、及时反馈、挂账督办、对账销号闭环工作机制。省市县各级行动办公室利用"春风行动"平台,分级设立"问题收集分拨中心",按照企业反馈问题诉求、助企联络员收集问题、三级中心逐级分拨、本级相关专项组或部门及时研究解决、重大问题按事权逐级上报的流程,打造"企业出题、政府解题"的青海服务模式。一般事项做到即收即拨、即拨即办、即办即馈,重大事项限时办结,全省近万名干部职工进厂矿、联企业,"一对一"帮扶企业解难题、办实事。

(五)"信用健康码"战时服务疫情防控,远期致力于发展信用经济

青海省创新推出的"信用健康码"兼顾新冠肺炎疫情防控和社会信用体系建设,在疫情防控取得全面胜利后,及时将"信用健康码"转型为"信用消费码""春风行动",全面融合信用消费产品,促进地方信用经济发展。

疫情解封期间,青海省依托"信用健康码"系统创新开展"信用促消

费发展"活动,及时将"信用健康码"转型为"信用消费码",选择西宁市城西区唐道、海东市平安区平安驿两个商圈试点打造"信用示范街区",培育"信用商户"。多举措提高商户经营效益,一是"信用健康码"赋能"信用名片"功能,扫码展示商户基本信息和信用情况;二是开展商户信用等级评价,对各类商户开展分级分类监管;三是着力推介商户,通过微信公众号、支付宝、云闪付等渠道宣传优良商户,扩大商户获客渠道。

同时,多管齐下保障消费者合法权益,一方面引导消费者择优消费,打造"诚信卖、放心购"的消费环境,提前预警不良商户;另一方面方便消费者快速维权,扫描信用商户二维码可对商户进行点评投诉,对应调整商户信用等级评价,违法违纪行为移交监管部门、司法部门处理,充分发挥社会监督力量。

此外,面向城市商圈、特色小镇、商业街区、乡镇社区等消费集中区域,重点在商场、酒店、餐饮、景区等公共场所,将"信用健康码"全面融合深化各类信用消费产品,拓展线上采购、家居安防、物业管理、便民服务、智慧社区以及"信用+融资""信用+电商"等信用消费领域,促进"信用+乡村振兴""信用+企业帮扶",信用赋能推动特色农牧产品线上交易,探索建立全产业链信用追溯机制。深入挖掘"信用健康码"潜能,结合省情实际相继推出"青信通""青信游""青惠购"等信用应用系统,从各个方面努力扩大信用消费规模,服务实体经济,提振经济社会发展信心。

第五节 实践案例四:信用数据要素×便民惠企服务

近年来,信用在政务服务中的作用日趋重要,青海省通过推广信用承诺、信用报告,简化行政事项的办理流程。通过建立信用记录,督促市场主体诚信经营。通过实施信用评价,实现分级分类监管,提升监管的针对性和有效性。通过完善信用修复,帮助失信主体重回大市场。这一系列举措不仅显著提升了行政服务效率，方便了企业群众办事，而且在推动经济高质量发展和社会治理能力现代化方面发挥了重要作用，这些实践为青海省乃至全国其他地区开展信用便民惠企提供了宝贵的经验和模式。

一、信用便民：提供一体化信用查询服务

信用信息的查询和应用在对市场主体的服务监管中起着至关重要的作用。它不仅为市场参与者提供了决策依据，而且也是政府监管和市场自律的重要工具。在现代经济活动中，信用信息的透明度直接影响到市场的效率和公正性，成为维护市场秩序、促进健康竞争的关键因素。早在2015年，国务院办公厅便印发了《关于运用大数据加强对市场主体服务和监管的指导意见》，强调了大数据在提升公共服务效率和市场监管能力中的作用，指出要充分发挥公共信用服务机构作用，为司法和行政机关、社会信用服务机构、社会公众提供基础性、公共性信用记录查询服务。

（一）信用信息查询服务的由来

信用信息查询是通过系统化的方法收集、整理、存储和提供自然人、法人或非法人组织的信用记录的过程，目的是评估和预测信用风险，为政府部门、金融机构等决策、授信提供支持。查询通常基于庞大的信用大数据支撑，依托相应的查询系统。信用查询服务当前在全球范围内被广泛应用于政务、医疗、教育、金融、智慧城市、市场管理等多个领域，帮助决策者评估申请人的信用状况。

现代意义的信用信息查询在西方国家中有较长的历史。最早可追溯到19世纪的英国，1830年世界上第一家征信公司在英国伦敦成立。1841年，在美国诞生了美国历史上第一家征信机构——商业信息服务所，如今它已发展成了全世界最顶尖的征信公司之一。在我国，现代信用信息查询系统化工作起步较晚，1999年，中国人民银行批复同意在上海开展个人消费信用信息服务试点，这标志着我国个人征信体系建设开始起步。2004年，中国人民银行开始建立全国集中统一的个人信用数据库，我国征信体系建设进入快车道。

近年来，随着我国社会信用体系建设工作的整体推进，公共信用信息查询逐渐成为政府监管和社会管理的重要工具。首先，信用信息的查询应用在政府监管中起到愈发重要的作用。政府机构可以通过分析收集到的信用信息，对市场开展有效监管，及时发现并纠正市场失信行为。通过充分运用信用大数据先进理念、技术和资源，加强对市场主体的服务和监管，推进简政放权和政府职能转变，提高政府治理能力。这不仅有助于维护消费者权益，也保护了合法企业的市场竞争地位，避免了不正当竞争行为的发生。

此外，信用信息的查询服务为企业和消费者提供了全面的信用评估，帮助其在进行商业决策时降低风险。对于商务合作或投资决策行为，通过查询各方的信用信息，可以充分了解其信用历史记录、财务状况、法律诉讼等信息，从而判断潜在的风险和收益；对消费者而言，信用信息查询可以帮助他们评估服务提供商或产品制造商的诚信状况，从而做出更明智的消费选择。

当然，信用信息的广泛应用还有助于市场主体的自我纠错机制进一步发展。在信用透明的环境下，市场主体会更加注重自身的信用建设，高信用企业可获得更低的融资成本、更好的合作机会和更广阔的市场空间，反之低信用企业则无法在如此激烈的市场竞争环境中获得更好的发展机会。这种机制促使企业在追求利润的同时，也注重遵守法规和承担社会责任，同时也更进一步地促进政府机构在信用修复制度方面的理论研究和实践应用。

随着社会信用体系的逐步建立和完善，信用查询服务正逐渐从金融领域扩展到更广泛的社会管理和公共服务领域，成为社会信用体系建设的关键组成部分。未来，信用信息查询在促进政府及市场透明度、防范风险和激励诚信行为方面将发挥着越来越重要的作用，查询服务的角色将更加突出，成为构建以信用为基础的新型监管体系和社会治理模式中的核心应用服务。

（二）信用查询服务的分类与特点

随着经济社会发展及诚信建设进入不同阶段，信用查询服务逐渐呈现出不同类型，政府公共信用信息查询、人民银行征信查询、第三方信用机构信用查询、行业信用查询等不同信用查询服务百花齐放。不同的信用查询服务，其信用数据来源、查询时间范围、报告查询主体均存在一定差异，但其具体的最终呈现方式基本均为"信用报告"。正因表现出多元化的"信用报告"特征，使得不同类型的报告表现出的特点也有着较大的差异，它们决定了各种信用报告在应用场景、适用范围、参考对象均存在显著不同。

1.公共信用信息查询：

数据来源：政府部门收集的公共信用数据。

特点：公益性强，侧重于免费公共信用信息查询服务，重点用于监管和公共管理，因此公共性与行政性是公共信用信息查询服务最典型特征，强调信用透明度和公众的知情权。

目前，国家层面及我国各地区建立了公共信用信息平台，集中公示自然人、法人和非法人组织的各类信用信息，提升了信用信息透明度并通过联合奖惩系统激励和惩戒信用主体。公共信用信息查询报告是由公共信用信息工作机构对自然人、法人和非法人组织一段时间内信用状况的真实记录信息形成的报告，信息基于政府职能部门在依法履职过程中产生的信用信息。公共信用信息查询报告的公益性质与第三方商业信用报告的商业性质形成对比，目前全国各地方均明确要求在行政事项办理过程中充分使用公共信用信息查询报告，并鼓励在公共服务事项活动中使用此类型报告。公共信用信息查询报告目的是通过行政手段强化社会治理和公共服务效能。

2.人民银行征信查询：

数据来源：银行及其他金融机构，包括个人的贷款、信用卡使用等金融行为信息。

特点：人民银行征信报告具有较强的工具性，其高度的权威性和通用性为典型特征，以《征信业管理条例》为基本法律依据，广泛应用于金融领域的信用评估。

人民银行征信查询由于推出时间较早，目前在社会公众中知晓率较高。中国人民银行征信中心（营业厅含自助查询机）每年义务为公众提供2次免费查询服务，从第3次开始每次收费10元。查询方式包括柜台查询、自助查询、商业银行网点查询、互联网查询等几种形式。查询报告主要用于金融领域、司法领域，如：贷款抵押、信用卡申请或司法调查参考。

3.第三方信用机构信用查询：

数据来源：数据收集范围较广，除了信用信息基础数据、行政监管数据、金融数据外，还可能包括公共记录、社交媒体数据、在线行为数据等。

特点：操作灵活，能够提供更为多样化的信用评估服务，在传统信用信息的基础上叠加互联网数据进而形成更为丰富的信用查询服务内容，商业性与盈利性是第三方信用查询最为典型的特征。

随着市场经济的发展，一些私营企业也开始参与信用信息服务市场，较有代表性的如天眼查、企查查等公司。其提供除银行外的其他信用信息服务，如租赁、雇佣背景调查等。这些第三方机构通过更广泛的数据来源，提供更多元化的信用评估服务。其信用报告作为产生的商业产品面向市场，使用者付费获取，或向有需求的社会公众提供收费类信用查询服务进行盈利。因此，第三方信用机构市场信用数据具有商品属性，决定了其所开展信用活动具有显著商业性特征。

4.行业信用查询：

数据来源：特定行业内的信用信息，如行业监管机构、行业协会等提供的数据。

特点：具有专有性强、指向性强的特点，专用性与评价性是行业信用查询最为典型的特征。行业信用查询通常用于行业内的信用监管、信用评价和风险评估。

行业信用查询通常是对特定行业信用主体开展信用状况查询。所呈现出的专用性与评价性，主要是由于信用数据来源于特定行业内部，其数据专业性、适用主体的指向性、行业内部信用评价模型唯一性，使得行业信用查询也成了信用查询服务中不可或缺的一环。通常根据模型不同，对信用主体信用状况高低水平做出不同的评价，如：优秀、良好、一般、较差；A、B、C、D；红、黄、蓝、绿等，并根据信用等级的不同，让行业信用主体在特定行业市场在进入及竞争环境中得到差异化待遇。

信用查询服务，作为现代经济社会中不可或缺的一个组成部分，具有评估个人及企业信用状况的重要功能。通过收集、整理和分析相关的行政监管数据、金融数据、互联网数据其他信用相关信息，为法人和自然人提供决策支持。以上这些信用查询服务各有侧重，但共同目的是提高信用透明度，进一步促进政府监管、市场发育和社会发展。通过各领域综合灵活运用各类信用查询服务，可以更有效地降低信用风险，提升社会治理的现代化水平。

常见信用查询的基本情况及主要特点见下表：

表4-2 常见信用报告的统计分析表

信用查询类型	信用数据来源	报告生成主体	特征
公共信用信息查询	政府部门收集的公共信用数据	各级社会信用体系建设牵头部门	公共性 行政性
人民银行征信查询	主要来源为金融数据	中国人民银行	权威性 通用性
第三方信用机构信用查询	信用基础数据、行政监管数据、金融数据、公共记录、社交媒体数据、在线行为数据	第三方信用机构	商业性 盈利性
行业信用查询	特定行业内的信用信息	行政主管部门或第三方委托机构	专业性 评价性

（三）青海省公共信用信息查询服务

2022年12月，青海省发展和改革委员会依托"全国信用信息共享平台（青海）"拥有全省全量自然人、法人和非法人组织基础数据库的优势，根据《青海省公共信用信息条例》相关规定，为全面落实"凡办必查"工作要求，进一步提高青海省信用查询系统用户使用体验度，充分发挥公共信用信息在深化"放管服"改革和促进高质量发展方面的重要作用，对青海省信用报告一体化查询系统进行了升级优化，并结合国家公共信用信息报告标准（2022年版），制定印发了《青海省信用报告一体化查询系统（2022年版）使用规范》（以下简称《使用规范》）。2024年，在此基础上研究制定《公共信用信息查询服务规范》地方标准，不断提高信用查询服务质量和标准化、规范化水平。

地方标准和《使用规范》从规范有序促进青海省公共信用信息应用、广泛查询使用信用信息报告、有效保障信用信息安全、维护信用主体合法权益等方面作出相关规定。凭借信用信息数据赋能，青海省公共信用信息查询服务以其独特的区域特性和经济背景，通过信用报告一体化查询系统为用户生成一个全面、综合的信用画像。经过多年的实践积累，青海省公共信用信息查询报告已在多个领域中得到应用，如在评优评先、换届选举、任命任职、人员招录、项目申报、招标投标、资金拨付等各类事项办理过程中，为相关单位和部门做出更为科学的决策助力。

1.信用查询服务方式：

青海省通过信用网站、服务窗口、系统在线申请等途径向社会提供便捷免费的信用查询服务。

一是信用网站查询：信用主体可通过"信用中国（青海）"网站，经统一身份认证登录，查询下载单个法人或非法人组织公共信用信息报告。在网站首页搜索框选择"法人及其他组织"，输入被查询法人或非法人组织的汉字名称或统一社会信用代码，经搜索进入被查询法人或非法人组织的信用信息主页面。可在线查看各项信用信息详情，如需生成信用报告，可进一步点击"下载信用信息报告"按钮，下载该法人或非法人组织的电子版信用报告。

二是服务窗口依申请查询：有查询需求的单位、企业可携带青海省公共信用信息查询报告申请函，前往省政府政务服务大厅、省社保服务大厅或市（州）级行政服务大厅（逐步推广中）查询法人或非法人组织及自然人公共信用信息报告。信用查询服务窗口的建立是通过"小切口"促成"大改变"的有效手段，是"放管服"改革的重要举措。

三是系统在线申请查询：具备信用报告一体化查询系统访问网络环境且拥有系统登录账号的单位，可自行登录系统，在线提交信用查询申请材料，依流程查询法人或非法人组织及自然人公共信用信息报告。经查询、初审、复审三个阶段，申请单位可下载带水印、独立编号、防伪校验二维码的PDF格式信用报告。

2.信用查询服务"好差评"评价：

政务服务"好差评"制度是国务院深化"放管服"改革、优化营商环境的一项创新型制度，打破了政府内部自评藩篱，把话语权、评价权、监督权交给企业群众，能够更有针对性地改进政府服务方式和供给，提升政务服务质量和效能。自2019年政务服务"好差评"制度的提出，再到试点先行、典型带动，后出台指导意见，逐步形成一体化在线平台"好差评"管理体系，企业群众对政务服务的认知度、体验感、满意度持续提升。

2022年新版"青海省信用报告一体化查询系统"按照青海省政务服建设相关要求，上线"好差评"评价功能。在下载信用报告时，系统会自动弹窗提示，企业群众可对该笔查询服务的全流程进行"一笔一评"办事评价。

通过实施"好差评"制度，政府部门能够直接获取公众对政务服务的反馈，从而认识和改进服务中的不足。这不仅增强了公众与政府之间的互动，同时也促进了政务服务质量的持续改进提升，增强了政务服务的透明度。

（四）青海省一体化信用查询服务发展方向

如今，信用报告在行政管理、市场监管过程中起到了越来越重要的作用，山东省、广东省、上海市已经在推行信用报告代替无违法违规证明，这是信用查询服务对企业监管赋能的重要转折点。无违法违规证明较早作为企业申请上市时提供的要件，证明企业在最近3年内没有因违反相关法律法规受到行政处罚或存在情节严重的情形，后逐步应用于企业申请政务服务、评优评先等事项。2022年3月，国务院印发《关于加快推进政务服务标准化规范化便利化的指导意见》，从推广免证办、就近办、网上办、掌上办等方面对深入推进政务服务便利化提出新要求。在此背景下，各地纷纷推出以专用信用报告代替无违法违规证明的改革方案，以此解决企业长期面临相关证明开具数量多、提交场景多、办理流程多等问题，极大地为企业节省了大量时间成本。

各地区广泛推动的"公共信用报告代替无违法违规记录证明"事项的具体实践，为青海省提供了大量的宝贵经验：

1.主要作用：企业在面临行政管理、申报资金、商务活动、企业上市等事项办理过程中，通常需要提供无违法违规证明。证明开具过程中不可避免地面临开具证明数量多、需申请行政机关多、需办理流程多且难以找到一个明确的部门统管的难题。如企业上市审批时，需提供最近39个月无违法违规的证明材料。这需要企业到二十几个有关部门开具总公司及子公司、分公司的相关证明，需要大量人力物力和时间成本。通过进一步挖掘信用数据要素在优化营商环境的创新场景应用，推行经营主体以公共信用报告代替无违法违规记录证明，为经营主体提供办事便利，切实提升企业的获得感和满意度。

2.主要做法：将与证明事项相关的数十个领域，包括发展改革、教育、科技、工业和信息化、公安、民政、司法行政、财政、人力资源和社会保障、自然资源、生态环境、住房城乡建设、交通运输、水利等信用数据整合在专版公共信用信息报告中，经营主体通过信用网站、政务服务平台、各级政务服务大厅实现线上、线下查询，打印信用报告。

3.主要优势：以公共信用报告代替无违法违规记录证明可实现信用数据要素赋能政务服务改革多赢，一是有利于惠企便民，切实解决企业在开具无违法违规证明过程中的痛点、堵点、难点，大大减轻企业开具证明的负担，减少交易成本，优化营商环境。二是有利于从全省层面统一无违法违规证明的标准，减少权力寻租或个别部门证明开具过程中条件程序不规范问题。三是有利于减少部门出具各种证明的负担，提高行政效率，进一步深化全省"一件事一次办"改革。

二、信用惠企：构建全国统一大市场建设

党的二十大报告指出，"构建高水平社会主义市场经济体制。完善产权保护、市场准入、公平竞争、社会信用等市场经济基础制度，优化营商环境"。近年来，我国把"放管服"改革作为全面深化改革的"牛鼻子"和转变政府职能的"方向盘"，而随着市场主体数量不断上升，监管成本高、监管效能不足、难以形成监管联动等一系列问题也愈加突出。因而加快建设全国统一大市场必然成了新发展格局下全面深化改革与重塑大国优势的战略谋划，成为实现共同富裕与国民经济高质量发展的内在要求。其中，构建科学完备的市场监管体系，特别是以信用为基础的新型监管机制显得尤为紧迫。

（一）信用监管是统一大市场建设的"加速键"

信用监管是"放管服"过程中一项重要制度创新，是推动治理现代化和社会信用体系建设的重要方式；全国统一大市场建设是构建新发展格局的基础保障，是双循环背景下实现国民经济高质量发展的内在要求。信用监管与统一大市场之间存在着天然的内涵契合。

2022年3月25日，中共中央、国务院发布《关于加快建设全国统一大市场的意见》，提出要"健全统一的社会信用制度"和"全面提升市场监管能力"，这与构建以信用为基础的新型监管机制的总体目标、实现路径与重点任务高度契合。

2022年3月29日，中共中央、国务院发布《关于推进社会信用体系建设高质量发展促进形成新发展格局的意见》强调，完善的社会信用体系可以有效衔接市场供需，持续优化资源配置，营造良好营商环境，促进国民经济循环高效畅通。

信用监管作为运用现代信息技术的创新监管方式，结合了信用建设、"放管服"改革、优化营商环境工作中的各类实践应用，作为统一大市场发展的需要，信用监管以法律法规、行政规章为基础、以分级分类评价为标准、以多部门协同合作为手段、以大数据应用为支撑对各类市场主体开展精准、高效地涉及事前、事中、事后的全流程监管。而作为新型监管机制和社会治理现代化方式，信用监管将为全国统一大市场建设提供突破口和着力点，进而塑造"有效市场+有为政府"的良性互动。

总体来看，我国信用监管大致可以划分为提出和探索阶段（2015—2017年）、深化和完善阶段（2018—2019年）、法治化、规范化阶段（2020年—至今）三个发展阶段，其背后的逻辑是政府、市场和社会之间角色和定位的转变。当前，信用监管模式，从"事前、事中、事后"三向同时发力，事前监管环节，引导市场主体"信用承诺""查询信用报告"，全面推广信用承诺制度，扩大信用报告应用范围；事中监管环节，全面建立市场主体信用记录，开展公共信用综合评价，大力推进信用分级分类监管；事后监管环节，健全失信联合惩戒对象认定机制、规范失信惩戒措施清单管理，用好失信联合惩戒的"利剑"。信用监管对营商环境优化，优化要素配置，发展新质生产力，增强市场活力，将起到关键作用，这与全国统一大市场建设中对于公平竞争、市场准入、破除地方保护等内在要求高度契合。未来，信用监管制度必然会成为全国统一大市场建设中的强有力的抓手，助力全国统一大市场建设全过程。

（二）青海省构建以信用为基础的新型监管机制

近年来，青海省围绕加快推进"数字青海"建设，以创新为引领，积极推动社会信用体系与大数据融合发展，全省信用平台网站建设、归集共享信息、拓展信用应用取得积极进展。在不断加快推进信用监管工作实践和创新中，青海省狠抓机制创新与实践探索，在制度建设、信用评级评价及应用等相关工作方面取得实效。

1.法治建设夯实信用监管前进步伐。青海省积极推动信用立法工作，加强信用建设基础制度建设，为构建以信用为基础的新型监管机制提供了法治保障。青海省颁布施行的《青海省公共信用信息条例》明确提出"省人民政府发展改革部门应当会同信息提供主体制定公共信用综合评价规范，对市场主体开展全覆盖、标准化、公益性的公共信用综合评价，并依照法律法规和国家有关规定向社会公开"。

2020年，青海省人民政府办公厅印发《青海省加快推进社会信用体系建设构建以信用为基础的新型监管机制三年行动方案》，结合省内实际提出全面建立贯穿市场主体全生命周期，衔接事前、事中、事后全监管环节的新型监管机制；2021年，青海省人民政府办公厅印发《关于进一步完善失信约束制度构建诚信建设长效机制的实施方案》，对失信信息的纳入、共享，对失信主体的惩戒，对健全完善信用修复机制都作出了规定；2022年，中共青海省委办公厅 青海省人民政府办公厅印发《关于推进社会信用体系建设高质量发展促进形成新发展格局的实施方案》，专节明确"创新信用监管"相关举措；2023年，青海省又以省社会信用体系建设领导小组名义印发《加快青海省推进社会信用体系建设攻坚方案》强调，要全面推广信用承诺、完善信用评价体系、广泛实施信用监管、深入开展信用查询。

这一系列的政策措施为青海省构建以信用为基础的新型监管机制，提升监管能力和水平，全力打造"诚信青海"，推动经济社会高质量发展奠定了坚实的政策基础。

2.数据为信用监管科学评价提供支撑。国家《关于加快建设全国统一大市场的意见》中指出，要坚持有效市场、有为政府的工作原则，坚持市场化、法治化，充分发挥市场在资源配置中的决定性作用，更好发挥政府作用，强化竞争政策基础地位，加快转变政府职能。建设全国统一大市场，必须发挥好有效市场和有为政府的作用，既要"有效市场"，又要"有为政府"。处理好市场与政府关系，既要使市场在资源配置中起决定性作用，发挥市场机制、市场主体和资本的力量，又要更好发挥政府作用，强化宏观政策调节，支持和引导资本规范有序发展。

目前，我国信用监管主要以国家机关、法律法规授权的具有管理公共事务职能的组织，在依法履行职责、提供服务过程中产生和获取的信用信息为基础，通过评价模型，开展分级分类监管，用以对信用主体的监督、规范、调节。因此，及时、完整、准确的信用信息数据在科学开展信用监管活动中发挥着基础性、决定性的作用。

2019年7月，国务院办公厅印发《关于加快推进社会信用体系建设构建以信用为基础的新型监管机制的指导意见》，要求创新监管理念、监管制度和监管方式，建立健全贯穿市场主体全生命周期，衔接事前、事中、事后全监管环节的新型监管机制。《意见》鼓励市场主体在"信用中国"网站或其他渠道上自愿注册信用信息，要求充分发挥"互联网+"、大数据对信用监管的支撑作用，实现信用监管数据可比对、过程可追溯、问题可监测。

经过多年的探索与发展，在青海信用信息共享已成为政府各部门协同监管的关键环节，加强涉企信用信息共享，让"信息多跑路、群众少跑腿"已然成了共识。通过"数字+信用"手段，助力市场主体各监管部门提升对于多元数据的汇总、分析和应用能力，进而提高监管的精细化和智慧化水平。主要做法：

一是加强信用数据收集与共享。青海以"全国信用信息共享平台（青海）"为"总枢纽"，搭建全省统一数据平台。通过不断拓展信用数据归集范围，多年持续迭代更新《青海省公共信用信息目录》，以统一社会信用代码和身份证号码等为标识，合法、安全、及时、准确归集各类信用信息。

形成"日催报、周调度、月通报、季评估、年考核"工作机制，同时严控信用信息重错码率，不断提升公共信用信息标准化水平。在此基础上，加强各部门的数据共享与互通，加大政府公共信用数据与市场信用数据的融合，打破信息壁垒，强化各类数据整合与分析，充分挖掘数据价值为监管决策提供科学依据，实现数据资源的充分利用。

二是深化技术应用与创新。在监管数字化转型过程中，不断深化技术应用与创新，积极探索新的监管模式和方法。运用互联网、物联网、云计算、数据中台、区块链、人工智能等技术手段改进行政管理，推进政务信息联通共用，提高政务服务信息化、智能化、精准化、便利化水平。

三是丰富数据应用场景。通过整合各类数据资源，广泛将信用数据应用于行政执法监管、多维度评价、风险预警防范等多个应用场景，从而构建高效、精准、智能的市场监管体系。

四是严守数据安全底线。数字化转型涉及各类数据的采集、分析和应用等，容易引发数据安全和隐私保护等问题。因此在采集和使用数据时，应当规范数据采集和使用行为，保护个人隐私。同时，建立数据安全管理机制，完善安全防护措施，加强数据资源管理，严守数据安全底线。

例如：青海省黄南藏族自治州推进信易批建设，打造无感式"信易批"机制。通过建立"批前信用核验、批中信用核查、批后信用监管"的工作机制，逐步打造无感式"承诺核验"机制，减少因申请人提交的申请材料不齐全或申请材料存在缺陷引起的重复往返现象，在基本审批条件具备、主要申报材料齐全符合法定形式的前提下，可先行受理，进入审核批准程序；浙江省温州市打造无感监管新模式，通过集成"一体化"信息延伸"智慧化"服务，依托"浙企信用在线"监管平台、企业信用信息监管警示系统，整合企业动产抵押、股权出质、商标注册、抽查检查、司法协助、行政许可等涉企信息，打破企业信息碎片化、分散化和区域化的信息"孤岛"，形成企业全景多维画像，助力监管执法资源科学配置。

3.青海省各领域信用分级分类监管百花齐放。近年来，青海省各地区、各部门积极开展公共信用综合评价，将评价工作和信用分级分类监管作为推动相关改革的重要抓手，在不断加快推进信用监管工作实践和创新中，形成了各具特色的模式。在评价领域方面，各监管部门在全省信用信息归集共享基础上，构建本部门信用评级评价模型，取得了多领域、多行业信用分级分类监管百花齐放的良好局面。在数据来源方面，各行业领域开展的信用评价，其评价信息来源广泛，常见于监管部门日常监督检查信息、共享的信用信息以及市场主体自主申报等。

一是依托大数据整合归集共享。信用分级分类监管以广泛的大数据整合归集为基础，通过构建评价模型，以评价结果的形式形成信用画像，实现高效监管。省级信用信息共享平台作为全省信用信息归集共享"总平台"，对按照信用信息目录依法依规对归集到的公共信用信息开展数据治理整合，传统监管方式中对于监管对象相关数据归集难、归集慢、易篡改等弊端在新型监管方式中不复存在。

全面建立市场主体信用记录，通过建立市场主体信用档案的方式，在市场主体办理注册登记、日常监管、公共服务等环节中，及时、准确、全面地记录相关信用数据信息，同时记录其失信信用信息，做到可查可核可溯，信用信息归集及时、准确、完整。青海省始终将信用信息归集作为社会信用体系建设的基础工程，深入实施《青海省公共信用信息条例》，逐年修订印发《青海省社会信用体系建设信用信息目录和失信惩戒措施清单》，动态形成全省信用信息目录。建立日催报、周调度、月通报的常态化信息归集共享长效机制，推动形成覆盖全省63万家法人、640万自然人的信用"基础数据库"并动态更新，截至2024年6月，全国信用信息共享平台（青海）共归集全省法人及非法人组织、自然人信用信息4.5亿条，其中，法人及非法人组织信息3.7亿条，信息的覆盖范围、数量、质量和时效均居全省政务信息化系统之首。

同时，要确保在法律明确授权的前提下开展大数据信用信息归集，并要做到对归集到的信用信息的妥善保管、合理使用、适度共享，并做到对相关信息承载主体的权益保护，如商业秘密保护、个人隐私权保护，实现对权利人的保护。对于个人隐私权来说更甚于此，自然人公共信用信息在《青海省公共信用信息条例》第十七条中明确，归集、开放和使用自然人公共信用信息的，应当遵守下列规定：一是，征得该自然人同意，但是法律、行政法规另有规定的除外；二是，公开处理信息的规则；三是，明示处理信息的目的、方式和范围；四是，不违反法律、行政法规的规定和双方的约定。

在信用信息合法合规归集的同时，更为复杂的是合理开放信用信息共享渠道，在对数据资产治理的前提下，把握信用信息共享的合法性、标准性、时效性，以制度化、技术化治理"数据孤岛"打通数据壁垒，这也是提高信用监管效率的保证，有效助力监管效能最大化、对市场主体干扰最小化。

二是建立健全行业信用评价体系。近年来，青海省各行业监管部门相继出台了一系列涉及信用信息管理、信用评级评价的政策文件，有力支撑了监管部门在开展信用监管工作中缺少规范、缺少抓手的痛点。在信用信息管理方面，针对信用信息归集、共享，信用信息在失信惩戒、守信激励方面的应用，信用信息修复、异议处理方面都有详细的规定；在评价评价方面，针对监管对象设置信用等级，建立行之有效监管措施，开展差异化信用监管。

示例一，青海省住房城乡建设厅等11部门于2022年12月，在《青海省房地产开发企业信用评价管理办法》《青海省物业服务企业信用评价管理办法》《青海省房地产中介机构及从业人员信用评价管理办法》均已到期的情况下，为继续做好全省房地产业企业信用评价工作，将房地产开发企业、物业服务企业、房地产价格评估机构、房地产经纪机构信用评价工作进行整合，综合制定了《青海省房地产业企业信用评价管理办法》，提出将房地产业企业信用信息分为基本信用信息、良好信用信息、不良信用信息、一票否决信用信息四类。并将房地产企业信用等级分为4A、3A、2A、A和B五个等级，分别表示企业的信用程度。4A级企业为信用优秀企业；3A级企业为信用良好企业；2A级企业为信用较好企业；A级企业为信用一般企业；B级企业为信用差及一票否决企业。信用评价管理实行统一管理，分级实施，在此基础上进一步规范和健全信用采集、失信行为认定、记录、归集、共享、公开和修复等机制，提升监管能力和水平，规范市场秩序，推动高质量发展。

示例二，青海省文化和旅游厅于2023年印发《青海省旅游市场信用监管实施细则（试行）》，提出省级文化和旅游行政管理部门按照"依法行政、合理关联、保护权益、审慎适度"的原则，依据信用信息，建立信用评价模型，对旅游业市场主体和从业人员开展信用评价。并对旅游市场由高到低划分为A、B、C、D四个基础信用等级。A级为无违法违规行为、信用状况好的守信市场主体。B级为存在轻微违法违规行为、信用状况一般的市场主体。C级为存在一般违法违规行为、信用状况较差的市场主体。D级为存在严重违法违规行为、信用状况差的市场主体。根据守信机制等情况，A级旅游市场主体细分为AAA、AA、A三个信用等级。同时该实施细则对"认定异议和信用修复"同样做了详细的规定要求，对失信主体认定告知、决定、送达也作出了明确规定，其中涉及行政处罚、严重失信主体认定的"双书送达"范例，为全省高效办成信用修复"一件事"提供了相应的支撑。

（三）青海省推进信用监管的思考和建议

信用监管是创新事前环节、加强事中环节、完善事后环节的全过程信用监管，为统一大市场维护完整的秩序链条，保证统一大市场的顺畅衔接和高效运转。开展公共信用综合评价对于推动信用信息深化应用，构建以信用为基础的新型监管机制，提升政府公共服务能力和公信力，优化营商环境和创新社会治理等方面都具有重要现实意义。目前来看，青海省在建立健全相关配套制度、拓宽行业评价覆盖面、创新信用监管手段等方面已经取得了阶段性工作成效。下一步，在推动公共信用综合评价落地见效、推进信用监管效能提升过程中，建议从线上线下融合发展、加强监管整体统筹、强化信用信息共享、优化信用监管服务举措等方面持续推进，实现公共信用综合评价赋能实体经济高质量发展。

1.线上线下融合监管赋能大市场建设。信用监管以线上与线下相结合为特征，可实现融合监管，赋能全国统一大市场建设。现如今依托大数据平台、便携式掌上执法平台，可实现监管领域"双随机、一公开"监管工作线上线下融合发展。全面应用掌上执法平台，为市场监管人员开通系统账号，配备掌上执法工具，依托全省行政执法平台实施行政检查，并逐步提升掌上执法比例。同时，掌上执法平台提供信用查询，各部门可以查询全省的企业、个体工商户、专业合作社等主体的基本信息、监督检查、行政处罚等各类信用信息，实现主体信用信息跨部门的共享共用。在"双随机、一公开"检查中，充分发挥信用机制作用，加强信用权重，实现重点、精准、分类监管。

2.加强信用评价工作的统筹协调力度。当前省内各行业开展的公共信用评价主要是根据每个行业的特点进行具体划分，点多面散，指标体系各不相同，评价的内容、方式、应用结果等均存在较大差异，可能会存在一企多分、尺度不同、标准不一等问题。当前虽然有国家对于企业的综合信用评价数据，但很难体现出市场主体的综合"信用画像"面貌，因此，未来在公共信用评价等级标准、应用规范等方面还需要国家予以综合规划、整体统筹，为各地方各部门组织实施公共信用评价、开展评价结果应用等相关工作提供总体指导和规范，以打通评价结果的跨行业、跨区域应用壁垒，各监管部门在出台信用分级分类监管的相关制度和具体办法时，应明确信用分级分类监管适用的对象范围、事项清单、监管措施等，以确保信用评价与分级分类监管有序开展、程序规范、有章可循。

3.强化信用信息共享的基础保障作用。信用数据共享是开展信用监管的基础。近年来，青海省信用信息归集共享、数据治理等工作已经取得了一定成效，但以应用为导向，强化系统互联、共享应用等方面还存在不足。建议进一步以监管需求为导向，强化信息共享和系统互联，在按照公共信用信息目录清单"应归尽归"基础上，加强跨地区、跨部门的信息互联共享，加强信用信息、评价结果信息、结果应用情况的共享与交流反馈。同时，提升信用信息应用的效率和质量，丰富评价结果市场应用，完善信用修复体系，提高信用监管对统一大市场的服务支撑能力。

4.持续优化创新信用监管的服务举措。信用监管配置资源的主要方式是根据监管对象不同的信用状况来进行监管资源的配比和投放，依据评价结果对监管对象进行监管优先级别、轻重力度、频次效率的配置。让监管对象在事前、事中、事后中感受不同的监管差异，以增强信用监管靶向性和有效性。因此，持续推动信用数据、评价结果在各类监管和服务场景下的落地应用，实现信用监管与各领域应用场景有效融合便显得尤为重要。因此，要积极创新信用监管方式、优化信用监管措施、开发信用惠民便企应用，因地制宜加快拓展信用监管在各领域的建设和应用，更快提升监管能力和水平，推动信用监管迈向更高、更成熟的发展阶段。

第五章　信用数据要素×青海行动研究

社会信用是重要的市场经济基础制度，在构建社会主义市场经济体制和实现社会治理能力现代化等方面发挥出关键性作用。党的十八大以来，党中央、国务院作出一系列决策部署，习近平总书记从全面加强守信激励和失信惩戒，推进诚信文化建设、政务诚信建设、商务诚信建设、社会诚信建设、司法公信建设、国际交往诚信建设等方面分别作了重要论述，构成了系统科学的诚信理论体系，是习近平新时代中国特色社会主义思想的组成部分，为全面加强社会信用体系建设指明了方向、提供了根本遵循。

青海省社会信用体系要在前期建设实践并取得阶段性成果的基础上，始终以习近平新时代中国特色社会主义思想为指导，深入贯彻落实习近平总书记考察青海时的重要讲话和对青海工作的重要指示批示精神，依托青海资源禀赋、产业"四地"建设、绿色算力比较优势，抢抓数字经济快速发展机遇期，以信用数据为关键要素，聚焦群众反映强烈的重点领域诚信缺失问题和存在的薄弱环节，扎实推进信用理念、信用制度、信用手段与国民经济体系各方面各环节深度融合。

同时，要有效发挥政府的组织协调、示范引领和监督管理作用，充分调动各类主体的积极性创造性，创新运用信用理念和方式，不断规范完善各领域各环节信用措施，全力推进社会信用体系建设高质量发展，进一步增强信用对提高资源配置效率、降低制度性交易成本、防范化解风险的重要作用，为奋力谱写全面建设社会主义现代化国家的青海篇章贡献力量。

第一节 释放信用数据要素价值，助力打造生态文明高地

青海雄踞世界屋脊，地处地球"第三极"，被誉为山宗水源路之冲，是山水林田湖草沙冰等生态要素近乎完备的大美之地。习近平总书记高度重视青海生态保护，赋予青海"最大的价值在生态、最大的责任在生态、最大的潜力也在生态"的省情定位，明确青海"生态安全地位、国土安全地位、资源能源安全地位更加重要"的战略地位，强调保护好青海生态环境，是"国之大者"，指出要努力把青藏高原打造成为全国乃至国际生态文明高地，人与自然和谐共生的现代化城市。

释放信用数据要素价值，推动生态领域信用建设是提升全社会生态环境保护理念意识和积极性主动性的关键所在，是确保生态文明建设扎实有效推进的重要基础。生态文明城市是一种依托自然环境以人的行为为主导、以资源流动作为命脉、以社会体制为经络的"社会经济自然"综合体系，是环境优美、社会和谐、经济发达、资源充分运用、可持续发展的人类居住地，是人与自然和谐共生的命运共同体。将信用元素融入生态文明建设，有助于提升资源配置效率、降低制度性交易成本，对于提升青海形象和国内竞争力具有重要意义。

一、生态信用概念提出及研究

随着全球生态环境问题的日益突出，全社会对于生态环境保护的需求和意识在不断提高，生态环境保护理念和行为也在悄然变化。

（一）生态信用的产生

早在农耕时代，人类就创造了农业文明。在这期间，信用便已经在人们交往、借贷关系中发挥出积极作用。此时人与人之间主要基于双方彼此的熟悉、信任，即当两个人之间互相了解、互相信任，则他们之间的借贷就会比不互相了解、信任的另外两人要相对容易，我们称这种信用为农业信用。

工业革命的兴起，极大地带动了商业发展，进而创造了工业文明。在这时期，商业所引发的借贷关系不再仅仅是基于双方的了解和信任，而是依靠对方的信誉、对债务偿还能力的评估，我们把工业文明所对应的这种信用关系称之为商业信用。

当社会发展进入到当前的生态文明时期，生态信用便应运而生。因生态信用相关的学术研究起步较晚，当前在学术界，学者们对生态信用的解释还各不相同，至今也未达成一个共同的定义。例如，部分学者把生态信用称为生态信用或可持续信用。

（二）生态信用的定义

关于生态信用的定义，国外学者的研究结果不尽相同：生态信用之所以能够引起人们的重视并且广泛传播，是因为1992年联合国颁布了《里约环境与发展宣言》和《21世纪议程》。到了2000年，又有学者指出：环境经济包含着生态信用，应该通过研究多元化的金融工具以保护环境、维护生态。与此同时，美国学者Sonia Labatt指出，生态信用主要是为了改善生态环境、降低环境风险而建立的人与生态之间的信用关系。

近些年，联合国一个组织（UNEP FI）对生态信用给予了更为概括的解释：人们要想在环境经济中融通资金，而金融业要想在环境经济中受益，那么生态信用是必将要考虑的。从该组织的阐述中，我们可知生态信用是多个学科联系在一起的产物，其中包括金融学、环境经济学和伦理学。

中国学术界，学者们对生态信用的解释也各不相同。其中一部分学者认为：生态信用主要是使人与生态各自的地位处于同等化，让人与生态建立起一种和睦相处关系的过程，在这个过程中，就需要人对生态做出一种信用，通过金融业对资金和资源的引导配置，进而平衡当事人的生态权益，使生态环境能够得到合理保护，生态资源得以科学地开发、使用。这一观点的代表学者是杨桂海等；另一部分学者认为：通过项目投资和资金募集，由政府引导，建立生态经济运营平台，进行托底，实现生态资源向生态资产和生态资本转化，投资权可以转让，以政府和专业机构的信誉背书，体现为一种"生态信用"。这一观点的代表学者是李军洋等。

综合上述各学者的观点，本文认为生态信用的定义包含多个层面。第一层，生态信用是一种责任体现，它要求每个主体都应当积极履行生态保护的责任，为构建美丽中国贡献力量。第二层，生态信用也是一种评价标准，用以衡量各类行为主体在环保实践中的表现和成果。第三层，生态信用还是一种激励机制，通过对其的认可和奖励，可以激发更多主体参与到生态文明建设中来。第四层，生态信用在金融领域也发挥着重要作用。金融机构在提供贷款、投资等金融服务时，可以充分考虑企业的生态信用状况，优先支持那些具有良好生态信用表现的企业和项目。总之，生态信用不仅可以促进生态环保产业的发展，还可以引导社会资本更多地流向生态文明建设领域。

（三）生态信用的价值

生态信用作为一种新型的环境治理工具，在引导单位和个人积极履行环保责任，提升生态环境保护的整体水平方面具有极高的社会价值。

首先，生态文明建设是一项长期而复杂的任务，需要全社会的共同努力和持续推动。通过生态信用体系的建设进一步明确各单位和个人的环保责任，推动形成全社会共同参与、协同推进的生态文明建设格局。其次，生态信用建设还有助于推动经济发展方式的转变。通过生态信用体系建设引导社会资源和资金向环保产业倾斜，可以促进环保产业的持续健康发展，进而推动经济实现绿色、可持续的发展。另外，在全国环保意识日益增强的背景下，一个拥有良好生态信用体系的省份更容易获得国内乃至国际社会的认可和尊重，青海应紧紧把握历史机遇，提升青藏高原生态信用在国内国际地位和影响力。

二、伦理价值视角下生态信用建设研究

伦理是人与人之间相处时应遵循的道德准则，或者说是秩序规范，表现为一个人行为品质的善、恶、正、邪，引导着人们不断地践行良善的行为和追求幸福。伦理作为一种重要的意识形态，总是随着社会历史发展的脚步而处在不断嬗变的创新发展过程中。从农业时代到工业时代，再到当下的信息时代，伦理道德也逐渐完成了由传统到现代的革命性飞跃。特别是20世纪伴随全球性生态危机日益加剧而发轫并迅速发展的生态思潮，使现代伦理又历史地走向了生态，实现了现代伦理的巨大创新，标志着现代伦理的发展进入新阶段。

在生态问题全球化的今天，探索如何在生态困境中结合信用建设突围，维护和促进全人类的根本福祉，已经成为全世界必须面对的最迫切、最复杂的课题之一。而科学、系统的道德建设，是解决生态信用问题的伦理途径。因此，明晰伦理的生态脉络，努力构建具有生态信用特征的伦理价值，善于用生态伦理指导人类实践，对于新形势下推动经济社会和人的可持续发展具有重要意义。

（一）生态信用建设的价值导向

从经济角度讲，信用建设通过展现信誉价值，成为经济效率提升的有力手段；从伦理角度讲，信用建设对构建和谐关系始终发挥着价值理性效应。人与自然之间和谐共生关系深刻反映人的本质属性，坚持以生态思维方式善待自然生态，能够推动人的社会属性与精神属性的长足发展。基于经济社会发展不平衡不充分问题的存在，人民群众对生态信用建设的认知与实践存在显著差异，应将生态信用建设视为一项巨大系统性工程，树立生态文明共同体理念，对大江大河大海保持感恩之心，对耕地森林草场保持感激之情，始终坚持对山水林田湖草沙的一体化保护和系统治理，这既是青海社会发展的必然选择，又为打造生态文明高地提供伦理价值规范。

生态信用建设中蕴含着深厚生态伦理内涵，既拥有生命规律与生态规律的逻辑，还拥有社会价值与人格价值的属性，生态信用建设要超越传统社会中对人情人际关系的规范调节，逐步转向经济理性、法治理性和价值理性的协同发展。青海省要积极弘扬中华民族精神，传承中华优秀生态文明，培育顺天时、应地利、聚人和、适法度的开放性的生态系统，养成善待自然生命的生态伦理信仰，积极塑造生态伦理的善恶观、荣辱观与是非观，切实让生态信用为打造生态文明高地提供价值遵循。

（二）生态信用建设的规划指导

加快推进生态信用建设，应站在人与自然和谐共生的高度谋划发展，首要目标是生态信用建设的顶层设计。青海省首先要尽快完善生态信用制度体系建设，畅通生态信用价值的实现机制，树立全局意识、问题意识与目标导向，实现自治、法治与德治有机结合，做到社会治理与生态治理协同推进，实现生态城市、生态行业与生态环境等一体化保护，推进生态规划、生态保护与生态评价等一体化落实，不断增强青海生态系统的耦合效应。

其次，要健全生态信用建设的思想体系、价值体系与路径体系，构建多视角、多层次的文明城市生态治理现代化体系，持续增强生态信用创新发展活力。推进生态信用建设，要与经济发展规律、科技创新规律、人的发展规律等有机结合，健全生态信用建设统筹协作体系、保障支持系统与评价监督体系。

同时，要推动生态信用与生态伦理的学科交叉融合，全面优化生态伦理学科体系建设，实现生态信用教育进工厂、进校园、进课堂、进家庭。要不断促进生态信用建设的人文化发展，展现出广大人民群众的生态伦理品格和生态道德人格，赋予青海文明高地建设应有的伦理价值与道德情怀。

（三）生态信用建设的智能驱动

随着数字中国战略的深入推进，信用数据对经济社会高质量发展的重要性日益显著，信用数据产业飞速发展正快速改变传统市场结构和社会态势，催生出了一系列数据新服务与新业态。生态信用创新发展：

一要紧紧抓住数据社会转型的难得机遇，深度融入物联网、云计算、大数据、人工智能等发展大潮，加快构建以信用数据归集整合、数据管理服务、数据治理优化与数据监测评价等为特色的生态信用建设新模式，确立生态信用建设的数据转型导向，有效激发数据归集、数据挖掘、数据计算、数据预测与数据分析等对生态信用建设的推动作用。

二要积极构建智能化的生态文明城市治理体系，加快将智能信用、绿色信用与生态信用等转化为数字化信用场景，培育生态信用建设环境，打造完善的绿色供应链、绿色产业链与绿色价值链，优化城市生态产品价值实现机制，促进城市经济社会发展深层次交融。

三要通过生态信用智能化建设，实现生态信用建设在经济社会发展的全方位全过程嵌入，推进生态信用建设的理念融合、价值融合与空间融合，持续优化城市生态系统调节功能，提升文明城市生态产品价值，破解城乡之间的空间壁垒、技术壁垒与信息壁垒，促进经济相互融合、心灵相互碰撞与文化交流互鉴，全面提升青海文明城市现代化的质量内涵与效率效能。

青海省要在做好上述要求的基础上，进一步提升生态信用的发展效能，拓展生态信用的发展空间，理顺生态信用体系建设在财税、金融与投资等领域之间的不协调关系，构建完善的生态信用交易市场，着力促进数字经济与实体经济的深度融合。

三、信用助力青海打造生态文明高地

数据是继人力资源、技术、资本后，第四大经济生产要素。公共信用数据具有量大面广、权威准确的优势，能够较为全面地反映了各类社会主体的经营行为特质和社会行为特性，具有广泛的应用价值。青海省将信用数据与生态相结合，采取建立生态信用制度、优化生态信用评价、完善生态信用监管等手段，构建以信用数据为基础、以生态保护为目标的生态信用体系，可以更加有效地约束和规范市场主体的行为，促进市场经济的健康发展。由此可见，生态信用体系建设，不仅有助于提高人们的生态环境保护意识，还有助于提升整个社会的诚信水平，对推动社会和谐稳定，打造青海生态文明高地具有重要意义。

将信用大数据与大生态有机结合、融合发展是青海打造生态文明高地的创新之举。信用大数据是指借助大数据技术对数据进行采集、处理与分析，并应用于信用评估的数据统称。这种新型的信用评估方法不仅涵盖了传统的金融机构借贷数据，还广泛涉及网络、金融、购物等日常生活中的各类数据，使得信用评估更加全面、准确。通过大数据技术的运用，可以更深入地了解个体或企业的信用状况，从而为金融机构、政府机构等提供更为可靠的信用参考。而大生态则是一种哲学理论的概念，强调人类社会与大自然的和谐并存。在信用体系的建设中，大生态的理念同样具有重要意义。通过构建一个良好的生态环境，可以促进信用体系的健康发展。推动信用信息共享、加强信用监管、完善规章制度等，都有助于提升整个信用体系的稳定性和可靠性。

（一）建立生态信用机制

党的十九大报告指出，要健全环保信用评价、信息强制性披露、严惩重罚等制度。近年来，按照党中央、国务院关于生态文明建设和社会信用体系建设的决策部署，上至部委，下至地区，都积极行动，出台了一系列政策文件和制度举措，推动我国生态文明建设和生态环境保护发生了历史性、转折性、全局性变化。

2013年，原环保部会同国家发展改革委、人民银行和原银监会等四部门信息印发了《企业环境信用评价办法（试行）》，指导各地开展企业环境信用评价，督促个人及企业履行环保法定义务和社会责任，约束和惩戒企业环境失信行为。

2014年以来，随着国家新《环保法》《大气污染防治法》《水污染防治法》等一系列法律的修改，开启了我国环境法治建设的新阶段。如新修订的《中华人民共和国环境保护法》中，规定的按日计罚、限产停产、行政拘留等配套手段，使得环保部门可以对企业的环境污染和生态破坏行为，实行最严厉的惩罚手段。

2015年，原环保部会同国家发展改革委印发了《关于加强企业环境信用体系建设的指导意见》，指导各地方加强企业环境信用体系建设，促进有关部门协同配合，加快建立企业环境保护"守信激励、失信惩戒"机制。

2016年，原环保部会同国家发展改革委、人民银行等30个部门，联合签署并发布了《关于对环境保护领域失信生产经营单位及其有关人员开展联合惩戒的合作备忘录》，明确对环境保护领域违法失信主体，实施限制市场准入、行政许可或融资行为，停止优惠政策，限制考核表彰等惩戒措施。

2019年9月8日，生态环境部发布《关于进一步深化生态环境监管服务推动经济高质量发展的意见》，强化事中事后监管。推动出台关于全面实施环保信用评价的指导意见，进一步完善环评、排污许可、危险废物经营、生态环境监测、环保设施建设运维等领域环保信用监管机制，推动环保信用报告结果异地互认。

2021年3月23日，国家发展改革委、生态环境部起草《关于全面实施环保信用评价的指导意见（征求意见稿）》明确指出，环保信用评价是加强生态环境监管的重要抓手，是推动市场主体履行生态环境保护责任的重要手段。按照依法依规、以评促建、深化应用、保护权益的原则，自2022年起对纳入生态环境监管且对生态环境保护和应对气候变化有重要影响的企事业单位，全面实施环保信用评价。

2021年11月2日，中共中央、国务院印发《关于深入打好污染防治攻坚战的意见》强调，要全面实施环保信用评价，发挥环境保护综合名录的引导作用。

2022年3月29日，生态环境部印发《关于加强排污许可执法监管的指导意见》。强化环保信用监管，建立排污许可守法和诚信信息共享机制，强化排污许可证的信用约束。将申领排污许可证的排污单位纳入环保信用评价制度，加强环保信用信息归集共享，强化评价结果应用，实施分级分类监管，做好与生态环境执法正面清单衔接。

2022年3月19日，中共中央办公厅、国务院办公厅印发《关于推进社会信用体系建设高质量发展促进形成新发展格局的意见》，指出要完善生态环保信用制度。全面实施环保、水土保持等领域信用评价，强化信用评价结果共享运用。

国家政策出台后，各省市在生态环保信用评价方面也有具体措施出台。目前，全国已经有20个省级环保部门印发了企业环保信用评价制度或实施方案，江苏、福建、湖南、四川、广东等建立了省、市、县三级企业环保信用评价工作机制；上海、江苏、浙江、安徽等三省一市建立了企业环保信用评价的区域联动机制。一些省份的环境保护部门，积极探索扩大环保信用评价对象范围，逐步建立覆盖排污企业、环境服务机构的分类评价体系。此外，各地环保部门也积极创新生态环境领域联合奖惩机制。这些地方条例先行先试，积极探索生态环保信用落地实施。

相较全国各地生态信用制度建设取得的显著成效，青海省在生态信用制度建设方面还有不小的差距，在落实国家生态信用系列制度方面，还缺乏具体的实施方案和细则，制度执行力度仍显不足。因此，青海省应加强生态信用制度建设的顶层设计和规划，统筹推进制度建设，形成一套覆盖广泛、推进有力的生态环境领域信用体系建设制度。各市州地方政府也要积极行动，应结合市情、州情实际，制定具体的实施方案和细则，明确生态信用制度建设的目标、任务和措施，确保制度得到有效执行。

此外，青海省还应同步推进环保信用体系建设工作，完善环保信用体系相关规章制度，为开展环保信用评价及其结果应用等工作提供必要的政策支持和制度支撑。加快制定有关环保信用评价的管理条例和实施细则，从而实现评价的法治化、制度化和程序化。以制度来明确对环境行为评价的基本原则与依据，统一评价指标、方法，增强环保信用评价实施的权威性和公平性。各市州生态环境主管部门应结合自身生态环境监督管理实际需求，因地制宜推出细化措施，同步制定、修订相关配套规章制度，为有效落实环保信用评价和管理相关工作提供制度保障。

这些手段可以形成预防机制，结合末端惩戒的多元治理格局，从而保障生态文明建设更好实现。将信用机制引入环境保护工作中，主要是为了鼓励企业做好绿色减排工作，提升生态环境管理水平。健全生态信用体系是构建以信用为基础的新型监管机制的国家要求。加强生态信用体系建设对解决突出环境问题、维护生态美丽环境具有重要现实意义。

总之，建立健全生态环保信用制度，是构建现代环境治理体系和推进高质量发展、构建新发展格局的重要环节和重要方面。相信，随着青海省生态环保信用制度的逐步完善，打造形成更加完备的现代环境治理体系，必将为青海打造生态文明高地提供更加强有力的治理效能支持。

（二）实施生态信用评价

近年来，随着我国生态文明建设的深入开展，环境信用评价作为创新型环境规制工具应运而生。经过多年的实践探索，我国环境信用评价从无到有、从探索到深化，取得了阶段性成果。有专家提到"建立企业环境信用评价体系是生态文明体制改革的重要一环，更是构建现代环境治理体系的重要组成部分"。的确，积极推进企业环境信用评价工作，督促企业自觉履行环境保护法定义务和社会责任，有助于加快生态环境信用体系建设，引领企业"生态守信"之风。

完善的社会信用体系是供需有效衔接的重要保障，是资源优化配置的坚实基础。在此基础上，全国多地陆续开展环境信用评价工作，进一步优化生态环境管理。2020年，青海省生态环境厅会同省发展改革委、省工业和信息化厅、中国人民银行青海省分行、国家金融监督管理总局青海监管局制定了《青海省企业环境信用评价管理办法（试行）》。2021—2023年，两次对《青海省企业环境信用评价管理办法（试行）》进行了修订。

1.建立健全信用信息共享机制。信用大数据的建立离不开信用信息共享机制，信息共享有助于企业获取更加科学可靠的内外部信用数据，破除

"数据孤岛"，降低外部机构获取数据成本，提高青海省生态环境信用业务的数据服务能力。首先，要建立标准化的环境数据归集治理系统。环境信用评价对参评对象的环境数据的准确性、完整性和时效性有较高要求，标准化的环境数据归集治理系统不仅能够实现对环境数据高效快捷地采集和归纳治理，还能为客观精准地开展环境信用评价提供完备的信息数据基础，为后续信用评级模型优化、信用等级评定等使用。其次，要加强环境信用评价指标体系科学细分，因地制宜优化评价指标。当前，无论是国家层面还是省级层面，都仅对各地环境信用评价指标加以原则性宏观规定，在这种情况下，青海省要实事求是、科学辩证地细化优化符合本地实际情况的具体评价指标。例如，《福建省企业环境信用动态评价实施方案（试行）》将"未按要求开展自行监测"作为第6项"企业责任指标"，然而，在国家层面的指导意见中，"自行监测"仅作为国家重点污染源监控企业的强制环境指标。另一方面，因规模能力与业务范围的差别，并非所有企业都具有自行监测的实际能力与必要性。因此，为了避免"自行监测"作为评价指标流于形式，青海省应当根据本地企业特点，使评价对象分类适用该项指标。

2.利用大数据技术优化信用评价体系。利用大数据技术对企业信用评价体系进行优化，通过数据挖掘，提高模型算法风险预警精确度，促使信用评价过程中的数据更加真实和完整。针对目前环境信息造假易、监管难的现象，可以充分运用大数据、云计算、物联网等信息化技术大力发展"智慧环保"，及时发现并记录环境不友好行为，同时报送环保部门开展执法监察。另外，未来各地参与环境信用评价的对象数量必然越来越多，以目前人工操作评分为主的方式将难以应对潜在的巨大工作量。因此，应当深入研究智能化的实时线上评价方式。此外，要培育第三方专业机构，构建多元主体的评价模式。现行由政府与评价对象构成的二元主体环境信用评价模式存在较易形成"行政违法"等潜在风险的弊端。培育和引导第三方专业机构参与环境信用评价是提升该工作专业性、社会性，有效缓解二元模式潜在弊端的重要手段。要构建环境信用评价第三方机构市场准入与竞争机制，建立以政府公共支付、政府购买为主的第三方评价机构资金保障机制，确立不同资质第三方机构出具的环境信用评价结果的差异化综合利用范围。

3.推动生态信用评价结果应用。"大数据+大生态"建设的主要目标是用生态数据决策、用生态数据管理、用生态数据服务，实现决策科学化、监管精准化、服务便民化。在青海省生态文明建设领域推进全面而系统的信用评价，意味着在推进生态环境治理方面增加了一个强有力的治理工具和治理抓手。而信用评价结果的共享运用则进一步提升各生态环境治理主体的治理素养和治理水平，同时也为生态环境治理的监管奠定了坚实基础。

生态环境系统内部，需要充分考虑将环保信用结果嵌入环境监察执法、行政许可、专项资金、环境评优评奖等方面的工作流程中，明确采取激励措施和惩戒措施的适用范围、工作流程、落实细则和责任分工，实现分级分类监管的高效落地。在污染源管理过程中，在日常监察执法时可对守信企业减少执法检查频次，对失信企业提高抽查比例和频次；在环评审批时可对守信企业依法予以优先办理，实施"绿色通道""容缺受理"等便利服务措施，对失信企业严格、审慎审批新建、改建、扩建项目的环评事项。

生态环境系统外部，要严格规范严重失信行为认定范围和认定依据，依托联合惩戒合作备忘录和青海省信用信息共享平台，规范和健全环保信用联合奖惩机制。在将信用结果与奖惩机制进行有效衔接的基础上，推动信用结果在多部门、多领域应用。可优先尝试将信用结果与银行贷款挂钩，执行差别化信贷政策，推动环保信用结果作为金融机构实施绿色信贷的重要依据；亦可推动环保信用结果在水价、电价等资源价格领域的应用，实行差别化资源价格，充分发挥价格机制的激励、约束作用。

（三）强化生态信用监管

生态信用监管是一种以信用为核心的新型监管手段，犹如一把精准的尺子，衡量着社会各主体对生态环境的责任与贡献。它是推动生态文明建设的重要举措，为环境保护提供了新的治理思路和工具。传统的环境监管方式往往侧重于事后处罚，而生态信用监管则强调事前预防和事中监督，能够更加及时、有效地发现和解决生态问题。同时，有助于增强社会主体的环保意识和责任感。当个人和企业的生态行为与信用挂钩，直接影响到其社会声誉和经济利益时，必然会促使他们更加自觉地遵守环保法规，积极采取环保措施。此外，能够促进资源的优化配置。信用良好的主体在信贷、政策扶持等方面获得优先支持，有利于引导更多的资源流向绿色、低碳、可持续发展的领域。

当前，青海省要以加强信用监管为着力点，不断创新监管理念、监管制度和监管方式，打造涵盖事前、事中、事后全生命周期的信用监管模式，分级分类精准施策、靶向治理，不断提升监管能力和水平。以生态环境信用评价结果为依据，与"双随机、一公开"监管相结合，根据信用等级差异化确定抽检比例和频次，落实环保诚信企业优先纳入生态环境执法正面清单及其他生态环境管理豁免清单，环保不良企业列为生态环境执法"双随机、一公开"特殊监管对象的监管要求。进一步规范和健全失信行为认定、记录、归集、共享、公开、惩戒和信用修复等措施，合理适度、依法依规，防止记入信用记录、失信行为认定、严重失信主体名单认定和实施失信惩戒措施泛化、扩大化。

只有构建完善生态环境领域以信用为基础的新型监管机制，才能使企业的环境自律和信用水平得到提高，才能推动生态环境主管部门从过度依靠行政手段向综合运用信用约束等手段转变，从而提高生态环境治理效能。生态环境领域是社会诚信建设的重要领域之一，生态信用体系建设是生态环境保护领域落实国家"放管服"改革的重要举措。不断促进大数据与大生态融合发展，以"数据"为核心的监管模式，利用大数据技术实现生态环境的精准监控，为生态环境编织了一张强大的防护网。

　　青海作为我国重要的生态安全屏障，生态地位极其重要。构建青海生态信用体系对于推动生态文明建设、实现可持续发展具有重要意义。而青海生态信用体系建设是一项系统工程，需要政府、企业、社会组织和公众的共同参与和努力。通过完善规章制度、建立统一评价标准、强化激励惩戒和提高公众意识等措施，能够有效促进青海生态信用体系的建设，推动青海生态文明建设迈上新台阶，实现经济社会发展与生态环境保护的双赢。青海省要严守生态底线，全面实施绿水青山工程，推进生态环境治理、强化保护体系建设、加强环保资源管理，以大数据为支撑，构建信用数据生态管理体系等，形成"空、天、地三位一体"的格局。前路浩浩荡荡，万事尽可期待。站在新的历史起点，各部门正团结协作、开拓进取，推动全社会积极践行绿色生产生活方式，构建全民参与行动体系，为美丽青海建设凝聚更广泛的社会共识、汇聚更强大的奋进力量，以信用生态环境高水平保护推动经济高质量发展，让青海山河大地绿意更浓。

第二节　信用数据要素乘出新质生产力，赋能产业"四地"建设

　　青海省地处青藏高原东北部，是三江之源、"中华水塔"，拥有得天独厚的盐湖资源、清洁能源、生态旅游资源以及绿色有机农畜产品资源。党的十八大以来，习近平总书记三次赴青海实地考察，先后两次在全国两会期间参加青海代表团审议并发表重要讲话。2021年3月，习近平总书记在参加十三届全国人大四次会议青海代表团审议时指出："要结合青海优势和资源，贯彻创新驱动发展战略，加快建设世界级盐湖产业基地，打造国家清洁能源产业高地、国际生态旅游目的地、绿色有机农畜产品输出地，构建绿色低碳循环发展经济体系，建设体现本地特色的现代化经济体系"，为青海擘画了产业"四地"发展蓝图。

　　青海省始终牢记习近平总书记殷殷嘱托，凝心聚力、踔厉奋发，以打

造习近平生态文明思想实践新高地为统领，深入贯彻落实习近平总书记对产业"四地"建设的重大要求，致力于打造一个集清洁能源高地、生态旅游胜地、世界级盐湖产业基地和绿色有机农畜产品输出地于一体的新发展格局，同时在充分结合资源优势的前提下，将信用数据要素融入产业"四地"建设，用好对口援青、东西部协作、省部共建等机制，走出一条具有地方特色的高质量发展之路。

一、青海省产业"四地"建设现状分析

近年来，青海瞄准产业"四地"建设，全面推进生态安全屏障新高地、绿色发展新高地、国家公园示范省新高地、人与自然生命共同体新高地、生态文明制度创新新高地、山水林田湖草沙冰一体化保护和系统治理新高地、生物多样性保护新高地等"七个新高地"建设，奋力交出赶超跨越的合格答卷，为培育发展新质生产力、推动经济高质量发展，注入了创新、质优、持续的新动能。

2024年，青海省政府工作报告提出，将坚持以产业"四地"为牵引，推动传统产业转型升级、新兴产业强筋壮骨、支柱产业聚链成群，加快形成新质生产力；将围绕"东数西算""东数西储""数据援青"，落实"数据要素×"三年行动计划，协同推进数字产业化和产业数字化，打造数字经济发展新引擎，让人民群众更好畅享"数智"美好生活。

（一）青海打造世界级盐湖产业基地现状

青海在盐湖化工领域拥有得天独厚的优势，盐湖资源十分丰富，盐湖化工产业发展潜力巨大。青海省紧抓这一机遇，积极推动盐湖化工基地建设，引进先进技术和设施设备，推动盐湖化工产业向高端化、精细化、绿色化方向发展，奋力打造全国重要生产基地。

多年来，青海始终走在盐湖研究与盐湖资源开发利用的前端，以科技创新为动力，积极打造世界级盐湖产业基地，推动盐湖资源可持续开发利用，将盐湖产业发展与推动清洁能源产业发展紧密结合，为推动青海经济高质量发展，实现碳达峰、碳中和等国家战略部署做出应有的贡献。例如，积极出台相关政策文件，在全省范围内建设具有影响力的千亿元锂电产业基地，逐步构建起从盐湖提锂到锂电全产业链的生态格局。青海正在将盐湖产业资源优势转化为经济优势，持续为我国新能源产业的发展做出更大的贡献。

面对建设世界级盐湖产业基地目标的重大机遇，青海经过多年开发建设，不断延伸拓展盐湖产业链，由原先单一的钾元素开发，向镁、锂、钠、氯以及稀有元素梯级开发和循环利用日趋迈进，多元化发展格局日益清晰，绿色低碳循环发展经济体系初步构建。为了持续塑造发展新动能、新优势，青海盐湖产业始终以科技创新为引领，不断加大投入力度，持续提升企业自主创新能力，攻克了低品位钾矿开采、浮选尾盐中大颗粒光卤石高效回收、超高镁锂比盐湖提锂、电解制备金属锂、水氯镁石制取氢氧化镁和高纯镁砂等技术及装备研发难题，取得600余项自有知识产权技术成果，获得国家和省部级奖励60余项。

（二）青海打造国家清洁能源产业高地现状

青海作为一个既不沿边也不沿海的内陆地区，经济社会发展始终面临着高原缺氧、紫外线强、荒漠化土地多、风沙大等自然因素的制约，但这里日照充足，风力资源丰富，为清洁能源产业的发展提供了独特资源和能源优势，尤其是为太阳能和风能的发展提供了优越的条件。青海冷凉干燥、冬季漫长、夏季凉爽、年均气温3.4摄氏度左右的气候条件，使得其成为大数据中心建设一类地区，也成为国家规划确定的大型清洁能源基地和大型风电光伏基地。近年来，青海省大力推动清洁能源产业的发展，通过建立一批大型的光伏和风能发电站，正在将环境劣势转化为能源优势，逐步将青海打造成中国乃至世界的清洁能源高地。截至2024年一季度末，青海新能源发电量127.3亿千瓦时，同比提升20.4%，一季度新能源发电量占发电总量的51.3%，成为全国率先实现新能源发电量超50%的省级电网，同时绿电交易电量达5.04亿千瓦时。全国首个100%利用清洁能源的大数据产业园、国家大型风电光伏基地、"青豫特高压"直流输电工程等标志着清洁能源已成为青海省的主导产业，不断为高质量发展赋能续航，在推动青海省经济的可持续发展的同时，更为全国能源结构转型贡献了重要力量。

在我国全力推进"东数西算"背景下，极富资源优势的青海着眼发展新质生产力的要求，正探索走出一条清洁能源与数字经济融合创新之路，产业"四地"建设不断厚植发展新动能。

当前，青海正在以科技创新为引领，通过着力调整产业结构，推动光伏、风电等清洁能源产业与储能锂电池、光伏组件等相关产业的协同发展，凸显"产业+"集群效益，全面推进产业"四地"建设向更高层次、更高质量迈进，奋力谱写中国式现代化青海新篇章。

（三）青海打造国际生态旅游目的地现状

青海是一个拥有丰富自然资源和独特文化底蕴的地方，从雪域高原到江河湖泊，从古老的丝绸之路到现代的民俗文化，其旅游资源独具特色。近年来，青海省加强旅游基础设施建设，提升旅游服务质量，在打造国际生态旅游目的地方面取得了显著的成效。在生态旅游方面：通过制定《青海湖国家公园生态旅游专项规划》，细化研究"一芯一环多带"生态旅游发展格局，青海湖示范区创建成为打造国际生态旅游目的地的重要举措。在环湖旅游市场方面：环青海湖景区配套服务设施建设大力开展、特许经营试点逐步推广。三江源旅游方面：推出澜沧江源园区昂赛大峡谷和黄河源园区生态保护体验游等。在文化保护与推广方面，青海省始终坚持文物、古籍的保护和利用工作，实施了48个文物保护项目，例如：在丁都普巴、宗日、夏尔雅玛可布等遗址和热水墓群进行了主动性考古发掘；持续推进长城、长征、黄河、长江国家文化公园的建设；开展创新展陈展览，开发文创产品，举办了各类文化活动等。

此外，青海省的非物质文化遗产保护和传承也取得了显著成效，省级认定了"昆仑山的传说"97项省级非遗代表性项目，建立了30家非遗工坊和非遗传承基地，完善了非遗保护传承体系。在公共文化服务和旅游惠民方面，全省实施了12个智慧图书馆和39个公共文化云建设项目，节庆期间举办各类文艺演出和活动，实施"文化惠民"工程。乡村旅游发展也进一步提升，通过乡村旅游产业带动村集体经济不断壮大，村民也吃上了"旅游饭"，走上了富裕路。未来，青海省将继续致力于推动文旅事业的发展，提升服务品质，加强文化和旅游交流合作，实现高质量的文化和旅游产业发展。

（四）青海打造绿色有机农畜产品输出地现状

青海省近十年间在推动绿色有机农畜产品输出地建设方面，取得了显著的成效。以部省共建绿色有机农畜产品示范省为载体，与国家农业农村部及省级部门共同参与，制定了《共同打造青海绿色有机农畜产品输出地行动方案》，遴选出4个先行示范市（州）和4个先行示范县，先行先试，示范引领，带动全省其他地区共同打造绿色有机农畜产品输出地。同时，全省积极推进产业基地建设，搭建了优质春小麦生产基地、青稞生产基地、油菜基地、马铃薯基地、蔬菜基地；建设了牦牛藏羊标准化养殖基地，并设立了国家行业标准5项，制定了牦牛、青稞、渔业地方标准3项，推广应用重点目录标准57项。此外，还建设了360个百亩攻关田、110个千亩示范田和16个万亩创建田，全省自产农畜产品例行检测合格率持续保持在98%以上。

青海省在农畜产业建设基础上，不断完善农畜产品的产业链条，把加工转化作为输出地建设的重要环节。创建国家特色农产品优势区、国家级现代产业园、国家级产业集群、省级现代农业产业园、产业强镇，实现了牦牛、藏羊、青稞、油菜等特色产业的集群式发展。同时完善全产业链布局，建设农业产业化联合体，到2022年已培育了156家省级重点龙头企业和26家国家级龙头企业，辐射带动了53.8万户农牧户，主要农畜产品的加工转化率达到了62%。在科技服务创新方面，青海省组建青藏高原种质资源研究与利用实验室，推广农牧业生产主导品种和主推技术科技转化。完善牦牛、藏羊溯源体系建设，采集了牦牛、藏羊原产地追溯信息，实现有机牦牛、藏羊认证。

近年来，作为绿色有机农畜产品输出地，青海省不断增强和提升农畜产品输出能力。参加中国国际农业展览会、投资贸易洽谈会等展会的省内农畜企业逐年增多，大宗绿色产品如牛羊肉、油料、青稞、露地蔬菜和枸杞的输出量超过了百万吨，价值超过了130亿元。在第25届中国·青海绿色发展投资贸易洽谈会上，青海省打造青海绿色有机农畜产品输出地展区，围绕牦牛、藏羊、青稞、油菜、马铃薯、蔬菜、冷水鱼、藜麦、食用菌、汉藏药材、土特产、民间手工艺品等具有代表性的"高、精、新、特、优"农畜产品向国内外展销，青海正以优质的基地建设、完善的产业链条、创新的科技服务和持续增强的输出能力，让绿色有机农畜产品发展迈上新台阶。

二、信用数据要素赋能产业发展的省外经验与启示

随着数字经济发展和数字政府建设，信用数据成了推动市场监管数字化转型的基础要素。在一些地方的实践中，信用数据不仅在市场监管中发挥着重要作用，也在其产业建设中发挥了积极的推动作用，为产业发展提供了有力的支持和保障。下面以三个地方特色产业为例，探讨信用数据要素对产业的赋能，并总结其中可借鉴的经验。

案例一：信用赋能云南鲜花产业

云南是中国重要的鲜花产区之一，因鲜花的保鲜期较短，流转交易速率快，所以鲜花产业对信用的要求较高。通过信用要素的引入和应用，云南鲜花产业通过对鲜花上下游各类企业的信用评价和监管，推动产业的有序发展，实现了信用有效赋能。例如，通过对鲜花种植企业的信用评价，可以对企业鲜花品种水平、质量控制、经营效益、偿债能力等有所直观掌握，让买家更加了解企业，保障鲜花的质量和安全的同时，提高交易的成功率和效率。另外，信用数据的应用也提升了鲜花产业的市场竞争力，通过信用数据的共享和应用，提高企业融资能力，推动产业良性循环。同时鲜花产业信用体系建设及时、完整、准确归集共享鲜花企业的信用记录数据，有效提高行业的整体管理水平，也促进了鲜花行业的标准化和规范化发展。

经验借鉴：

一是开展行业信用体系建设，保障产业的质量和安全。建立行业信用体系是当前产业发展的必然趋势，通过对企业及其从业者进行信用评价和监管，可以有效保障产品的质量和安全。在这个过程中，建立信用评级评价机制，对企业的信用状况进行评估，同时建立严重失信主体惩戒制度，对不良从业者进行监管和惩戒，可以从根本上提升整个产业的信誉度和可持续发展能力，有利于保护消费者的主体权益，提高市场的透明度和公平竞争环境，对产业的健康发展具有积极的促进作用。

二是提升产业的市场竞争力，增强买家信任度。通过信用评级评价，有效提升企业的市场竞争力。对企业进行信用评级，使买家对优质企业更加信任，从而提高对产品的满意度。信用评价结果可以作为企业的一项重要资质，增强企业市场竞争力。同时对于买家而言，信用评级也可以帮助他们更好地选择合作伙伴，降低交易风险，增强交易意愿。

三是实现信用数据的共享和应用，提高企业融资能力。及时、完整、准确地归集共享行业信用数据，同时有效应用行业信用数据，有助于提高企业的融资能力。众多中小微企业或是农民专业合作社，其能提供给金融机构的固定资产、可抵押物甚少，而优质的信用数据信息可以帮助它们更轻松地获取融资支持，企业就可以利用金融资源支持产业发展，推动产业的良性循环。同时，金融机构可以借助信用数据更准确地评估企业的信用风险，从而更科学地进行贷款审核，提高放款效率，增强金融机构放贷信心。

四是推动行业的标准化和规范化发展，提高整体管理水平。建立行业信用体系有助于推动行业的标准化和规范化发展。企业凭借信用监管结果，及时发现和处置违规行为，提高整体管理水平，对于发生严重失信行为的企业，实施信用联合惩戒措施，推动行业净化规范化发展。信用监管必将促使行业内各企业更加自律，遵守行业规范，提高产品和服务的质量，提升整个产业的竞争力和信誉度。

案例二：信用赋能湖州安吉白茶产业

安吉白茶作为安吉自主培育的特色产业，为推动山区经济发展、促进农民增收等方面作出了重大贡献。从20世纪80年代发现单株野生白茶古树至今，经过40余年的繁育推广，安吉白茶实现了从无到有、从小到大、从弱到强，"质"和"量"的全面突破。安吉县规模种植面积20.06万亩，种植户1.7万余户，年产量2100吨，一产产值32亿元，占全县农业总产值的60%，人均可支配收入的25%。且安吉白茶已从单纯的茶产品逐步向茶文化休闲、精深加工产品延伸，形成了"一二三"产业融合发展的态势，产业富民效应十分明显。湖州市开展安吉白茶产业信用试点建设，通过不断探索完善，对全市白茶生产主体开展信用分级分类监管，进一步提升了白茶产品质量，以数字化赋能助力白茶产业信用建设，打造安吉白茶生产服务应用。信用数据平台聚焦白茶产业监管和农事服务，从摸排白茶产业底数入手，构建白茶生产、流通、销售、服务要素等各环节数字化应用场景，形成全链条数字化监管模式。安吉县农业农村局牵头，会同气象局、税务局、邮政管理局、中国农业科学院茶叶研究所、金融机构等单位部门，优化生产服务、流通服务、保障服务，涵盖茶叶从生产到销售全过程，解决茶农办事难问题。茶农通过身份证识别系统实名购买肥药产生相应信息，信息与数据库中白茶种植国标肥料使用上限、限用药清单进行数据核对，对过量购买肥料、购买限用农药的情况进行预警，提醒监管部门上门指导，实现茶园科学精准施肥用药，强化安吉白茶品质管控。同时利用遥感技术完成全县近2万户茶园确权测绘，摸清产业底数，依托测绘确权数据，为茶叶经营主体设立数量防伪码，并将茶园到茶杯的全链条信息整合写入防伪码，消费者只要扫描包装上的防伪码，就能看到详细的溯源信息，保护了原产地品牌价值。

经验借鉴：

一是建立信用数据与品质管控的关联。该案例中，茶农通过身份证识别系统实名购买肥药而产生相应信息，并与白茶种植国标中的肥料使用上限和限用药清单进行数据核对，实现了茶园科学精准施肥用药，强化了安吉白茶的品质管控，同时实时对该数据进行监管，以茶农真实数据为基准进行后台监督，提升茶农可信度。这一经验可以为青海省农产品产业建设提供借鉴，通过建立消费者与农产品的关联性，建立农户信用数据黑白名单，使得信用数据要素融入农产品的生产和流通环节，有效提升品质管控水平。

二是构建可信的溯源体系保护品牌价值。该案例中，依托安吉白茶的测绘确权数据，通过与防伪码的绑定，构建了茶园到茶杯的全链条信息集成，消费者可以通过扫描防伪码获取详细的溯源信息，保护了安吉白茶的原产地品牌价值也保证了产品的正规程度。青海省农产品产业发展可以借鉴这一做法，通过数字化技术和区块链等手段，建立可信的溯源体系，加强品牌保护和消费者信任度。例如，在奶制品、肉制品产业中，可以通过奶牛、牦牛养殖、饲料来源、生产过程等数据的追溯，确保产品的品质和安全。

三是数字化监管提升监管效能。该案例利用遥感技术完成茶园确权测绘，并通过安装环境监测设备等智能管理装备实时采集茶园相关数据，实现了智慧化管理。这一做法可为其他产业的监管提升效能提供借鉴，借助物联网、大数据等现代信息技术，建立数字化的监管系统，从而实现对生产环节和流通环节的全面监管。例如，在畜牧业中，可以通过监测设备收集牲畜的生长情况、健康状况等数据，提高畜牧业的生产效率和质量控制水平，同时对比农牧户上传的数据，实现后台监管。

安吉白茶在信用数据应用方面通过信用数据要素的应用实现产业的可持续发展，同时也大大提高产品的质量和消费者的信任度。在实际应用过程中，青海省可以结合自身特点和需求，有针对性地选择适合的信用数据要素，创新监管模式，提升行业整体效能和竞争力，不断为农畜产品输出地建设带来更多的机遇和发展空间。

案例三：信用数据赋能云阳县柑橘产业发展

云阳是重庆市柑橘产业核心区县之一，近年来，云阳县大力发展柑橘产业，主推纽荷尔脐橙、伦晚脐橙、红肉脐橙三大品种，打造云阳红橙品牌，加快打造长江流域"三峡橘乡"生态精品现代柑橘产业示范带。近年来，云阳先后推出一系列激励新型农业经营主体培育壮大的创新举措，结合产业基础和资源资产，以带动群众增收为目标，将扶农助农惠农的政策精准地触达村社，点燃柑橘产业发展"新引擎"，为乡村发展注入源源不断的新动能。

2022年，重庆市发展和改革委员会、国家金融监督管理总局重庆监管局联合打造了"信易贷·渝惠融"平台，以支持银行等金融机构提升服务中小微企业能力为出发点，以信用信息共享与大数据开发应用为基础，充分挖掘信用信息价值，缓解银企信息不对称难题，在金融机构与中小微企业之间架起一座"信用金桥"。重庆市发展改革委对接各方政务数据，汇总归集了原先分散的涉农数据，帮助银行搭建授信模型，扎实推进涉农信用信息共享应用。"信易贷·渝惠融"平台首页开设"三农专区"，建行重庆市分行通过与平台专线直连，开发了高效便利的线上信贷产品——"裕农快贷·信易贷"，以满足农户农企在生产经营过程中的融资需求。

经验借鉴：

一是，重庆市"信易贷·渝惠融"平台通过建立信易贷专题数据库，实现14个大类37类小项信用信息全面归集，覆盖全市100万企业和200万个体工商户，工商登记、行政许可、行政处罚等信息每天全量更新，纳税信息、住房公积金、社保缴纳等信息实现授权调用，还实时归集农产品种养殖规模、招投标、对外投资、项目审核备案、水电气等特色信息。通过"信易贷·渝惠融"平台，实现产业数据、信用数据和金融数据深度融合，从而辅助产业调度分析，预判金融风险，对宏观经济趋势和中观经济运行进行调度和调控，实现精准施策，提升宏观数据分析、资源整合配置能力，展现"信用+产业+金融"的宏观调控作用。近年来，重庆市在全国率先启动"三农信用体系"建设，共归集新型农业经营主体2万多户的生产经营数据，致力于打造基于产业特性与信用增值的"三农"信用融资新模式。目前已开发出"花椒贷""榨菜贷""柑橘贷"等特色惠农金融产品，为解决农户融资需求提供了强有力的保障。

二是，在信用数据创新应用场景方面，云阳县将信用数据与乡村发展相结合，在乡村治理中推行了乡风文明积分换物活动，将日常文明行为转化为可量化、可评价的信用评价指标，通过评分标准和积分内容，定期开展评比活动和积分优惠兑换活动，变动村民信用等级、信用积分。推动"信用+乡村治理"在乡村振兴和基层社会治理中发挥突出作用，充分激发乡村发展活力，形成现代化基层治理新格局。

三是，通过信用数据的应用，云阳县成功打造了"天生云阳"区域公用品牌，成为重庆首个全产业、全门类、全品种农特产品区域公用品牌。通过信用信息平台网络的建立和信用监管体系的不断完善，促进农特产业市场主体健康发展。"天生云阳"品牌的成功打造，为云阳县的农特产品树立了良好的诚信形象，提高了市场认可，其中"云阳红橙""冉菊花""杨菊花""巴阳枇杷"等产品在国内外享有盛誉。通过信用数据要素的有效应用，可以充分推动农牧产业发展，云阳县的经验可以为青海省在信用数据与乡村治理、品牌打造方面提供借鉴。

三、信用数据要素乘出新质生产力

社会信用是集信用制度、信用工具和信用应用于一体的建设体系，是社会主义市场经济体系的重要组成部分，具有双重属性——既是生产力的释放者，也是生产关系的构建者。完善的社会信用体系在经济社会发展中发挥着重要作用，为加快发展新质生产力提供了重要支撑。作为社会主义市场经济体制的重要组成部分，我国的社会信用体系体现了社会主义制度的优越性，既有利于激发各类经营主体的活力和发展生产力，又有利于促进公平和效率的有机统一，推动中国式现代化建设。

（一）信用数据要素价值

2023年，我国数据要素市场建设步入"快车道"：从国家数据局挂牌成立，到数据可视为资产纳入财务报表，再到"数据要素×三年行动"发布，政策利好信号频发，机构改革也在稳步落地。在这样极具优势的大环境下，信用数据更应充分发挥它的应用价值。

信用数据作为公共数据的重要组成部分，它不仅关系到个人和企业的信用状况，也是构建社会信用体系、优化资源配置、提升社会治理水平的关键因素，蕴含着巨大的经济和社会价值。随着数字经济的快速发展，信用数据的应用场景不断拓展，其在加强市场监管、促进金融创新、推动社会治理等方面的作用日益凸显。

信用数据资源的开发利用价值可以从供给、流通、应用三端的数据有效衔接来看。抓好供给端，提高公共数据质量，规范公共数据的收集、存储、加工，促进公共数据提质增效；抓好流通端，保障公共数据安全，利用数据加密、数字身份等手段，为流通端提供数据安全技术保障；抓好应用端，大力拓展公共数据开发利用场景，加快释放公共数据的经济价值和社会效益，让老百姓能够享受到公共数据红利，让人人都能享受数字经济带来的安全和便捷。在此基础上，充分保护个人隐私、保护商业秘密和保障国家安全，制定并发布统一、权威的公共数据开放目录，支持公共数据运营主体提供更多更好的产品和服务。

（二）数据要素青海行动探索

正当全国各地不断释放数据要素潜能，推动经济社会高质量发展之际，习近平总书记精准把脉青海资源禀赋、发展优势和区域特征，亲自为青海推动高质量发展擘画蓝图，提出"把青藏高原打造成为全国乃至国际生态文明高地，加快建设世界级盐湖产业基地，打造国家清洁能源产业高地、国际生态旅游目的地、绿色有机农畜产品输出地"的重大要求。当前，青海正在以打造习近平生态文明思想实践新高地为统领，结合青海优势和资源，全面推进产业"四地"建设。同时，也在积极探索用好数字援青机制，将信用数据要素融入"供给、流通、应用"三端，赋能产业"四地"建设。

1.让信用数据赋能盐湖产业基地建设。通过建立完善的社会信用体系，盐湖企业及其相关从业人员可以建立客观、有效的企业、个人信用记录，形成信用档案，有助于推动盐湖产业的规范化、高效化发展，提高行业信用水平。同时，信用数据的应用将有效促进盐湖企业与其产业链上的其他企业进行深度合作，识别优质供应商和合作伙伴，降低采购成本，提高资源的整合和利用效率。

2.让信用数据赋能清洁能源产业高地建设。清洁能源产业在发展过程中，对各方投入资本的信用评估、技术研发的信用评估、合作伙伴的信用评估等均有较高的要求。通过信用数据要素的拓展应用，有助于选择良好的合作伙伴，提高清洁能源产业发展的整体水平。同时，应用信用数据将有助于监测和预警清洁能源市场的供需状况，为政府和企业决策提供参考依据，推动清洁能源产业的良性发展。

3.让信用数据赋能生态旅游目的地建设。文旅产业的发展使得地方经济结构更加多元化，为地方经济注入了新的活力。除了传统的农业、制造业等产业外，文化旅游业作为地方经济新的增长点，其涉及面较广，涉及的业态、从业人员领域范围都比其他三类产业丰富，因而生态旅游产业对信用的需求也更为直接。通过信用数据要素的拓展应用，不但可以精准掌握旅游企业及其从业人员在生态旅游产业发展中所产生的信用状况，规范旅游市场秩序，提升旅游服务的质量、提升青海省旅游形象。甚至信用数据还可用于构建旅游者信用档案，提供个性化和精准化的旅游服务，进一步强化产品供给，增强市场信心，推动文旅产业高质量发展。

4.让信用数据赋能绿色有机农畜产品输出地建设。绿色有机农畜产品的质量安全保障需要不断提升追溯体系和信用体系建设水平，建立完善全产业链标准化生产体系，完善农畜产品产地准出与市场准入制度，以此不断提高市场竞争力。通过信用数据要素的拓展应用，强化对农畜产品生产主体的信用评估和监管，同时促进农畜产品与市场需求的对接，提高产品的销售和推广能力，擦亮青字号招牌。另外，通过信用贷款方式，不断降低农牧民"扩面、增品、提标"的融资成本、提高融资便利度，增强中小微企业发展活力。

四、信用数据要素赋能青海产业"四地"建设展望

推动高质量发展，要完整准确全面贯彻新发展理念。习近平总书记指出："绿色发展是高质量发展的底色，新质生产力本身就是绿色生产力。我们必须加快发展方式绿色转型，助力碳达峰碳中和。要牢固树立和践行绿水青山就是金山银山的理念，坚定不移走生态优先、绿色发展之路。加快绿色科技创新和先进绿色技术推广应用，做强绿色制造业，发展绿色服务业，壮大绿色能源产业，发展绿色低碳产业和供应链，构建绿色低碳循环经济体系。持续优化支持绿色低碳发展的经济政策工具箱，发挥绿色金融的牵引作用，打造高效生态绿色产业集群。同时，在全社会大力倡导绿色健康生活方式。它由技术革命性突破、生产要素创新性配置、产业深度转型升级而催生，以劳动者、劳动资料、劳动对象及其优化组合的跃升为基本内涵，以全要素生产率大幅提升为核心标志，特点是创新，关键在质优，本质是先进生产力"。青海要充分发挥信用数据要素的"强助力"作用，就要深刻认识信用数据要素的催化剂作用，以数据流引领技术流、人才流、物资流，突破传统要素约束，提高全要素生产率和经济社会运行效率，进而推动青海省产业"四地"新质生产力的发展。

（一）推动信用体系与产业"四地"建设深度融合

信用是市场的基石，市场经济是法治经济也是信用经济。党的二十大报告将社会信用纳入市场经济基础制度，明确提出"完善产权保护、市场准入、公平竞争、社会信用等市场经济基础制度，优化营商环境"。青海省社会信用体系建设，作为推动地区经济高质量发展的关键因素，通过营造国际一流营商环境，充分发挥信用优化资源配置的作用，不断激发市场活力、增强企业内生动力，畅通市场交易机制，形成高效规范、公平竞争的统一市场，为青海省产业"四地"建设提供坚实的信用保障。未来涉及产业"四地"建设的越来越多的城市、乡村、牧区和行业将不断探索发展信用经济，推进信用理念、信用制度、信用手段与产业发展各方面各环节深度融合，为经济高质量发展做出积极贡献。

同时，信用信息归集共享和公示是社会信用体系建设的基础，为产业"四地"建设决策提供科学依据。近年来，青海省信用信息归集共享水平大幅提升，全国信用信息共享平台（青海）归集全省法人、自然人信用信息超过4.5亿条，其中公示归集涉企信息超1.8亿条；"信用中国（青海）"网站日查询量突破1.2万次。依托数据丰富、完整、准确的信用档案，让企业提升遵纪守法、合规经营的主动性和参与度，引导企业推动技术创新和应用，提升产品服务质量，提升产业市场竞争力。

（二）探索信用经济与产业发展相互前行

习近平总书记深刻指出："法治意识、契约精神、守约观念是现代经济活动的重要意识规范，也是信用经济、法治经济的重要要求。"未来，围绕信用经济的探索与创新，青海省盐湖产业、清洁能源产业、生态旅游产业、绿色有机农畜产业及各地方层面将持续进行探索，聚焦市场导向、推动重点突破、强化应用实践。通过多方各司其职、协同配合，推动信用经济的合理构建与高效运行，调动产业经营主体积极性、主动性、创造性，更好发挥政府部门组织协调、示范引领、监督管理作用，增强信用经济在现代化市场管理的监管能力和惩戒约束作用，形成推进社会信用体系建设高质量发展合力；同时通过构建信用状况综合评价体系，增强产业经营主体的信用意识和契约精神。

（三）政务诚信引领推动营商环境持续优化

作为社会信用体系的重要组成部分，政府在信用建设中具有相当重要的表率作用，政务诚信直接影响政府形象和公信力。国家发展和改革委员会2023年8月10日发布的《关于完善政府诚信履约机制优化民营经济发展环境的通知》中提到，加强政府诚信履约机制建设，着力解决朝令夕改、新官不理旧账、损害市场公平交易、危害企业利益等政务失信行为，对于促进营商环境优化，增强民营企业投资信心，推动民营经济发展壮大具有重要意义。青海省要进一步贯彻《中共中央、国务院关于促进民营经济发展壮大的意见》关于"完善政府诚信履约机制，建立健全政务失信记录和惩戒制度"的有关要求，深入推进政府诚信建设，为民营经济发展创造良好环境。

（四）融资信用为产业"四地"建设注入新动能

中小微企业是稳增长、促就业、保民生的重要力量，促进中小微企业融资增量、扩面、降价，发挥信用信息对中小微企业融资的支持作用，推动建立缓解中小微企业融资难融资贵问题的长效机制，"信易贷"是其中的重要支撑。青海省聚焦打造生态文明高地和建设产业"四地"，对标对表国家融资信用服务平台建设要求，2023年印发《"青信融"平台提质增效专项行动方案》，依托"青信融"平台积极支持实体经济发展，建立健全金融服务小微企业敢贷愿贷能贷会贷长效机制。在此基础上，2024年为深入贯彻落实国务院办公厅《统筹融资信用服务平台建设提升中小微企业融资便利水平实施方案》，加快统筹全省融资信用服务平台建设整合工作，加大信用信息归集共享力度，深化信用大数据开发应用，保障信息安全和市场主体合法权益，健全完善以信用信息为基础的普惠融资服务体系，印发《青海省统筹融资信用服务平台建设提升中小微企业融资便利水平攻坚计划》，充分发挥信用要素价值，着力打造具备企业信用报告、融资对接、融资评价、政策支持数据共享、大数据统计分析等核心功能，覆盖大中型企业、个体工商户、新型农业经营主体等各类市场主体以及农牧户、农村致富带头人、新市民等的全省融资信用服务"一张网"。未来，通过信用信息的深度共享应用，横亘在银企之间的信息"迷雾"将全面拨开，构建面向政银企"三位一体"的全流程融资综合服务体系，必将能全面提升青海省产业"四地"建设中金融服务实体经济的质效。

（五）"信易+"创新应用推动经济社会高质量发展

随着"信易批""信易贷""信用+文旅""信用+交通""信用+乡村治理"等"信易+"阵容的不断扩大，信用报告代替无违法违规证明、信用修复协同联动等深入行业重点领域，加快形成行业管理部门与社会各界共同参与、多方合作的信用应用场景。未来青海各地各部门要找准制约产业"四地"建设中各个环节的痛点难点堵点问题，通过政府引导、社会共建、全民参与，大力拓展信用信息应用场景，打造更多首创性、可复制推广且能让市场主体切实获得信用红利的信用数据应用场景，促进产业良性循环有序发展，推动经济社会高质量发展。

第三节　激发信用数据要素潜能，推动绿色算力高质量发展

算力是集信息计算力、网络运载力、数据存储力于一体的新型生产力，主要通过算力基础设施向社会提供服务，能够为多行业的数字转型工作注入发展动力。如今，在"双碳"目标和政策扶持的双重背景下，算力的绿

色化发展正在成为数字经济高质量发展的必然选择与关键环节。算力是信息基础设施的重要组成部分，呈现多元泛在、智能敏捷、安全可靠、绿色低碳等特征，对于助推产业转型升级、赋能科技创新进步、满足人民美好生活需要和实现社会高效能治理具有重要意义。

当前，在全国各地全面贯彻国家"东数西算"大背景下，极富资源优势的青海省正在积极谋划绿色算力产业蓝图——为全国一体化算力网赋能增绿，为人工智能产业提供青海方案。算力是数字经济时代的新质生产力，统筹算力和绿色电力协同发展意义重大，青海向"新"而行，以"质"致远，为清洁能源和绿色算力发展迎来黄金窗口期。绿色算力是具备节能、环保、低功耗等特点的算力。发展绿色算力是青海面临的重大战略机遇，是更好保护生态环境的重要抉择，是青海因地制宜发展新质生产力的着力点，是青海未来发展的重要增长极。

一、青海省发展绿色算力产业的深远意义

习近平总书记提出，加快发展数字经济，促进数字经济和实体经济深度融合，打造具有国际竞争力的数字产业集群。发展绿色算力产业对加快青海省发展新质生产力，构建现代化产业体系，开辟发展新领域新赛道、培育发展新动能、增强竞争新优势有着重要而深远的意义。

（一）发展绿色算力产业是青海把握时代机遇，融入和服务全国大局的重要路径

随着科技革命和产业变革深入发展，数字基础设施加快赋能千行百业，传统基础设施数字化、智能化改造升级不断提速，算力作为数字经济与科技创新的底座，已成为推动经济社会高质量发展的重要支撑。当前，我国经济正处于高速增长向高质量发展的转型阶段，国家实施"双碳"行动、"东数西算"工程，统筹算力发展与绿色低碳目标成为发展算力的关键，这为青海发展绿色算力产业带来重大机遇。青海省发展绿色算力产业符合国家战略和全省发展实际，紧抓清洁能源和绿色算力发展的黄金窗口期，培

育壮大绿色算力产业，推进绿色电力向绿色算力转化，既是可持续发展的长远选择，也是深度融入"东数西算"国家布局和全国一体化算力网的重要路径。

（二）发展绿色算力产业是青海立足生态功能定位，加快推动绿色发展转型的现实需求

算力产业作为一个能源消耗密集型产业，实现算力高效大规模运行，需要大量稳定的电力供给，经济适用、安全可靠的清洁能源是支撑算力规模化、绿色化发展的关键所在。青海作为青藏高原重要核心区域，是国家重要生态安全屏障，富集太阳能、风能、水能、地热能等资源，以及广袤的荒漠化土地，拥有得天独厚、充沛齐全的清洁能源资源优势，气候干燥、冷凉、洁净，是发展大数据产业的天然良港，加之青海正在聚力打造国家清洁能源产业高地，是国家清洁能源示范省、国家规划确定的大型清洁能源基地，发展绿色算力产业既是青海贯彻落实"两山"理念的生动实践，更是全省各族群众推动绿色发展的人心所向，以绿色能源助推绿色算力高质量发展势在必行。

（三）发展绿色算力产业是青海发挥自身优势，因地制宜发展新质生产力的关键引领

发展新质生产力不仅是生产力理论的重大创新，更是生产力领域的重要变革。因地制宜发展新质生产力，有利于更好集聚资源推动科技创新，发展符合高效、智能、绿色、可持续等特征的新业态新模式，为推动区域高质量发展、培育经济新动能和把握科技革命新机遇提供重要支撑。对青海来说，立足高原能源资源发展绿色算力产业，是因地制宜发展新质生产力的着力点，既能推动产品技术创新、加快赋能传统产业转型升级，更能拓宽可持续发展路径、推动高质量发展，是未来发展重要的增长极。加快发展以绿色算力为引领的新质生产力，释放新型生产要素的创新活力，为打造生态文明高地、建设产业"四地"提供更具前景的战略支点，推动绿

色算力产业发展是一条不容错过的重要赛道。

二、青海省绿色算力产业发展现状及成效

青海省立足青藏高原独特的资源禀赋，扎实推进绿色算力建设，在体制创新、制度建设、基础设施构筑等方面扎实有效开展工作，塑造发展新动能新优势，凝聚发展绿色算力产业强大合力，取得了阶段性成果，一些工作走在全国前列，得到了国家认可和肯定。全省以"诚信青海"建设为"基础桩"，充分挖掘信用数据要素潜能，大力发展新质生产力、推动高质量发展，但青海省绿色算力建设还处于起步阶段，与算力大省相比还有一定差距，尤其是在信用数据要素赋能方面差距较大。

（一）青海省绿色算力产业发展建设取得阶段性成效

1.青海抢抓机遇发展绿色算力。近年来，青海省深入贯彻习近平生态文明思想，立足"三个最大"省情定位和"三个更加重要"战略地位，自觉践行绿色感恩、生态报国理念，确保"一江清水向东流"，让绿水青山永远成为青海的优势和骄傲，努力用生态厚度托起高质量发展高度，抢抓机遇大力发展绿色算力，不仅取得累累硕果，也探索积累了一批可复制可推广的经验。

青海因地制宜发展新质生产力，既是新时代新征程解放和发展生产力的客观要求，更是青海转变经济发展方式、推动发展迈上新台阶、塑造发展新优势的难得机遇。推进绿色电力向绿色算力转化，深度融入"东数西算"国家布局和全国一体化算力网，打造立足西部、服务全国的绿色算力基地，我们只有同心干，才能不断缩小发展差距；只有干好了，才会赢得青海美好明天。

青海省将从绿电支撑、产业培育、金融支持、科技创新、人才引育、营商环境等6个方面，积极推进清洁能源和数字经济融合发展基地建设，加快建设高效低碳、集约循环的绿色数据中心。计划到2025年，青海基于清洁能源的通算、智算、超算协同发展的多元绿色算力供给体系全面形成，数据中心实现集约化、规模化、绿色化发展，立足西部、服务全国的青海省绿色算力基地初步建成。

2.青海发展绿色算力具有比较优势。青海发展绿色算力产业的有利条件可以总结为：绿色电力充沛、成本优势明显、发展空间广阔等。

一是成本优势明显。青海地处青藏高原东北部，气候干燥、冷凉、洁净，常年干燥度2.38，平均气温3.4℃，空气质量优良天数比例96.6%，数据中心可实现全年314天自然冷却，制冷用电比全国平均水平低40%。干燥洁净的空气，还可有效延长相关电子设备使用寿命10%以上。据测算，基于气候方面的优势，青海布局建设算力中心PUE在1.2以下，与中国其他地区相比运营成本降低30%。"水丰、光富、风好、地广"，高海拔、高纬度，气候冷凉、干燥，都说明青海清洁能源资源十分富集，是发展大数据产业的天然良港。

二是绿色电力充沛。青海全年日照时间达2500至3650小时，太阳能资源技术可开发量35亿千瓦，光伏发电成本在中国最低，作为中国第四大风场，可用于清洁能源开发的土地资源达10万平方公里以上，是中国规划确定的大型清洁能源基地。截至2023年底，青海省清洁能源装机突破5100万千瓦、占比93%，绿色电力发电量占比84.5%，均居中国首位。在全国率先实现新能源装机、电量占比"双主体"，非水可再生能源电力消纳责任权重居全国第一，青海电网成为含碳因子最低的省级电网，绿电含量居全国首位。日前，青豫全绿电外送大通道累计向6个省市外送清洁能源电量超500亿千瓦时，相当于减少二氧化碳排放4400万吨。青海省绿电实现从生产、传输、消纳全过程溯源，碳排放实现全景监测，绿色信贷覆盖率27.55%，中国领先。这不仅为国家能源绿色低碳转型注入强劲动力，更为青海打好打赢绿色算力产业发展这场"关键战"夯实基础。

三是发展空间广阔。高算力化是发展新质生产力的重要引擎，青海能源极足、电价极低、绿电极优、气候极好、能耗极少、回报极高，在"双碳"背景下越来越展现出巨大潜力。面向自身经济社会发展和国家重大战略需求，青海要有效提升绿电价值，优化算力供给结构，加快构建技术先进、布局合理、供需匹配、安全可靠、绿色低碳的算力基础设施，持续壮大绿色算力产业规模，推动绿色算力全产业链协同安全发展。

经过持续发展，青海省实现了"六个全国第一"：新能源装机占比全国第一，绿色金融覆盖率全国第一，电网碳排放因子水平全国第一，全国第一个制定绿色算力地方标准，建成全国第一个100%清洁能源可溯源大数据中心，建成全国第一个共享储能市场化交易平台。

根据《青海省绿色算力基地建设方案》规划，2025年服务全国的青海省绿色算力基地将初步建成。到2030年，绿色低碳、协同高效、安全可靠的青海省绿色算力基地全面建成。截至2023年底，青海电网已成为含碳因子最低的省级电网，"绿电"含量居中国首位。

3.青海释放政策红利推动绿色算力发展。青海建设绿色算力基地，既符合生态环境保护要求，又能把能源资源优势转化为产业优势。对于青海而言，推动绿色能源和绿色算力融合发展是一条不容错过的重要赛道。发展绿色算力，既在于创新技术产品、赋能传统产业转型升级，更在于推进政策措施创新，优化算力的绿色、可持续发展路径，加快释放新型生产要素的创新活力。

近年来，青海省相继出台了《青海省加快融入"东数西算"国家布局工作方案》《青海绿色零碳算力网络建设行动计划（2023—2025年）》《青海省数字经济发展三年行动方案（2023—2025年）》《青海省推动"数据援青"工作方案（2023—2025年）》《青海省绿色算力基地建设方案》《青海省促进绿色算力产业发展若干措施》《科技支撑青海省绿色算力基地建设行动方案（2024-2028年）》等一系列政策性文件，为夯实创新基础，加快科技创新人才体系建设指明了方向；为推动形成算力多元泛在、存力安全可靠、运力优质互联、算存运协同建设的绿色算力体系提供了政策支持；为加强算力、存储、网络和应用协同创新，驱动数字经济高质量发展，提供了路线图；为加快数字政府建设，持续优化营商环境、激发"算力"澎湃活力提供了有力保障。

值得一提的是，西宁国家级互联网骨干直联点是目前我国东经102度线以西地区唯一的骨干直联点，创造了从申报到审批2个月、从审批到试运行8个月的"青海速度"，以全国最快速度建成投运。相信为聚力打造绿色算力基地、围绕绿色算力产业链增强服务支撑能力出台更多支持性、扶持性政策，青海将会跑出全新"加速度"。当然，营造大数据发展良好环境，既要重视"东数西算"，也要重视"西数西算"，青海正在加快算力产业向智能敏捷、绿色低碳、安全可靠发展，深度布局绿色算力基础设施建设。

2023年底，青海省制定发布了绿色算力基础设施等级评定、清洁能源利用评价方法、信息系统能效等级和测试方法、智能运维规范、监测平台技术规范5项地方标准，是全国首个制定绿色算力地方标准的省份。

2024年3月，为进一步发挥青海高原资源能源优势，推动绿色电力向绿色算力转化，主动承接"东数西算""东数西存""东数西训"，打造立足西部服务全国的青海绿色算力基地，因地制宜推动绿色算力成为青海省的重要新质生产力，助力高质量发展，由青海省数据局、省发展改革委、省工业和信息化厅、省科技厅、省人力资源社会保障厅等联合印发《青海省促进绿色算力产业发展若干措施》，从六个方面提出具体举措：一是绿电支撑方面，围绕绿电保障、绿电价格和绿电溯源等提出支持举措，体现青海绿电价值。二是产业培育方面，提出项目投资、人工智能、电算融合、拓展应用场景和数据开放共享方面的支持举措，助力构建绿色算力产业生态。三是金融支持方面，提出绿色贷款、基金债券和企业上市等举措，推动绿色算力、绿色金融协同互促。四是科技创新方面，以创新平台建设、绿算科技攻关和碳价值实现，助推绿色算力产业创新发展。五是人才引育方面，着眼强化人才支撑，提出了人才培养、人才引进方面的支持举措。六是营商环境方面，通过优化项目备案审批、强化网络和数据安全，做好项目落地过程中的各方面保障。

2024年上半年，青海省成立绿色算力产业专家咨询委员会。这一系列动作，为加快发展以绿色算力为引领的新质生产力提供有力保障。

4.青海省绿色算力已初具规模。青海省积极推动构建"1+2+N"绿色算力整体布局，加快建设西宁—海东智算、超算核心集群，打造海西州、海南州存算结合数据中心集聚区。截至2023年底，青海省已建在建数据中心总规模超过4.3万标准机架，同比增长34.4%，新增智能算力规模达到280PFLOPS。西宁国家级互联网骨干直联点正式开通，青海省内本地网间时延降至2ms，全国访问青海网间时延降至36ms。

截至2024年4月，青海上线中国首个清洁能源供电感知平台，建成中国首个全清洁能源电力可溯源的绿色数据中心，累计核发新能源绿证超过650万张，为绿色算力发展提供绿色电力消费的权威认证。新能源上网电价全国最低，绿色算力发展成本优势进一步显现。

产学研结合也是青海省发展绿色算力产业的一大亮点。国家超级计算无锡智能超算中心在青海大学落地建设分中心，超算算力达到5PFLOPS，存储能力20PB，是西北高校中规模最大的超算中心。青海大学智能算力更强的人工智能创新中心正在建设。这些算力中心、连同计算机技术与应用学院的三江源数据分析中心，构成青海省的算力网，服务于科学研究的同时，也将服务于一般的通用计算和人工智能计算。

此外，三大电信运营商发挥各自技术和产业优势，积极投身到青海绿色算力建设浪潮中。例如，中国移动青海省公司深耕生态、盐湖、能源、矿山、农畜、文旅等行业信息化领域，赋能青海绿色发展，助力生态文明高地和产业"四地"建设。全面推广5G专网，打造了智慧盐湖、智能水电站、智慧矿山、智慧文旅等一批标杆项目，助推各行各业"上云用数赋智"。

位于青海省海东市的中国首个零碳数据中心——中国电信（国家）数

字青海绿色大数据中心，为百度、阿里云、腾讯、华为、青海税务、工行青海分行等用户提供优质的算力和存储服务。中国电信青海公司与上海临港、南京智算中心、江西艾泰等签订"数据援青"合作协议，在互联网数据中心领域建立战略合作关系。

（二）青海省绿色算力产业发展面临主要困难和问题

青海省绿色算力建设虽然取得一定进展，但起步较晚，与国家算力基础设施高质量发展要求仍然存在一定差距，还面临一些突出困难和问题。一是相关立法相对滞后，不能满足当前建设发展的需要；二是绿色算力产业发展中存在的标准、计量、认证认可、知识产权等质量的需求及难点、堵点；三是专业人才严重不足，急需加大人才引进力度，建立健全多层次、多类型绿色算力人才培养体系，鼓励企业、高校、科研院所、协会、学会等联合培养绿色算力相关专业紧缺人才；四是资金保障还有一定压力，要充分发挥财政资金杠杆和税收优惠引导作用，撬动各方资本参与算力领域建设；五是地区部门间尚未形成合力，资源整合力度不足；六是绿色算力的应用还相对偏少等。

三、青海发展绿色算力产业的实践路径

算力是数字经济发展的重要基础，也是科技竞争的新焦点，绿色算力是降低算力产业能源消耗、减少碳排放、实现可持续发展的有效方式。近年来，青海省深入贯彻习近平生态文明思想，以打造国际清洁能源高地为抓手，持续加大清洁能源基础建设、推动技术创新、优化绿电供给、促进电算融合，全力建设清洁能源产业高地，助力拓宽绿色算力产业发展路径。

（一）不断加大清洁能源基础建设，强化绿色算力保障

扩大清洁能源基础设施建设是保障绿色算力的前提，也是打造国家清洁能源产业高地的关键。青海立足省情实际，研究提出的清洁能源规划、政策、基地、项目、企业"五位一体"推进格局，围绕绿色算力产业链增强服务支撑能力，抢先抓早、谋深落实，强化储能系统在绿色算力基础设

施建设中的应用，切实推动电源结构更趋合理，网源时序有效衔接，尽力缓解产消矛盾，提高绿色算力供电的可靠性和稳定性，让源源不断的清洁电力供给保障青海绿色算力产业高质量发展。

（二）持续推动创新技术实践运用，推进绿电体系建设

创新技术是推动绿电体系建设的重要力量，必须紧紧依靠创新技术，加快绿电体系建设步伐，为实现可持续发展提供不竭动力。青海省把建立健全绿电技术创新体系作为主要目标任务，持续推动产业上下游协同发展，充分运用好已建成上线的国内首个绿电溯源感知平台，打造源网荷储一体化绿电智慧供应系统示范样板，在能源清洁低碳转型中先行引领，高效推进。积极融合区块链、云计算、大数据等新型数字化技术，基于绿证提供绿电溯源服务，实现每一度电均可追溯的要求，探索出"绿色""零碳""可溯源"的显性化消费模式，激活和释放能源电力数据要素价值。

（三）积极探索创新绿电供给方式，充分挖掘绿电价值

创新绿电供给方式是实现绿电供给的规模化、高效化，推动绿色发展的重要途径。青海把抓系统摆在更加突出的位置，充分发挥绿电的优势，创新绿电供给方式，打造多能互补系统，提高能源系统的整体效率和可靠性。有序布局各类新型储能，加快构建短、中、长周期储能体系，确保哇让、同德、南山口等抽水蓄能电站"十五五"中后期建成投运，装机达到1000万千瓦以上；提速光热项目实施进度，力争到2025年光热装机达到121万千瓦以上；开工建设一批先进压缩空气储能、重力储能、飞轮储能等示范项目，2024年建成电化学储能400万千瓦以上，努力构建抽水蓄能、熔盐储能、电化学储能互为支撑的多元储能体系，为算力设施提供稳定优质绿色电力供应，充分激活绿电价值。

（四）加力推动绿电绿算融合发展，促进绿电数字转型

绿电与绿算的融合发展，是推动能源绿色转型的重要手段。青海省把绿色电力和绿色算力作为经济社会全面绿色化、数字化转型的关键生产力，

正逐步向"融合共生"发展，通过电力带动算力绿色化升级、算力赋能电力数字化转型，形成螺旋上升的良性循环，推动能源数字经济高质量发展。我们将坚持系统谋划，统筹发展，通过不断加强数字技术手段，实现绿电生产、传输、消费各环节的高效协同，提升绿电在能源体系中的竞争力，积极释放青海绿色算力品牌价值，结合数字化技术，促进清洁能源消纳、增强电网运行安全、提高电能供应经济性。

四、信用数据要素助力绿色算力产业发展研究

青海算力应用赋能方面的新业务、新模式、新业态处于探索培育阶段，产业领域的算力渗透率较低，社会民生领域的应用范围不广、深度不够。如果没有足够的应用场景牵引，就没有业务应用支撑，算力设施就无法发挥应有作用，反而会造成设施空置和能源空耗。防止重设施建设轻应用需求，要依托应用场景牵引算力产业蓬勃发展。

（一）拓展应用场景，突出特色发展壮大市场

培育"数据要素×"典型案例，推动数据与各行业深度融合，一体推进信息化、数字化、智能化。推动数字青海建设，在数字政府领域开放一批应用场景，在生态文明高地和产业"四地"建设、天文气象等特色领域形成一批数字赋能典型应用，打造多领域应用生态体系。培育发展人工智能。开展"人工智能+"行动，打造省级绿色算力产业示范区、示范企业、示范工程。面向全国推介青海省算力资源，吸引企业和单位在青投建或租用智算资源，支持在青拓展大模型训练产业。深度挖掘数据资源。健全完善政务数据供需对接机制，推动青海省公共数据开放共享，加快推进数据产权、流通交易、收益分配等领域改革创新，加快数据要素市场建设和数据资产化进程，推动数据资产入表和价值化。以信用应用扩大算力需求。积极协调各地区，将省、市州、区县三级政务服务大厅接入同级信用平台和网站，建立健全凡办必查机制，加快施行信用承诺。开展公共信用综合评级评价，创新研发推广"信易批""信易游""信易行"等信用服务产品，

在行政审批、生态、旅游、扶贫、交通、教育、医疗、养老等领域拓展信用惠民便企应用场景。

（二）加强数据开放共享，推动全省信用数据良性循环

信用平台网站是社会信用系统建设的基础性、先导性工程，是信用建设服务社会的枢纽和窗口，按照国家统一标准规范，青海省采取省级大集中建设模式，一体化实施了1个省级、8个市州、45个区县的信用平台和网站群，形成了上联国家、横通部门、下接地区的全省信用平台网站"一网通"。2018年，在全国率先建成覆盖全省所有法人单位和自然人两大主体的信用信息"基础数据库"。2019年，实现信用体系建设目录化、清单化、标准化管理，强化了信用信息归集的完整性、及时性和准确性。2021年，创新编印《青海省社会信用体系建设"一目录、两清单"》，累计收录省级部门信用信息目录984项，数据共享清单6231项、任务考核清单175项。2023年底，"信用青海"平台网站已与1500多家省、市州、县区三级成员单位实现数据对接和共享，覆盖全省63万家法人、640万自然人，累计归集入库各类信用信息4.5亿条，成为全省信用信息处理"总枢纽"和政务信息共享交换的重要平台。在严格保护商业秘密和个人隐私的同时，信用平台网站逐步打破部门间信息壁垒，畅通信用信息归集共享通道，依法依规全面公开共享信息，信用平台累计向各地区、各部门共享信用信息1.2亿多条，信用青海网站、微信公众号累计公开发布信用信息860多万条，不断增强大数据和"互联网+"对信用体系建设的支撑作用。

积极推动青海省信用数据开放共享，健全政务数据供需对接机制，在保障数据安全的基础上，在"信用青海"平台网站基础上，促进数据多领域改革创新应用，加大相关产业培育力度。

加强政务数据汇聚整合。政务云平台按照统一规划、统一标准进行全省统一部署并实现省市两级节点互联互通。原则上各级政府部门不再单独建设政务数据中心，新建政务系统统一部署到政务云平台，已有系统逐步

向政务云平台迁移。依托政务云平台建设完善全省统一的人口、法人、电子证照、社会信用、宏观经济、自然资源和空间地理等基础信息库，以及环境保护、市场监管、公共服务等主题信息库。到2025年，全省70家省级单位业务系统上云率预计达到95%。

增强省内企业数据汇聚能力。推动省内能源、生态、旅游等重点行业骨干企业通过整合、挖掘、利用自有数据或公共数据资源，构建面向行业应用的数据资源库和大数据平台。加快企业"上云用数赋智"，实现国有企业非敏感业务系统"应上尽上"，力争到2025年，省内企业上云达到4000家。围绕清洁能源产业、现代生态农牧业、文化旅游服务、盐湖资源开发利用等省内重点产业优化大数据平台，提升重点产业数据汇聚水平，支撑产业数字化转型升级。

（三）加强"青信融"建设，推动绿色金融创新发展

青海省对纳入《绿色低碳转型产业指导目录（2024年版）》的绿色算力产业项目，加大信贷投放力度，以优惠利率给予融资支持。用好用足碳减排支持工具、科技创新再贷款等结构性货币政策工具。制定《绿色金融碳汇信用数据接口规范》地方标准。2023年以来，省发展改革委、人民银行青海省分行聚焦省委、省政府"双碳"工作部署，积极衔接重点产能用能单位（企业），衔接各方对碳汇等信用大数据的需求和归集治理、数据应用情况。产能单位及金融机构采集核算企业能耗总量、能耗强度、碳排放量和碳排放强度等碳排放数据，为企业建立碳账户。青海省公共信用信息中心依托"青信融"平台向金融机构高效安全共享企业碳账户信息，配合人民银行青海省分行指导金融机构支持鼓励金融机构充分运用碳排放强度、绿电使用占比等碳减排信用大数据为企业提供差异化融资贷款支持，创新推出绿色信贷产品，将企业碳汇数据作为授信、放款的重要参考依据。经过一系列创新措施，有效推动绿色金融突破发展，将企业践行"双碳"目标转化为实实在在的收益，全社会绿电消纳和产业、能源结构转型得到正向激励。

随着相关工作的深入开展，对信息归集的范围、方式、处理等方面提出了新的要求，为进一步适应青海省现阶段绿色金融碳汇工作的有序开展，解决数据质量参差不齐、迟报漏报、整合治理难等问题，非常有必要在充分参考国家相关标准的基础上，用好全省统一的绿色金融碳汇信用数据接口规范，促进数据要素价值得到有效发挥。综上所述，我们认为深入宣贯全省统一的绿色金融碳汇信用数据接口规范，全面推广标准应用非常必要且迫在眉睫。

（四）强化人才培养，支持引进和培育高层次人才

重视破解人才资源困境，多渠道实施算力、数字经济人才、信用人才引育。青海受艰苦的自然条件所限，聚集人才能力弱、留住人才难，各行各业都存在人才支撑不力的窘境，发展智力密集型的算力、数字经济产业、信用产业，对高端人才的需求更为迫切，需数招并用强化人才支撑。

一是政策直接引才。对直接引进的杰出人才、领军人才、拔尖人才执行昆仑英才行动计划的相关政策，并享受同等引才待遇。

二是人才联合培养。支持企业与科研院所、高校、职业院校合作共建大数据产业学院、人工智能产业学院、算力产业学院、信用专业等，选派优秀中青年专业技术人才面向人工智能、算力等专业开展访学研修，联合培养高层次人才。

三是开展人才培训。合作共建公共实训基地，开展相关领域人才岗位技能培训。依托"西部之光"访问学者项目，选派优秀中青年专业技术人才到中央和国家机关有关部委及东部地区所属研究机构、重点院校、国有企业等开展访学研修。支持密切相关的专业、学科和科研平台建设，鼓励发展新型职业教育和专业技术培训，培养应用型实用型人才。

四是加强人才双向交流。采取"走出去、请进来"方式，提升各级干部算力、大数据、人工智能、数字经济、信用的使用和创新能力。

五是创新柔性引才。构建"科技在内、人才可以在外"的人才工作新机制，推行"人才+项目"引才用才模式。实施"引企聚才"，在引进AI、

IT头部企业落地的过程中实现专业人才"不为所有、但为所用"。

第四节　发挥信用数据替代作用，支持普惠金融示范区创建

党中央把马克思主义金融理论同当代中国具体实际相结合、同中华优秀传统文化相结合，坚持以人民为中心的价值取向，坚持把金融服务实体经济作为根本宗旨，坚持把防控风险作为金融工作的永恒主题，坚持在市场化法治化轨道上推进金融创新发展，坚持深化金融供给侧结构性改革，坚持统筹金融开放和安全，坚持稳中求进工作总基调，奋力开拓中国特色金融发展之路。

青海省始终坚持党对金融工作的全面领导，牢牢把握推进金融高质量发展这个主题，坚定不移走中国特色金融发展之路，扎实做好科技金融、绿色金融、普惠金融、养老金融、数字金融五篇大文章，防范化解金融风险，更好支撑打造生态文明高地、建设产业"四地"、数字经济发展和民生保障。

一、科技创新赋能普惠金融发展

随着数字经济的迅猛发展，科技金融与实体经济的深度融合，在为实体经济发展注入新活力的同时也带来了前所未有的机遇与挑战。如何赋能实体经济发展，推动科技金融参与创新项目，加快发展新质生产力方面的作用与路径的研究就显得尤为关键。我们可以看到，数字经济时代资金支持、信息中介、风险分散和市场连接等机制在促进技术创新和产业升级中的重大功能，在推动实体经济高质量发展中更发挥着越来越重要的作用。

新质生产力是普惠金融创新发展的驱动力。深入学习贯彻习近平总书记关于新质生产力的重要论述，关键是结合自身发展实际，找到优势增长极，架设好金融政策工具与实体经济的桥梁，加速推进技术研发与成果转化，促进整体产业结构的优化与升级，为新质生产力的形成和发展注入动力。

（一）全面准确理解新质生产力

2024年1月31日，在中共中央政治局第十一次集体学习时，习近平总书记指出："新质生产力是创新起主导作用，摆脱传统经济增长方式、生产力发展路径，具有高科技、高效能、高质量特征，符合新发展理念的先进生产力质态。它由技术革命性突破、生产要素创新性配置、产业深度转型升级而催生，以劳动者、劳动资料、劳动对象及其优化组合的跃升为基本内涵，以全要素生产率大幅提升为核心标志，特点是创新，关键在质优，本质是先进生产力"。3月5日，习近平总书记在参加十四届全国人大二次会议江苏代表团审议时强调："发展新质生产力不是忽视、放弃传统产业，要防止一哄而上、泡沫化，也不要搞一种模式。各地要坚持从实际出发，先立后破、因地制宜、分类指导，根据本地的资源禀赋、产业基础、科研条件等，有选择地推动新产业、新模式、新动能发展。"这是习近平总书记对新质生产力的内涵作出的明确界定和对发展新质生产力提出的重大要求。

新质生产力的提出，是对现有生产力的提升和突破，是对生产关系的变革和优化，是时代发展的必然要求。只有不断推动新质生产力的提出和发展，才能实现经济的持续健康发展，为社会创造更多的财富。可以从以下三方面理解：

第一，新质生产力的提出，意味着在现有的生产力基础上，通过技术创新、管理创新、制度创新等方式，形成一种更为先进、高效的生产力。这种新质生产力不仅能够提高生产效率，降低生产成本，而且能够推动经济持续健康发展，为社会创造更多的财富。

第二，新质生产力的提出，是对传统生产力的突破和升华。在传统生产力中，由于技术水平、管理水平、制度安排等方面的限制，生产效率往往无法得到充分发挥。而新质生产力的提出，正是为了解决这些问题，通过创新来提升生产力水平，使生产力得到更为充分的释放。

第三，新质生产力的提出，意味着对生产关系的变革。生产关系是生产力发展的制约因素，只有适应新质生产力的要求，对生产关系进行调整和优化，才能使生产力得到更好的发展。因此，新质生产力的提出，不仅需要技术创新和管理创新，还需要制度创新和观念创新，以推动生产关系的变革。

第四，新质生产力的提出，是时代发展的必然要求。在全球经济一体化的大背景下，各国之间的竞争越来越激烈，只有不断提高生产力水平，才能在竞争中立于不败之地。因此，发展新质生产力，是各国发展的必由之路，是时代进步的必然选择。

（二）找准落实好新质生产力的接入口

新质生产力是高质量发展的强劲推动力、支撑力，发展新质生产力是推动高质量发展的内在要求和重要着力点，特别是在推动产业升级和经济结构优化中扮演着至关重要的角色。

数字经济背景下，科技金融是落实好新质生产力的接入口。首先，建立健全科技金融机制，是助力新质生产力发展的重要内容。科技金融通过为科技企业和创新项目提供资金支持，加快了技术研发与成果转化，进一步带动实体经济朝着更优方向发展，促进了产业结构的优化与升级，实现经济结构转型，促进社会整体进步。

我们不难理解，科技金融赋能实体经济和新质生产力发展重点是：要为不同规模企业提供差异化的金融服务支持，推行行业定制化的数字科技金融解决方案，完善科技金融监管框架，加强科技金融知识普及和人才培养，优化科技金融发展政策环境，构建科技金融支持实体经济发展的体制机制。

探索加快发展新质生产力的有效途径，就在于要探讨科技金融、实体经济发展与新质生产力之间的内在联系，构建科技金融赋能实体经济和新质生产力发展的理论框架，把科技金融作为连接科技创新与金融市场的桥梁。青海省积极探索科技赋能金融转型发展，持续推动碳账户金融创新，通过助力全省打造生态文明高地、产业"四地"建设、绿色算力、零碳产业园、清洁能源等重点领域发展，进一步增强金融支持绿色发展的可持续性和专业性。制定出台《金融支持青海工业绿色发展的若干措施》，提出从用好用活金融政策、优化绿色金融产品供给、发挥多渠道融资作用、完善绿色金融服务支撑、完善保障措施等5方面12条具体措施，鼓励金融科技公司与行业企业、行业协会和研究机构等进行跨行业合作，大力引导金融资源向全省工业绿色发展提供精准支持，助力走好以绿色低碳为核心的、具有青海特色的新型工业化发展道路。

（三）优化科技金融发展的政策环境

科技金融通过提高金融服务效率、降低成本和扩大服务覆盖范围，特别是为小微企业和初创企业提供更便捷多样的金融服务，展现出其重要价值。这就亟须构建支持性政策环境，加大科技金融创新及其与实体企业合作的资金和政策支持。

青海省近年来在金融领域进行了大胆的创新和转型，致力于推动碳账户金融的革新。通过一系列措施，如支持生态文明的建设、发展产业"四地"、提升绿色计算能力、建设零排放工业园区以及推动清洁能源产业，从而加强了金融对绿色发展的支持力度，提高了其可持续性与专业化水平。印发《金融支持企业碳账户体系建设实施方案》，创新推进金融支持企业碳账户体系建设，明确7项重点工作任务和4项保障措施。组织召开"金融支持企业碳账户体系建设"推进会，引导金融机构将企业碳账户数据纳入授信决策，根据减排降碳情况提供差异化信贷支持。截至2024年一季度末，金融机构已落地碳账户挂钩贷款1.82亿元，利率最大下浮1.65个百分点，为企业节约利息支出98.41万元。

立足青海省经济基础薄弱、城乡发展不平衡等实际，探索建立特色鲜明、错位发展、富有活力的普惠金融模式，研究出台《青海省西宁市普惠金融改革试验区总体方案》，坚持服务实体经济本源，以深化金融供给侧结构性改革为抓手，深化普惠金融改革创新，强化金融科技支撑，把更多金融资源配置到农牧区重点领域和薄弱环节，提高金融服务可得性、便利性和人民群众满意度，助力西宁市经济绿色低碳转型，使广大人民群众共享金融改革发展的成果。

坚持市场主导和政府引导相结合，充分发挥市场在金融资源配置中的决定性作用，更好发挥政府统筹协调、组织实施、政策扶持等作用。力争用5年时间，构建与西宁市高质量发展相匹配的普惠金融市场体系、产品体系、机构体系和基础设施体系，金融服务乡村振兴质量效益显著提升，普惠金融与绿色金融深度融合发展，农牧业和小微企业绿色低碳转型能力显著提升，以盐湖锂电、清洁能源、生态旅游和有机农牧业为主的绿色供应链金融服务更加成熟，农牧区数字普惠服务能力达到西部农村地区领先水平，"青信融""三资"管理等数字平台功能齐全、运行稳健，金融业态更加丰富，金融结构和金融生态环境更加优化，政策保障和风险防控机制更加健全，打造普惠金融发展的"高原样板"。

二、做好普惠金融绿色发展大文章

青海省始终以习近平新时代中国特色社会主义思想为指导，全面贯彻党的二十大精神，完整准确全面贯彻新发展理念，深刻把握金融工作的政治性、人民性，认真贯彻落实习近平总书记考察时青海提出的"始终坚持生态优先、绿色发展"的重大要求，聚焦绿色金融、普惠金融等重点领域，以碳账户、绿色算力、金融支持生态环境保护等为突破口，不断深化普惠金融、绿色金融创新，有力纾解市场主体融资急难盼愁问题，着力走出一条符合高原民族生态特色的普惠金融发展之路，推动全省绿色信贷占比高居全国首位，为谱写中国式现代化青海篇章注入了金融活水。

（一）健全绿色金融制度体系，为生态文明建设注入新动力

制定《绿色金融支持青海高质量发展的指导意见》《金融支持青海工业绿色发展的若干措施》等文件，从金融服务、风险防范、合作机制等方面不断完善绿色金融制度建设。青海省正实施一项季度性的绿色金融评估和总结机制，以确保对绿色金融的发展趋势有清晰的了解，并鼓励金融机构

积极采纳绿色发展的理念。青海省正在努力利用碳排放减少支持工具和其他货币政策工具，通过中央银行提供的低成本资金，引导信贷资源向绿色产业倾斜，以促进这些领域的健康发展。截至2024年一季度，全省金融机构累计获得碳减排支持工具资金35.03亿元，支持金融机构发放碳减排贷款58.39亿元。全省绿色贷款余额1787.8亿元，同比增长12.16%，占本外币各项贷款余额23.35%；其中，清洁能源产业贷款1285.3亿元。

（二）创新碳账户金融产品服务，探索碳减排数据价值实现新路径

制定印发《金融支持企业碳账户体系建设实施方案》，积极探索推进企业碳账户建设，为全省450余家重点用能企业建立了碳账户，引导金融机构将碳账户数据纳入信贷审批流程，对碳减排成效显著的企业给予差异化信贷支持，累计发放碳账户挂钩优惠贷款11.36亿元，为企业节约利息支出430万元；成功发行省内首个与可持续发展目标挂钩的债券，为企市场主体的绿色转型提供了新的融资途径。人民银行青海省分行会同发改、财政、数据局等职能部门，引导算力头部企业推动绿色算力产业高质量发展，为9家绿色算力重点企业建立碳账户，鼓励金融机构依托碳账户为绿色算力企业提供优惠贷款支持，积极配合支持香港绿色发展研究院开展地方绿色算力标准建设和信息披露工作。

（三）聚焦重点行业领域，着力推动普惠金融绿色发展

1.丰富绿色金融产品和服务。引导金融机构创新供应链金融产品，推动绿色供应链金融产品在青海落地。鼓励和支持生态产业发展，引导资金投入循环农牧业、清洁能源、生态旅游、休闲康养、林下经济及水资源利用等，支持发展经济林产业和草、沙、生物质能源等特色产业，围绕中藏药产业、藏毯、农畜产品等特色产品创新信贷产品。抓住绿色算力产业高质量发展契机，创新供应链金融满足算力产业各发展阶段的资金需求。

2.深入推进金融支持企业碳账户体系建设。充分依托"青信融"平台和青海省智慧双碳大数据中心"碳排放监测服务平台"，建立健全企业碳排

放信息采集、核算与共享机制，推动高耗能、高排放重点工业企业先行建立碳账户，逐步扩大企业碳账户覆盖面。探索建立企业碳账户评价体系，在企业授权下供金融机构查询使用。加强企业碳账户金融应用和产品服务创新，推动金融机构开发与碳账户信息、碳评价等挂钩的特色金融产品，加大对企业绿色低碳发展的金融支持力度。

3.支持高排放行业和项目绿色低碳转型。积极争取国家绿色发展基金支持。鼓励具备条件的金融机构、社会资本成立碳达峰碳中和转型基金。坚持"先立后破"，推动转型金融与绿色金融有效衔接，支持金融机构开发转型贷款及碳排放权抵质押融资产品，支持清洁运输、清洁取暖和重点行业超低排放改造。支持符合条件的企业发行转型债券，满足能源生产消费企业低碳转型需求。鼓励金融机构将高排放行业和项目碳减排信息与项目信贷评价、信用体系建设挂钩。推进高排放行业绿色低碳转型和数字化、智能化升级，促进绿色低碳技术推广应用。

4.充分发挥科技创新作用纾解融资难题。强化"青信融"平台建设，推进普惠小微主体信用融资"一网通"办理，开展金融服务小微企业"甘霖工程"试点，着力破解普惠小微主体、民营企业融资难、融资贵难题。因地制宜加强金融产品创新，支持盐湖锂电、光伏储能、生态旅游等重点产业发展，推动牦牛、藏羊、青稞、枸杞、冷水鱼、冬虫夏草等"青字号"农畜产品延伸产业链，助力全省高质量发展。强化普惠金融可得性，推动特色产业发展壮大，促进各族群众增收致富。

三、信用数据要素助力普惠金融发展

长期以来，中小微企业、民营企业融资难、融资贵问题比较突出。党中央、国务院高度重视加强信用信息共享应用，促进中小微企业融资工作。习近平总书记强调，要建立公共信用信息同金融信息共享整合机制，发展普惠金融，有效缓解企业特别是中小微企业融资难融资贵问题。2024年3月，《国务院办公厅关于印发<统筹融资信用服务平台建设提升中小微企业

融资便利水平实施方案>的通知》（国办发〔2024〕15号），重点从加大平台建设统筹力度、优化信息归集共享机制、深化信用数据开发利用、加强信息安全保障和信息主体权益保护等方面，就更好统筹融资信用服务平台建设，完善以信用信息为基础的普惠融资服务体系作出部署。

中小微企业是国民经济的生力军，是扩大就业、改善民生、促进创新创业的重要力量，普惠金融要聚焦中小企业，着力解决融资难融资贵问题。为深入贯彻党中央、国务院有关决策部署，近年来，青海省聚焦小微企业融资难题，统筹全省融资信用服务平台建设，加大信用信息归集共享力度，深化信用大数据开发应用，保障信息安全和市场主体合法权益，健全完善以信用信息为基础的普惠融资服务体系。顶层谋划建设了"青信融"平台，以信用大数据为底座，在市场主体和金融机构之间搭建起了一座"信用金桥"，从供需两端改善小微企业融资信用服务，满足小微企业多样化融资需求，有效释放信用数据要素价值。

（一）统筹融资信用服务平台建设

1.按需完善融资信用服务平台功能。青海省坚持"青信融"平台金融基础设施定位，对标对表国家"强化全国信用信息共享平台的信用信息归集共享'总枢纽'功能，将全国一体化融资信用服务平台网络作为向金融机构集中提供公共信用信息服务的'唯一出口'"的建设标准和要求，结合全省融资服务需求，持续升级建设"青信融"平台。重点优化完善企业信用报告、融资对接、融资评价、融资增信、政策支持、数据共享、大数据统计分析等核心功能，开辟特色融资服务专栏，精准对接省内金融机构内部信贷业务系统，发挥信用数据要素价值，扩大平台服务覆盖面，提供高质量、专业化、一站式融资服务。

2.构建一体化融资信用服务平台网络。依托全国信用信息共享平台（青海）全量归集行业领域公共信用信息的优势，建立健全主题数据库，支持"青信融"平台融入全国一体化平台网络，作为我省向金融机构提供公共信用信息服务的"唯一出口",多维度全景式生成企业信用报告,动态评价监测企业信用状况。引导市(州)县(区)融资信用服务平台规范接入"青信融"平台,着力构建全省一体化、广覆盖的融资信用服务平台网络,为金融机构提供信用数据要素保障,满足贷前授信、贷中审批、贷后预警全链条数据使用需求。

(二)优化信用信息归集共享机制

1.扩大信用信息归集范围。青海省立足中小微企业融资信用服务工作实际,结合国家要求修订青海省信用信息共享目录清单,明确信息归集范围和报送层级,细化信息采集字段、更新频次等要素。利用已建立的省市县三级信用信息归集共享渠道,在确保数据安全的前提下,及时向全国信用信息共享平台(青海)全量归集报送各类信用信息。

2.提升信用信息共享质效。严格执行《全国信用信息共享平台工程标准》,建立健全信用数据质量监测、治理和问题数据反馈、修正长效机制,不断加强信用数据全流程治理,强化信用信息归集共享,提高信息的完整性、及时性、合规性,力争数据合规率达到100%、漏报瞒报率及迟报率控制在5%以内。同时,全面落实高效办成信用修复"一件事",进一步完善信用修复线上线下协同联动工作机制,对符合条件的市场主体实施信用救济,提升信用修复效率,支持市场主体改善自身信用状况。

3.统一信用信息共享出口。探索建立数据可信流通机制,畅通信用信息共享渠道,通过全省融资信用服务一体化平台网络,向金融机构提供科技、财政、社保、住建、农业农村、市场监管、医保、税务以及水电燃气等信用信息,实现数据流通全过程动态管理和高效利用。按照"一行一策"原则,采取"统一接口+个性化调用"相结合方式,连通"青信融"平台与金融机构网上银行、手机APP等业务系统,支持金融机构充分调用信用信息资源,切实提高信用、金融数据双向共享交换效率,实现全线上闭环式融资信用"一网通办"。

（三）全面深化信用数据开发利用

1.建设信用大数据联合实验室。以信用信息高水平开发应用为目标，利用电子政务外网、政务云等资源，规划建设"青海省信用大数据联合实验室"，面向银行、保险、担保、征信服务、数字科技等机构，提供开放共享、安全高效的信用大数据分析研究、联合建模、算法训练、产品创新、评估授信、风险预警等实验环境。采取线上共享虚拟空间、线下开放实体训练场所方式，支持金融机构、产业平台、企事业单位基于信用信息创新发展，促进社会信用大数据融合应用，为中小微企业提供优质金融服务。

2.创新开展信用数据联合建模。坚持"原始数据不出域""数据可用不可见"原则，引导金融机构进驻信用大数据联合实验室，运用隐私计算等信息技术，整合公共信用信息、金融机构数据等资源开展联合建模，为信贷产品创新研发提供算力、算法和数据服务。采取"基础算法+接口调用"便捷方式，短期实现通用模型研发上线，加强敏感数据开发利用，满足金融机构使用信用数据需求；采取"通用模型+业务模型"联合建模方式，常态化按需开展个性化模型研发训练，满足金融机构创新研发特色信贷产品需求；采取"金融+科技+绿色算力"融合方式，为金融机构提供信用大模型场景化应用环境，提升从贷前评估授信到贷后风险预警的全流程闭环融资服务能力。

3.拓宽融资信用服务范围。聚焦产业"四地"建设，在"青信融"平台开设乡村振兴、绿色低碳、产业供应链等融资信用服务专栏，逐步将大中型企业、个体工商户、新型农业经营主体等纳入融资信用服务范围。以信用大数据联合实验室为载体，鼓励金融机构深度参与信用数据的开发利用，结合不同行业领域企业生产经营周期，采取"陪伴式"发展模式，重点加强农村信用体系建设，创新开发"政采贷""虫草贷""活畜贷""枸杞贷""新农综"等特色金融产品，提高信用贷款比例，全流程拓展行业领域融资信用服务范围。

（四）建立健全融资服务体系

1.完善信用评价机制。严格执行《小微企业融资信用评价规范》等地方标准，持续完善融资信用综合评价指标体系，深入开展企业融资信用评价。对暂不具备信贷融资条件，但成长潜力较好企业，推荐到相关行业主管部门进行重点培植，加大信用培育、咨询服务力度，提升信用状况和信用等级。同时，采取保险增信、担保增信等方式提高企业融资可得性。常态化开展政银企互评互促，推动评价结果共享应用，以评价结果为参考，制定差异化推荐机制和算法，对评价高的金融机构和企业给予正向激励。

2.强化融资风险监测能力。持续完善"青信融"平台融资风险评估指标，优化风险评估模型，全面评估企业经营状况和信用状况。建立融资风险预警机制，强化融资业务的贷前、贷中、贷后管理和风险监控，提高对获贷企业信用状况的动态监测能力。畅通各部门沟通渠道，实现涉企风险数据互通共享，有效防范融资风险。

3.健全风险补偿机制。贯彻落实《青海省中小微企业贷款风险补偿资金管理办法》，扩大"青信融"平台信用贷款风险补偿补偿范围，扩充补偿对象，调整补偿标准。完善风险补偿资金存放模式，充分发挥财政资金杠杆作用，引导金融机构加大信贷投放力度。优化风险补偿资金线上审批流程，精简申报资料，改进结果反馈机制，提高补偿资金使用效率。

4.培育信用服务市场。推进信用服务规范化、制度化建设，加快实现"青信融"平台实体化授权运营，引导省内外征信业务持牌机构、科技金融企业参与平台建设，培育信用服务市场。在确保信息安全的前提下，依法合规向包括征信机构在内的各类信用服务机构稳步开放数据，提升融资信用供需匹配效率。支持金融机构面向战略性新兴产业、绿色低碳发展、重点产业链供应链、"三农"等领域，推出细分领域金融产品和服务。

（五）提高信息安全保障能力

1.提升信息安全防护水平。全面贯彻信息安全相关法律法规和政策标准，严格执行《信息安全等级保护管理办法》，定期开展安全评估，加强监测预警，制定应急预案，组织模拟演练，增强风险处置能力，保障平台网络信息安全。强化全省一体化融资信用服务平台网络运营管理及接入机构人员信息安全意识，从源头落实信息安全保护责任，采取分级授权、加密脱敏等手段，将分类管理贯穿数据的产生、归集、治理、存储、使用全过程，有效提升数据的可用性和安全性。

2.保障信用信息主体权益。研究制定融资信用服务平台授权管理规范，明确规定信息主体有权自主选择信息授权范围及用途，未经脱敏处理或信息主体授权，平台不得对外提供涉及商业秘密或个人隐私的信息。建立融资信用服务平台保密承诺制，指导金融机构、信用服务机构依法合规用好信用信息，加强融资信用全过程监管，防范数据泄露风险，全面保护信息主体合法权益。

四、发挥信用要素价值防范化解金融风险研究

总体来看，这些年青海省在做好科技金融、绿色金融、普惠金融、养老金融、数字金融五篇大文章，尤其是聚焦"三个最大"省情定位、产业"四地"建设、绿色算力等战略部署，在普惠金融、绿色金融等方面开展了大量卓有成效的探索，取得了显著的成效。这些实践成果来之不易，我们要倍加珍惜。但同时也要清醒看到，青海和全国各地一样，在金融领域各种矛盾和问题相互交织、相互影响，有的还很突出，经济金融风险隐患仍然较多，金融服务实体经济的质效不高，金融监管和治理能力薄弱。针对这些突出问题，我们要以信用为抓手，以全面加强监管、防范化解风险为重点，坚持稳中求进工作总基调，统筹发展和安全，牢牢守住不发生系统性金融风险的底线，坚定不移走好中国特色金融发展之路的青海实践篇章。

（一）防范化解金融风险必须坚持的原则

当前和今后一个时期，做好金融工作必须坚持和加强党的全面领导，以习近平新时代中国特色社会主义思想为指导，全面贯彻党的二十大精神，完整准确全面贯彻新发展理念，深刻把握金融工作的政治性、人民性，以加快建设金融强国为目标，以推进金融高质量发展为主题，以深化金融供给侧结构性改革为主线，以金融队伍的纯洁性、专业性、战斗力为重要支撑，以全面加强监管、防范化解风险为重点，坚持稳中求进工作总基调，统筹发展和安全，牢牢守住不发生系统性金融风险的底线，坚定不移走中国特色金融发展之路，加快建设中国特色现代金融体系，不断满足经济社会发展和人民群众日益增长的金融需求，不断开创新时代金融工作新局面。

随着金融市场的日益复杂和多元化，金融风险也呈现出多样化、隐蔽化、快速化的特点。青海省要始终牢记习近平总书记的殷殷嘱托，进一步提高政治站位，胸怀"国之大者"，强化使命担当，积极探索信用要素在防范化解金融风险中的应用，有效防范和化解金融风险，以金融高质量发展助力中国式现代化青海篇章建设。

（二）青海省金融风险的现状和挑战

青海省金融风险主要集中在银行业、证券业、保险业等传统金融机构，以及互联网金融等新兴领域。其中，不良贷款、债券违约、影子银行等问题需要重点关注。此外，青海省金融基础设施建设滞后、金融人才短缺等问题也较为突出，这进一步增加了金融风险的隐患。

青海省金融风险面临的挑战，不仅与国内国际经济大环境紧密相连，更与本地区金融机构的内部管理、市场监管机制以及金融消费者的风险意识密切相关。

1.外部环境的不确定性为青海省金融领域带来了巨大的挑战。全球经济形势的波动，如同一座座不稳定的巨浪，时刻考验着金融市场的稳定性。随着全球化的深入发展，任何一个国家或地区的经济波动都可能引发连锁反应，对全球经济产生深远影响。此外，地缘政治风险的加大，如国际紧张局势的升级、贸易保护主义的抬头等，也加剧了金融市场的波动性和不确定性。

2.金融机构内部治理机制的不完善，成为青海省金融风险的重要来源。一些银行业、担保保险等金融机构，尤其是地方金融机构在风险控制方面存在认识不到位、技术支撑不足、应对措施不具体等问题，未能及时识别和应对潜在风险。同时，政银企信息披露不透明、共享不充分，进一步加剧了市场的信息不对称，使得投资者难以做出明智的决策。这种内部治理的漏洞和短板弱项，不仅可能导致金融机构自身陷入困境，还可能对整个金融市场造成冲击。

3.金融市场监管体制的不健全也是青海省金融风险的一大挑战。虽然近年来青海省紧跟国家决策部署，加紧建立健全金融市场监管体系，但仍然存在监管空白和监管套利的现象。这些空白和套利空间给了一些不法分子可乘之机，他们利用监管漏洞进行非法金融活动，给金融市场带来了极大的风险。同时，金融监管机构在监管方式和手段上也需要不断创新和完善，以更好地适应金融市场的发展和变化。

4.金融消费者风险意识的薄弱也是青海省金融风险的一个重要方面。一些金融消费者缺乏必要的金融知识和风险意识，容易受到非法金融活动的侵害。他们可能在不了解风险的情况下盲目投资，或者轻易相信一些不实的金融宣传，从而遭受经济损失。因此，加强对金融消费者的宣传教育，提高金融消费者的风险意识和自我保护能力，对于防范金融风险具有重要意义。

(三) 发挥信用要素在防范化解金融风险中的作用

信用体系是市场经济的基础性制度，对于防范化解金融风险具有重要意义。加强社会信用体系建设能够提高市场主体的诚信度，降低交易成本和违约风险，促进金融市场的稳定和发展。将公共信用信息作为征信补充数据，通过多维度精准信用画像，能够为金融机构提供可靠的风险评估和预警，帮助金融机构及时发现和应对潜在风险。

1.**充分共享信用数据，及时预警防范金融风险。**实践证明，以信用信息共享应用为基础，促进中小微企业融资的"信易贷"模式是信用建设助力金融服务实体经济、破解中小微企业融资难题、有效防范化解金融风险的有效方式。青海省以信用信息共享与大数据开发应用为基础，着力打造的"青信融"平台，有效贯通了"信息归集、融资增信、政策支持、融资对接和融资 评价"融资服务全流程，通过充分挖掘信用信息价值，缓解银企信息不对称难题，在金融机构与中小微企业之间架起一座"信用金桥"，建立了贷前、贷中、贷后全链路风险防范机制，形成了"以信获贷、以贷促信"的良性循环，开创了以"便企、导流、风控、政策"为核心的小微企业信用融资服务新模式。

2.**以政务诚信为引领，优化营商环境防化金融风险。**政务诚信是社会信用体系建设的重点，各类政务行为主体的行为发挥着重要的表率和导向作用。尤其是政府的诚信履约，不仅涉及政府形象和公信力，更直接影响民营企业的投资信心，是优化营商环境、推动民营经济发展壮大的关键。习近平总书记在中央全面深化改革领导小组会议上强调，要加大对各级政府和公务员失信行为的惩戒力度，将危害群众利益、损害市场公平交易等政务失信行为作为治理的重点。党中央、国务院印发《关于促进民营经济发展壮大的意见》，要求完善社会信用激励约束机制及拖欠账款的常态化预防和清理机制。青海省将政务诚信建设作为优化营商环境的重要举措，建立健全政府诚信履约机制，畅通政府违约失信投诉渠道，全面健全政务信用记录，用好失信惩戒这个有效手段，坚决整治"新官不理旧账"、政策承诺不兑现、拖欠企业账款等行为，为有效防范化解区域金融风险提供坚强的政治保障。

3.**健全信用评价体系，构建良好金融市场环境。**信用评级评价在当今金融市场发展中，扮演着举足轻重的角色。它不仅是金融市场稳定的基石，更是保护投资者权益的利剑。建立健全科学公正的信用评价体系，对金融机构和金融产品进行细致入微的信用评价和科学合理的评级，能为市场参与者提供客观、准确的信用信息。在金融市场中，信息不对称是普遍存在的现象。投资者往往难以全面、准确地了解金融机构和金融产品的真实情况，金融机构也难以准确掌握有融资需求的市场主体的信用状况，通过建立信用体系便能对金融机构、金融产品、市场主体的信用状况进行客观、公正的评估，信用评级机构为投资者或金融机构提供了一份权威的参考指南，帮助他们更好地识别风险、把握机会。

从全球范围看，信用评级制度已相对成熟并在实际应用中取得了显著成效。以标准普尔公司、穆迪投资者服务公司和惠誉国际信用评级公司等国际三大评级机构为例，它们通过对全球范围内的金融机构和金融产品进行信用评级，为投资者提供了重要的参考信息。这些评级结果不仅影响了投资者的投资决策，还影响了金融机构的融资成本和市场地位。同时，信用评级制度也为金融监管机构提供了重要的监管依据，有助于及时发现和防范金融风险。

当前，青海省信用评价体系建设尚在起步推进阶段。接下来，青海省需要充分借鉴国内外先进经验，发挥信用数据权威性高、准确率高、可信度高的优势，以建设青海省信用大数据联合实验室为契机，积极探索将公共信用信息作为替代数据，有效融入金融基础数据库，采用大数据分析、机器学习等技术手段，通过联合建模等方式，对市场主体信用状况进行深入挖掘分析和动态监测预警，不断完善和优化评级制度，提高评级的准确性和有效性，为金融市场的繁荣发展提供有力保障。

参考文献

[1] 国务院.国务院关于印发社会信用体系建设规划纲要（2014—2020）的通知[R]. https：//www. gov. cn/gong bao/content/2014/conten/711418. htm，2014.06.14.

[2] 国家工业信息安全发展研究中心.中国数据要素市场发展分析[R].http：//www.cbdio.com/Bij Data/2022-11-25/content-6171146.htm，2011.11.25.

[3] 梁言顺.不断提高对市场规律的认识和驾驭能力——系统学习习近平总书记十八大前后关于社会主义市场经济的重要论述[N].学习时报，2015.02.09.

[4] 王雨本.构建社会信用体系是我国社会治理的制度创新[N].中国党政干部论坛，2014（06）.

[5] 信用青海.青海省公共信用信息条例[R].https：//www.qhrd.gov.cn/qh-srd/qhsdfxfg-0/sjdfxfg-79/202101/t20210406_168617.htm，2021.4.16.

[6] 中国电子信息产业发展研究院，2023—2024中国数据资产发展研究报告[R].https：//www.ccidgroup.com/info/1155/39915.htm，2024.06.14.

[7] 界面新闻.31省地方政府信用排名：广东最高，青海天津垫底[R].https：//baijiahao. baidu. com/s? id=16267831283593505 82&wfr=spider&for=pc，2019.03.01.

[8] 让"新青海精神"激励我们走向未来——四论学习贯彻省委十三届四次全会精神[N].青海日报.http：//www.qhnews.com/2018zt/system/2018/09/27/012709412.shtml，2018.09.27.

[9] 习近平在中央网络安全和信息化领导小组第一次会议上发表讲话[R].https：//www.cac.gov.cn/2014-02-27/c_133148354.htm，2014.2.27.

[10] 舟山市发展和改革委员会.关于全面建立信用承诺制度的通知[R].

2021.05.28.

[11] 市场监管总局.市场监管总局召开经营主体信用监管标准体系重要标准研制推进会[R].httpa：//www.sam.gov.cn/xyjgs.gzdt.art/2024/art_a288394d8e6d4309ae4f8217933d94d/htm，2024.04.26.

[12] 信用中国.青海省小微企业信用融资服务中心平台建设方案[R].https://www.creditchina.gov.cn/xinyongyanjiu/yanjiuxinyongzhishi/202104/t20210421_232861.html，2121.03.

[13] 苏宁.我国征信体系建设的基本经验[J].中国金融，2020.03.20.

[14] 张士永."好差评"：提升政务服务效能.群众[J]，2023.03.20.

[15] 山东：释放信用数字化改革红利，提升企业获得感[N].中国改革报，2023.11.27.

[16] 董树功.信用监管赋能全国统一大市场：学理契合、逻辑进路与实现策略[N].天津师范大学学报（社会科学版），2023.10.24.

[17] 张恩思.公共信用信息归集与共享的信用创新战略规划[J].中国信息化，2021.01.20.

[18] 这一年青海盐湖捷报频传惊喜不断[N].西宁晚报，2017.08.24.

[19] 倪晓颖，周磊.青海新能源发电量占比首次超50%[N].青海日报，2024.04.25.

[20] 青海加快绿色有机农畜产品输出地建设[N].中国县域经济报，2022.09.12.

[21] 何玲."信易贷"在金融机构与中小微企业之间架起一座"信用金桥"[J].中国信用，2021.10.15.

[22] 徐光耀.抓好"三端"，加快公共数据资源开发利用[N].中国企业报，2024.03.12.

[23] 张纳军.实干担当 善作善成 全力推动绿色算力产业加快发展[J].青海党的生活，2024.05.22.

[24] 大力发展科技金融 赋能新质生产力发展[R].中工网，2024.04.02.

后 记

　　《信用数据要素×青海实践行动研究》是在我国深入实施大数据战略、发展新质生产力的大背景下，聚焦青海省打造生态文明高地、建设产业"四地"、发展绿色算力等重大战略部署，以推动信用数据要素创新应用为主线，全面梳理总结"诚信青海"建设的实践经验，从要素构成、要素保障、要素赋能、实践路径、行动研究等方面分五个章节，对信用数据要素催生新产业、新模式、新动能进行的探索研究，具有一定的实践性、针对性、专业性和前瞻性。

　　专著编写期间，成立了由青海省发展和改革委员会主要领导任主任、分管领导任副主任，委财经贸易处、西宁海东都市圈一体化发展处、省公共信用信息中心骨干力量为成员的编委会。本书由庞泰负责总统稿和审阅定稿，同时完成第一章、第二章、第三章的编著，并参与第四章、第五章主要章节的编著和校稿，全书撰稿量超过21万字。值此《信用数据要素×青海实践行动研究》付梓之际，由衷感谢编委会领导的关心、帮助和指导，十分感谢刘梅、翁巍、孟灿、何广宇、赵蕾、刘泽楷、刘甜等各位编委的辛勤付出，感谢孙一鸣、华全斌、高玲玲、高炎哲、牛红伟等同志的鼎力相助。

　　本书的编著出版，还得益于相关专家、学者和省内外信用工作战线上同仁们研究成果的借鉴，在此特别感谢已经标注以及可能因疏漏未能标注的参考文献作者。由于水平有限、时间仓促，以及实践路径和认知局限，书中错漏之处在所难免，恳请各位读者批评指正。

编委会

2024年7月